Reihe Hanser 227
Hayo Matthiesen
Bildung tut not

Bildung bleibt als eines der zentralen innenpolitischen Themen auch in den nächsten Jahren im Mittelpunkt der öffentlichen Diskussion. Dr. Hayo Matthiesen, für Bildungs- und Wissenschaftspolitik verantwortlicher Redakteur der ›Zeit‹ und einer der angesehensten Journalisten auf diesem Gebiet, faßt in diesem Band zusammen: Stellungnahmen zu Numerus clausus und Hochschulzugang, zur Situation der Jugend, zu Lehrermangel, Gesamtschule, Oberstufenreform, Rahmenrichtlinien und anderen Themen – Berichte, Reportagen, Analysen, Kommentare zu den Brennpunkten der gegenwärtigen bildungspolitischen Diskussion und über Modelle und Experimente, die mögliche Wege in eine bessere Zukunft zeigen könnten. Matthiesen befragt und analysiert aber auch die Parteien und ihre Programme: Wer gibt die glaubwürdigsten Antworten? Wer verspricht unserer mobilen, demokratischen und sozialstaatlichen Gesellschaft das angemessenste Bildungswesen?

Doris Leupold, Mai 82

Hayo Matthiesen
Bildung tut not

Berichte – Kommentare – Analysen

Hanser Verlag

Reihe Hanser 227
ISBN 3-446-12353-9

Umschlag: Klaus Detjen
Gesamtherstellung: Georg Appl, Wemding
Printed in Germany

Inhalt

Vorspruch

Günter Grass:
Die Bildungsreform ist nicht gescheitert

Reformen für Schulen und Hochschulen, so hat es Willy Brandt als Bundeskanzler einst versprochen, wollte die sozial-liberale Regierung in Bonn vordringlich durchführen. Herr Grass, Sie haben als ein engagiertes Mitglied der Sozialdemokratischen Wählerinitiative dazu beigetragen, daß SPD und F.D.P. in Bonn regieren. Wie beurteilen Sie nachträglich das Reform-Versprechen? Wurde es erfüllt oder hat die Regierung der inneren Erneuerung versagt?
Grass: Nein, dieser Meinung bin ich nicht.
Ist die Bildungsreform gescheitert?
Grass: Wiederum – nein; das kann ich nicht sagen, weil sie bis heute nur in Ansätzen verwirklicht wurde aufgrund unserer Verfassung. Die Länderhoheit im Kultur- und im Bildungsbereich setzt einem solchen Reformvorhaben von vornherein eine kaum überwindbare Sperre.
Länderhoheit oder Länderegoismus?
Grass: Es ist oft genug passiert, daß die CDU/CSU gerade auf diesem Gebiet im Bundesrat Reformen verwässert oder unterlaufen hat. Das spricht natürlich jene Bundesländer nicht frei, die die Möglichkeit gehabt hätten und sie heute noch haben, die Bildungsreform als eine kontinuierliche Entwicklung zu betreiben. Dem stand und steht nach wie vor hausinterner Streit im Wege und das Besserwissen der Reformer untereinander.
(Günter Grass in einem Gespräch mit Hayo Matthiesen, September 1975)

Einleitung

Schußfahrt ins Bildungstal?
Eine Bilanz der Bildungsreform nach zehn Jahren (1965–1975)

Der Ministerpräsident blieb gelassen, obwohl er doch gerade den am meisten benachteiligten Schulkindern noch weitere Nachteile ankündigte: Für geistig behinderte Sonderschüler, für Lehrlinge, Hauptschüler und Vorschulkinder könnten zusätzliche Bildungsmöglichkeiten »erst später« ausgebaut werden, erklärte der CDU-Regierungsschef Stoltenberg Ende Mai [1975] vor dem Landtag in Kiel. Als Grund nannte er »die finanzielle Enge« im nördlichsten Bundesland.

Die finanzielle Enge besteht im Norden wie im Süden und Westen; Finanznot ist das beherrschende Thema überall. Der Rotstift regiert auch und gerade in den Ansätzen für Schulen, Hochschulen und Forschungsinstitute, die in den Ländern etwa ein Drittel aller Ausgaben verschlingen. Die größten Einzeletats für Kultus und Wissenschaft werden denn auch kräftig gerupft. Dabei geht es vor allem um die Personalausgaben, für die ein Kultusminister etwa zwei Drittel bis drei Viertel seiner Mittel ausgeben muß.

Die Sparbeschlüsse und ihre Folgen sind einschneidend genug. Die Schulbehörde in Hamburg soll bis 1978 eine drittel Milliarde erübrigen. Das bedeutet unter anderem 950 Planstellen für Lehrer, 150 Millionen Mark bei den Schulbauinvestitionen und 30 Millionen bei den Sachausgaben weniger. In der angeblich reichsten Region Europas werden Kinderheime und Erholungsstätten geschlossen, Sprachlabors und audiovisuelle Hilfsmittel gestrichen, Unterrichtsstunden in vielen Schulen gekürzt, mehr Schüler als bisher in eine Klasse gesteckt, und die Kinder müssen sich neuerdings Radiergummis, Hefte und Bleistifte selber kaufen.

Ein Beispiel aus Niedersachsen. Das weithin bekannte Halepaghen-Gymnasium in Buxtehude gab im August [1975] bekannt: »Nur noch knapp 47,3 Prozent des Stundensolls können von voll ausgebildeten Lehrkräften gegeben werden. 30,5 Prozent werden von anderen Lehrern erteilt; 22,2 Prozent fallen wegen Lehrermangel aus. Religion und Musik werden so gut wie überhaupt nicht erteilt. Biologie und Erdkunde können nur in einzelnen Klassen gegeben werden, Mathematik wird in den Klassenstufen

7, 9 und 10 um je eine Wochenstunde und in Klasse 8 um zwei Wochenstunden gekürzt.«
An der Mannheimer Fachhochschule für Sozialwesen wurden bisher 90 Studenten pro Semester aufgenommen; im kommenden Wintersemester werden es wahrscheinlich nur 60 sein, obwohl sich 1227 beworben haben. Die Studienchancen stehen mithin 1 zu 20 bei einem Numerus-clausus-Notendurchschnitt von 1,1.
Die beiden Pädagogischen Hochschulen Schleswig-Holsteins sollen bis zu 20 Dozentenstellen streichen, in Kiel werden 1976 nur 350 Studenten zugelassen (bisher waren es 860). An den niedersächsischen Hochschulen wurden gerade in allen an der Lehrerbildung beteiligten Fächern alle freien oder freiwerdenden Stellen für Wissenschaftler gesperrt. Die Hochschulen in Nordrhein-Westfalen müssen 52 Millionen Mark einsparen; die Hamburger Universität hat in den nächsten Jahren 5,2 Millionen Mark weniger und muß ihr Personal um bis zu sieben Prozent reduzieren. In München sprach Universitätsrektor Lobkowicz von einer »Katastrophe«, als die Regierung sich anschickte, 300 Stellen (darunter 15 Lehrstühle) zu streichen; in Berlin wurde der Etat der FU für 1976 um 80 Millionen gekürzt – statt 2000 neuer Stellen gibt es wahrscheinlich nur 287.
Und in der Forschung haben die beiden bedeutendsten Institutionen ernste Probleme. Der VW-Stiftung stehen ganz magere Jahre bevor, die Deutsche Forschungsgemeinschaft hat 1975 allein in ihren Sonderforschungsbereichen (Krebs, Immunologie, Nervenheilkunde, Krankenhausbau, Meereskunde) etwa 20 Millionen Mark, rund zehn Prozent weniger als geplant. Das sind erschreckende Zahlen. Sie können sich jedoch rasch ändern und schnell noch viel schlimmer werden. Nach zehn Jahren Schul- und Hochschulreform befindet sich die Bildung – so viel ist sicher – auf einer rasanten Fahrt ins Tal. Wann der Niedergang zu Ende ist, weiß niemand.
Unbekannt ist auch noch, wieviel insgesamt aus den Haushalten gestrichen werden muß. Doch offenbar bietet es sich an, Kindern und Jugendlichen etwas wegzunehmen, weil man sich dann nicht mit mächtigen Gewerkschaften oder Lobbyverbänden anlegen muß. Der Gefälligkeitsstaat schröpft zu allererst seine schwächsten Mitglieder – auch wenn gerechterweise und unumwunden gesagt werden muß: Die letzten starken Jahrgänge wurden immerhin halbwegs verkraftet und Bildung und Wissenschaft sind insgesamt im vergangenen Jahrzehnt nicht schlecht bedient wor-

den. 16 Milliarden Mark wurden 1965 von Bund und Ländern für Schulen und Hochschulen ausgegeben, über 60 Milliarden sind es 1976 – eine gewaltige Steigerung, deren Folgen überall erkennbar sind:
Die Kindergartenplätze wurden in zehn Jahren verdoppelt, heute haben zwei von drei Vorschulkindern einen Platz. In fast allen Schulen gibt es weniger Schüler je Klasse (28 heute statt 33 im Jahre 1965) und weniger Schüler je Lehrer (25 zu 28), obwohl sich die Zahl der Schüler von 7,6 auf 12 Millionen erhöht hat. Doch auch die Zahl der Lehrer stieg erheblich, statt 243000 (1965) unterrichten heute rund 500000. Der Anteil der Abiturienten verdreifachte sich von etwa 7 auf 20 Prozent; der Anteil der Arbeiterkinder an den Studienanfängern verdoppelte sich von 6,5 im Wintersemester 1966/67 auf 12,5 Prozent im Wintersemester 1971/72.
Die Ausgaben je Schüler vergrößerten sich ebenfalls um mehr als das Doppelte von 1210 Mark im Jahr 1965 auf etwa 2900 Mark heute. Die Zahl der Kinder in weiterführenden Schulen vermehrte sich stark. 1965 gingen 73 Prozent eines Jahrgangs aus Hauptschulen ab, in diesem Jahr waren es nur noch etwa 55 Prozent. Im selben Zeitraum ist die Zahl der Studienanfänger von 86000 auf rund 190000 hochgeschnellt, die Zahl der Studenten hat sich gleichfalls von 384000 (1965) auf jetzt 800000 verdoppelt. Und viele von ihnen studieren an dem guten Dutzend neuer Hochschulen überall im Land; jeder fünfte heute vorhandene Studienplatz stammt aus den letzten vier Jahren. Bund und Länder gaben im letzten Jahr 13,1 Milliarden für den Hochschulbau aus – 1961 waren es nur 1,7 Milliarden.
Die Zahl der Wissenschaftler an den Hochschulen stieg von 30000 vor zehn Jahren auf etwa 80000 in diesem Jahr; 1960 kamen 18,7 Studenten auf einen Wissenschaftler, 1973 waren es nur 11. Allein die Mittel des Bundes für die Ausbildungsförderung (BAFöG) verdoppelten sich seit 1972 auf zwei Milliarden Mark im Jahre 1975. Für Wissenschaft und Forschung wurden 1965 gerade 7,8 Milliarden ausgegeben, 1975 dürften es mehr als dreimal soviel sein, 26 Milliarden Mark.
Das sind tatsächlich tolle Steigerungsraten und beachtliche quantitative Erfolge. Jedoch auch qualitativ und inhaltlich ist in den letzten Jahren im Bereich von Bildung und Wissenschaft manches geschehen: Es gibt die weitreichenden Konzepte des Bildungsrats; neue Unterrichtspläne werden an vielen Schulen erprobt; Schul-

buchverlage versuchen sich – wenn auch zögernd und schon wieder verschreckt – an einer neuen Schulbuchgeneration; Legasthenie und Linkshändigkeit haben manches von ihren Schrecken verloren; Mengenlehre, Ganzheitsmethode und Rechtschreibreform werden weiterhin angewandt; Grundsätze für die Mitbestimmung von Schülern, Studenten und Eltern sind selbst in konservativ regierten Ländern festgeschrieben; neue Vorschulinhalte gibt es fast überall; 160000 Kinder lernen in 220 Gesamtschulen; reformierte Oberstufen wurden in allen Ländern eingeführt, und in bescheidenem Umfang wird die Integration von Lehrlingen und Gymnasiasten versucht; ein halbes Dutzend Gesamthochschulen mit Ansätzen zu neuen Studiengängen ist in Betrieb; viele, wenn auch vorwiegend isolierte Vorhaben zur Studienreform sind zu verzeichnen, und im Weiterbildungsbereich ist beispielsweise im Fernunterricht viel mehr Seriosität eingekehrt. Das und anderes mehr sind gleichfalls beeindruckende Erfolge.

Was quantitativ und qualitativ im letzten Jahrzehnt geleistet wurde, erlaubt denn auch die These: Die Bildungsreform ist lebendig und wird tagtäglich vollzogen. Wie das Erreichte insgesamt zu bewerten ist, hängt von dem politisch-ideologischen Standort des Urteilenden ab – nicht anders als bei der berühmten Frage danach, ob ein Glas noch halbvoll oder schon halbleer sei. Dem einen, der das Heil in einem privilegierenden Ständestaat sieht, geht das Reformieren schon viel zu weit; dem anderen mit dem Ideal einer egalitären Einheitsgesellschaft geht es längst nicht weit genug.

Zwischen beiden Extremen schwankt das Urteil über Erfolg oder Mißerfolg der bundesdeutschen Bildungsreform, die jetzt deutlich erkennbar eine Zäsur, wenn nicht ihr vorläufiges Ende erlebt. In ihrer großen Mehrheit wollten die Reformer in diesem Land nie etwas anderes, als durch eine bessere Bildung mehr Freiheit verwirklichen und die Demokratie gerechter und sicherer machen. Nun, nach zehn Jahren, werden sie und ihre Arbeit von den rigorosen Sparmaßnahmen wie von einem Fallbeil getroffen, besteht die Gefahr, daß die Reform ihre Kinder frißt.

Denn trotz der imponierenden Erfolge seit 1965 steht das deutsche Bildungssystem von der Vorschule bis zur Hochschule äußerst bescheiden, ja kläglich da – gemessen an dem, was pädagogisch optimal, gemessen auch an dem, was in vergleichbaren Industriestaaten gang und gäbe ist. Im internationalen Vergleich belegt Bundesdeutschland nur einen schlechten Platz im letzten Drittel.

Der Studentenanteil an der 20- bis 24jährigen Bevölkerung betrug 1971 in der BRD nur 15 Prozent – so viel wie in Bulgarien; in der UdSSR, in Schweden und den Niederlanden lag er über 20 Prozent. Der Anteil der Studienanfänger nahm zwischen 1950 und 1966 in Jugoslawien um 384 Prozent zu, in Frankreich um 375, in Norwegen um 241, in Schweden um 195 Prozent, in der Bundesrepublik dagegen nur um 110 Prozent, so daß sich unser Rückstand in den relativen Studienanfängerzahlen seit 1950 noch vergrößert hat. Hochschulabschlüsse machten in Amerika 1966 bereits 26 Prozent der gleichaltrigen Bevölkerung, in Japan 14, in Belgien und Norwegen 13, in der Bundesrepublik aber nur 6 Prozent. Zwischen 1960 und 1970 nahm die Zahl der Studierenden in Frankreich um 176, in Italien um 154 und in Belgien um 142 Prozent zu, in der Bundesrepublik stieg sie nur um 62 Prozent.

Die bundesdeutschen Schüler schneiden im internationalen Leistungsvergleich schlecht ab. Bei den Zehnjährigen in den vierten Grundschulklassen liegen die Leistungen in nahezu allen Fächern sehr wesentlich unter dem internationalen Durchschnitt, bei den 18jährigen steht die BRD am unteren Ende der Rangskala auf dem vorletzten Platz. Außerdem: Die für uns stolze Quote von rund 65 Vorschulplätzen für 100 Kinder mutet geradezu lächerlich an, wenn man bedenkt, daß es in Frankreich, Belgien und den Niederlanden bereits vor 17 Jahren nahezu für jeden Sechsjährigen einen Platz gab. Auch die gewaltige Summe von 60 Milliarden Mark für die Bildung in diesem Jahr ist in Wirklichkeit wenig, nämlich nur gut 5 Prozent des Bruttosozialprodukts – nur so viel also, wie die USA, Norwegen, die Niederlande und Japan bereits 1966 ausgaben. Notwendig wären bei uns nach einhelligem Urteil aller Fachleute unbedingt seit langem 8 Prozent.

Diese Zahlen machen deutlich: Vor allem wegen fehlender Mittel geht es bei uns in Schulen und Universitäten noch längst nicht optimal zu. Eine ganz und gar vernünftige pädagogische Faustregel sagt: möglichst nicht mehr als 25 Kinder in einer Klasse, bei mehr als 35 Kindern pro Klasse wird es fast schon »kriminell«. Wie »kriminell« es, gemessen an diesem Grundsatz, zum Beispiel in Baden-Württemberg im Schuljahr 1974/75 zuging, verdeutlicht diese Übersicht, nach der nur 16 Prozent aller Grundschulklassen weniger, aber 84 Prozent mehr als 25 Schüler hatten:

	unter 25	über 25 [bis 46 und mehr]	über 35
Grundschule	16%	84%	55%
Hauptschule	18%	82%	22%
Realschule	10%	90%	24%
Gymnasium	32%	68%	19%

Ähnlich wie in Baden-Württemberg sieht es in allen Ländern aus, denn nirgendwo und in keiner Schulart haben die Kultusminister angemessene Verhältnisse geschaffen. Was »pädagogisch wünschenswert, aber auch als praktische Zielsetzung nicht unrealistisch« ist, haben sie selber bereits 1963 festgesetzt, und das waren in der Tat vernünftige Werte: zum Beispiel in Gymnasien 20 Schüler je Klasse. Die Kultusminister haben außerdem versprochen, dieses Soll bis 1970 zu verwirklichen. Tatsächlich jedoch – siehe Graphik – wurden diese optimalen Werte bis heute in keiner einzigen Schulform erreicht.

Die unerfüllten Versprechen der Kultusminister

	Schüler je Klasse				*Schüler je Lehrer*			
	Ist 1963	*KMK-Soll* 1963–70*	*Ist 1970*	*Ist 1975*	*Ist 1963*	*KMK-Soll* 1963–70*	*Ist 1970*	*Ist 1974*
Grund- u. Hauptschulen	*36,1*	*30*	*33,8*	*30,8*	*34,5*	*23*	*32*	*29,3*
Realschulen	*32,4*	*26*	*32,8*	*31,5*	*23,1*	*15*	*23*	*22,8*
Gymnasien	*27,0*	*20*	*28*	*32***	*17,0*	*11*	*19*	*18,8***
Sonderschulen	*19,2*	*14*	*16,8*	*14,8*	*19,1*	*11*	*15*	*13,3*
Berufsschulen	*23,6*	*20*	*23*	*23,2*	*65,9*	*33*	*57*	*56,2*
Berufsfachschulen	*24,2*	*20*	*24,1*	*24,1*	*17,2*	*11,1*	*17*	*17,2*

** 1963 von der Kultusminister-Konferenz (KMK) als »pädagogisch wünschenswert« und als »nicht unrealistisch« für 1970 erklärt.*
*** bezogen auf die Klassen 5 bis 10*

Mehr noch: In manchen Schulen ist die Situation in diesen Tagen genauso schlecht, ja noch schlechter als vor zwölf Jahren. Und das in einem Augenblick, in dem die Talfahrt der Bildung erst richtig beginnt! Sollten jedoch tatsächlich für unsere Kinder ähnlich optimale Verhältnisse geschaffen werden, wie sie die Kultusminister einst versprachen, dann wären hier und heute rund 250000 zusätzliche Lehrer erforderlich. So weit klaffen Wunsch und Wirklichkeit, bildungspolitisches Versprechen und Handeln auseinander. Doch es kommt noch dicker: denn die Ziele wurden nicht nur nicht erreicht, es wurden auch andere zentrale Probleme nicht gelöst und überaus schwerwiegende wurden neu geschaffen: Ungelöst ist die Lage der Ausländerkinder, sie ist nach wie vor deprimierend; die inhaltliche Schulreform durch neue Lernstoffe und -ziele ist nach dem großartigen, aber dilettantisch inszenierten Versuch mit den hessischen Rahmenrichtlinien steckengeblieben; die Studienreform ist nicht auf breiter Front, sondern nur punktuell vorangekommen, stagniert ebenfalls und droht zu zerfleddern, die Studienzeiten werden immer länger; der Schwung an den Gesamtschulen und Gesamthochschulen erlahmt; die Lehrlingsreform wird allenfalls ein halber Erfolg; wichtige Bereiche wie die Sonderschulen oder die Weiterbildung wurden überhaupt noch nicht öffentlich diskutiert, geschweige denn reformiert. Bedrohlicher freilich ist, was an Problemen neu hinzukam: daß Jahr für Jahr rund 80000 Kinder die Schule ohne einen Abschluß verlassen und deshalb praktisch zum Hilfsarbeiterdasein verdammt sind; daß über 100000 Jugendliche zur Zeit arbeitslos sind; daß einige hunderttausend Abiturienten nicht das gewünschte Studienfach oder überhaupt nicht studieren können; daß einige tausend Akademiker, unter ihnen vielleicht schon bald 15000 Lehrer, ohne Anstellung bleiben; daß die Bundesrepublik dabei ist, bildungspolitisch in einen Bundesstaat mit unterschiedlichem Bildungsrecht zu zerfallen; daß die bildungspolitischen Gräben zwischen Bund und Ländern und zwischen den Parteien unüberbrückbar werden. Dies sind die Probleme, vor denen wir heute stehen und gegen die es noch so gut wie keine Mittel gibt.

(DIE ZEIT Nr. 36, 29.8.75)

I. Brennpunkte und Probleme

Das ist doch alles Glücksache

Ende der Schulzeit – aber was dann? Abiturprüfung 1973

Sie kamen ohne Strümpfe, in Ledersandalen und Holzpantinen, in abgewetzten Blue Jeans und blanken Cordhosen; sie trugen Pullover und Parkas oder erschienen im Hemd, die Ärmel lässig hochgeschlagen, den Kragen weit geöffnet – mündliches Abitur an einem Gymnasium im Lande Bremen.

Sie sitzen in der Prüfung und reden, als sei das Examen etwas Alltägliches: »Da bin ich leider ins Schleudern gekommen«, »Das habe ich Ihnen doch schon einmal gesagt«, »Moment, ich habe nicht verstanden, was Sie eigentlich wollen.« Und wenn die üblichen zehn Minuten vorüber sind, blickt mancher demonstrativ auf die Uhr, als wollte er sagen: Jetzt ist aber Schluß.

Sie sprechen im Fach Deutsch über Alfred Andersch, Friedrich Dürrenmatt und Siegfried Melchinger; in Mathematik über Mengenlehre, im Englischen über den Black Panther Eldrige Cleaver; in Gemeinschaftskunde werden sie an Texten von Ulrich Oevermann und Basil Bernstein über den Zusammenhang zwischen dem sozioökonomischen Status der Unter- und Mittelschicht-Familien und deren Erziehungszielen geprüft, über Probleme der kompensatorischen Erziehung wie über das Verhältnis von Sprache und sozialer Herkunft.

Abitur 1973 – für rund hunderttausend Jungen und Mädchen bedeutet es das Ende der Schulzeit. Einen Tag lang habe ich im Stadtstaat Bremen in einem Gymnasium, dessen Name aus juristischen Gründen ebensowenig mitgeteilt werden darf wie die Namen von Lehrern und Schülern, an den mündlichen Prüfungen teilgenommen.

Mein Eindruck: Das Abitur hat sich gründlich gewandelt in seiner äußeren Form und in seinem Inhalt. Vorbei ist die Zeit, als Pädagogen und Pennäler das Maturum im schwarzen Anzug mit silberner Krawatte oder im neuen Kleid begingen. Das Feierliche ist weg. Vorbei auch die devote Prüflingshaltung mit gefalteten Händen, durchgedrücktem Kreuz und zusammengestellten Füßen – heute geben sich die Achtzehn- und Zwanzigjährigen ungezwungen. Vorbei ist schließlich, daß vorwiegend historisch-philo-

logische Stoffe dominieren und gegenwartsbezogene allenfalls am Rande vorkommen – in den Bremer Prüfungen waren die gewohnten »klassischen« Themen deutlich in der Minderzahl.
Und das ist kein Einzelfall und nicht charakteristisch für Bremen allein. In Baden-Württemberg, in Bayern und im Saarland, wo die Themen für den deutschen Aufsatz zentral vom Kultusministerium gestellt werden, konnten sich die Abiturienten zwar auch über Hebbel und Hofmannsthal, über Schiller und Eichendorff, aristotelische Poetik und Frauengestalten in der deutschen Dichtung äußern; außerdem aber wurden ihnen sehr aktuelle Probleme angeboten:

- Saarland: »Erläutern Sie den vorliegenden Auszug aus der Rede, die Alexander Solschenizyn aus Anlaß der Verleihung des Nobelpreises halten wollte, und nehmen Sie Stellung dazu!« – »Massenmensch – Mitmensch – Einzelmensch. Die Begriffe sind zu erläutern und gegeneinander abzugrenzen!«
- Baden-Württemberg: »Konfrontation – Koexistenz – Integration. Erläutern Sie diese Begriffe und zeigen Sie ihre politische Bedeutung in der heutigen Welt!« – »Vergleich von Reklametexten aus Firmenprospekten. (Die Les Humphries Singers einerseits und Plattenaufnahmen von 46 Symphonien Wolfgang Amadeus Mozarts durch die Berliner Philharmoniker . . . andererseits).«
- Bayern: »Diskutieren Sie unterschiedliche Auffassungen von der Funktion des Schriftstellers in der Gesellschaft!« – »Erörtern Sie an Hand von konkreten Beispielen das Problem der Sprachbarrieren in unserer Gesellschaft!«

Sprachbarrieren als Abiturthema in Bayern wie in Bremen – das ist, überblickt man die Reifeprüfungen in allen Bundesländern, eine bescheidene, aber eine der wenigen Gemeinsamkeiten, die es überhaupt gibt. Zwar hat sich das Abitur in den letzten Jahren erheblich geändert, doch einheitlicher ist es dadurch nicht geworden. Denn abgesehen davon, daß das Examen überall aus einem schriftlichen und einem mündlichen Teil besteht; abgesehen auch davon, daß jeder Schüler seine Vorzensuren und die Fächer erfährt, in denen er ins Mündliche muß, besteht eine geradezu chaotische Vielfalt an Vorschriften darüber, wie die Reifeprüfung abzulaufen hat. *Das* Abitur gibt es nicht; es gibt vielmehr Tausende unterschiedlicher Einzelexamen, die alle Abitur heißen. Was und wie geprüft und benotet wird, ist von Bundesland zu Bundesland, von Schule zu Schule und von Lehrer zu Lehrer verschieden.

In allen Ländern nämlich bieten die »Reifeprüfungsordnungen« den Pädagogen wie den Schulen zahlreiche Möglichkeiten, individuell vorzugehen. Formulierungen wie »in der Regel« (»Eine Eins als Vornote schließt in der Regel die mündliche Prüfung aus« – so in Bremen), »in Ausnahmefällen« oder »nach Möglichkeit« (»Die Zahl der mündlichen Prüfungen ist nach Möglichkeit für jeden Bewerber zu beschränken« – so in Rheinland-Pfalz) stehen in allen Richtlinien. Wie solche Kann-Bestimmungen jedoch ausgelegt werden, das bleibt dem jeweiligen Vorsitzenden oder auch dem prüfenden Lehrer überlassen. Was bedeutet es schon, wenn in Nordrhein-Westfalen der Text einer schriftlichen altsprachlichen Arbeit »einmal sinngemäß vorgelesen« wird, wobei »interpretierende Bemerkungen nicht zulässig sind«? Das ist eine Bestimmung, die jeder Latein- oder Griechischlehrer durch ausgeprägte Betonung, anschauliche Gestik oder vielsagendes Mienenspiel leicht unterlaufen kann – wenn er will.
Gewichtiger aber sind andere Unterschiede:

- Für den Deutsch-Aufsatz werden in Niedersachsen drei Themen zur Auswahl gestellt, in Nordrhein-Westfalen vier, in Rheinland-Pfalz sogar fünf; in Bayern formuliert das Ministerium neun Themen, aus denen eine Lehrerkommission eine Stunde vor Beginn der schriftlichen Prüfung drei auswählt.
- Schriftliche Arbeiten müssen von Schülern der mathematisch-naturwissenschaftlichen Gymnasien in Schleswig-Holstein und Niedersachsen in Deutsch, Mathematik und Physik geschrieben werden, also in drei Fächern; in Bayern und Rheinland-Pfalz zusätzlich in einer Fremdsprache, mithin in vier Fächern.
- Die Mathematik-Arbeit dauert in Rheinland-Pfalz viereinhalb Stunden, in Nordrhein-Westfalen bis zu fünfeinhalb, in Bayern aber nur drei. In Hessen schreiben die Schüler insgesamt 21 Stunden lang, in Baden-Württemberg jedoch nur 15½, dagegen in Rheinland-Pfalz 18½ Stunden.
- Die »Benutzung eines Rechtschreibungswörterbuchs« ist beim deutschen Aufsatz in Schleswig-Holstein erlaubt, in Rheinland-Pfalz aber »ist der Gebrauch von Wörterbüchern oder anderen Hilfsmitteln, die nicht ausdrücklich zugelassen worden sind, nicht gestattet«, und in Bremen steht darüber nichts in der Prüfungsordnung.
- Ein zentrales schriftliches Abitur, bei dem das Kultusministerium die Themen stellt, findet nur in Baden-Württemberg, in Bayern und im Saarland statt – was für die Schüler bedeutet, daß

sie den gesamten Stoff der letzten Jahre parat haben müssen; in den anderen Ländern formulieren die Fachlehrer Themen, die vom Ministerium gebilligt oder verworfen werden – was für die Schüler bedeutet, daß mit großer Wahrscheinlichkeit nur durchgenommene Gebiete drankommen.

- Die Noten der schriftlichen Arbeiten werden in allen Ländern von einem (Erst-)Korrektor und einem zweiten Lehrer derselben Schule festgesetzt, der das erste Urteil kennt; nur in Baden-Württemberg wird ein völlig fremder Zweit-Korrektor bestimmt, der weder die Schule noch den Schüler noch die erste Note erfährt; erst im zuständigen Oberschulamt wird die Zensur auf Grund der beiden Gutachten festgesetzt.

Wo schon in den Verfahren so viel verschieden ist – die hier aufgezählten Differenzen sind durchaus nicht vollständig –, kann das Ergebnis nicht das gleiche sein. Darüber gibt es denn auch keinen Streit: Schriftliche wie mündliche Abiturprüfungen und -noten sind nicht vergleichbar. Ein bayerisches »Gut« ist etwas anderes als eine Zwei in Baden-Württemberg, und ebenso bedeutet eine Fünf in Hessen etwas anderes als ein »Mangelhaft« in Hamburg. »Diese blöden zehn Minuten«, meinte ein Schüler in Bremen, der sich gerade seine Vorzensur in Mathematik, eine Eins, durch eine schwache mündliche Leistung verdorben hatte, »das ist doch lächerlich, alles Glückssache.«

Wie lächerlich es immer sein mag – eines hatten bisher alle erfolgreichen Abiturienten gemeinsam: Sie besaßen mit ihrem Zeugnis die Eintrittskarte in die Hochschule. Ein Abiturient aus Kempten konnte sich mühelos in Kiel einschreiben, ein Flensburger ohne weiteres in Freiburg studieren. Denn stets hatte, seitdem 1788 in Preußen die erste Reifeprüfungsordnung erlassen wurde, das Abitur den einen Sinn: es sollte die allgemeine Studierfähigkeit nachweisen. »Das Gymnasium«, so heißt es noch in einer kürzlich in Bremen erschienenen Informationsschrift über das Schulwesen, »führt zur Hochschulreife.«

Damit freilich ist es vorbei, seit der Numerus clausus an den Hochschulen regiert. Die Rollenfunktion von Oberschule und Abitur – Jugendlichen eine akademische Bildung und damit den Zugang zu den einflußreichsten und einträglichsten Berufen zu ermöglichen – wird immer fragwürdiger. Gut neunzig Prozent aller Schüler mit Hochschulreife wollen auch studieren, und die Zahl der Abiturienten steigt ständig. Doch von Jahr zu Jahr wird es wegen des zunehmenden Numerus clausus ungewisser, ob ein

Abiturient überhaupt einen Platz an einer Hochschule findet. Wieder sind in diesem Sommersemester die Zulassungsbeschränkungen härter geworden, so daß etwa 25000 Abiturienten nicht studieren können, was sie wollen. Schlimmer noch ist, daß sich eine vergleichbare Alternative zum Studium nur wenigen bietet, weil es weder im öffentlichen Dienst noch in der Wirtschaft oder im Handel genügend attraktive Berufsmöglichkeiten für Abiturienten gibt.
So wird das Abitur, das seit eh und je eine der angesehensten und vielleicht die schwierigste aller Schul- und Hochschulprüfungen ist, zu einer Sackgasse. Abitur – und was dann? Das ist eine Frage, hinter der ein brisantes bildungspolitisches Problem steckt. Daß ihr Zeugnis der Reife immer weniger ein Sesam-öffne-dich für die Universität ist, sondern immer mehr nur ein bloßes Stück Papier, wissen die Abiturienten wohl. »Nichts als ein Sprungbrett für die nächste Auslese«, formulierte einer treffend in Bremen, ein anderer sagte: »Ein Teilnahmeschein für den weiteren Existenzkampf«, ein dritter: »Ein doofer Wisch.«
Um so erstaunlicher ist, daß sich der Druck des Numerus clausus bislang offenbar relativ wenig an den Schulen auswirkt. Nachdem die Indexziffern für zulassungsbeschränkte Fächer immer niedriger werden und Notendurchschnitte für Pharmazie von 1,5, für Medizin von 1,8, für Biologie von 2,2 erforderlich sind, scheinen viele Oberschüler zu resignieren. Statt alles daranzusetzen, in den letzten Schuljahren und im Abitur einen möglichst günstigen Schnitt zu erreichen, verweigern sich die meisten dem Leistungsdrill. Von Panik und Hysterie jedenfalls war bei den Bremer Abiturienten nichts zu bemerken.
»Ich bin doch nicht blöde«, so schilderte einer seine anscheinend von vielen geteilte Einstellung, »und schufte mich jahrelang ab. Dann krieg' ich vielleicht 'ne 1,8, inzwischen sind die aber schon bei 1,5 – und dann? Nee, da warte ich lieber ab. Ich habe einen Schnitt von fast 4,0 – nun muß ich mal sehen, was wird.«
Abwarten und mal sehen – solche Gleichgültigkeit und ein gewisser Fatalismus sind weitaus charakteristischer als hektische Strebsamkeit. So hatten zum Beispiel alle Abiturienten in Bremen in den letzten zwei Monaten vor dem Mündlichen keinen Unterricht mehr. Doch obwohl jeder an diesem Gymnasium wußte, ob und in welchem Fach er geprüft werden sollte, haben nur ganz wenige die Zeit genutzt, um sich vorzubereiten. Fast alle gingen statt dessen jobben – »für'n Auto, eine Ferienreise oder ein Moped«.

Ein Mädchen, das sich freiwillig für ein Examen gemeldet hatte, rief am Abend vorher beim Prüfungsvorsitzenden an, ob sie morgen unbedingt in die Schule kommen müsse – sie wolle sonst lieber wieder ins Kaufhaus gehen.

Ein Junge, mit einer Drei als Vorzensur im Deutschen und einer Fünf im Aufsatz, hat »überhaupt nichts gemacht«, obwohl ihm rechtzeitig bekannt war, daß er ins Mündliche sollte. Er kam gelangweilt herein, hockte teilnahmslos da über dem Text, einem Stück aus dem Anfang der »Blechtrommel«, wälzte seinen Kaugummi ungeniert im Munde umher und brachte zu dem Problem »Erzählhaltung des Autors« kaum mehr zustande als den Satz: »Da schreibt ein Ich-Erzähler.« Das Ergebnis: eine Sechs.

Es war die einzige an diesem Tag, und durchgefallen ist keiner. Von den 21 Prüfungen waren zwei Einsen, vier Zweien, fünf Dreien und neun Vieren. »Die Leistung ist heutzutage katastrophal«, stöhnte ein junger Biologielehrer, »sie ist in den letzten Jahren immer schlechter geworden.« Andere Pädagogen freilich sehen das anders und differenzieren: »Die Leistungsbereitschaft in gewissen Gebieten ist geringer geworden«, urteilen sie, bescheinigen ihren Schülern aber zugleich »ein erstaunliches Maß an natürlicher Intelligenz«.

Und die meisten sind sich darin einig: auch wenn die heutigen Oberprimaner kaum bereit sind, sich dem Leistungszwang zu beugen und weniger wissen als ihre Vorgänger, so sind sie doch furchtloser, kritischer und selbstbewußter. »Wir waren als Abiturienten noch rechte Schafe und ließen uns alles gefallen«, sagte eine Lehrerin, »das ist heute vorbei. Diese Abiturienten sind wirklich sehr selbständig, und die meisten haben einen beachtlichen politischen Weitblick.«

(DIE ZEIT Nr. 24, 8.6.73)

Vom Kellerkind zur Superbehörde

Die Zentralstelle für die Vergabe von Studienplätzen in Dortmund (ZVS)

Zuerst hockten sie im Keller der Hamburger Universität und sortierten Karteikarten in Pappkartons; dann logierten sie in einer Neubau-Mietwohnung im Nachbarort Norderstedt und bedienten sich bereits der EDV; heute haben sie sich über mehrere Stockwerke eines Hauses in Dortmund ausgebreitet, unterhalten eine eigene Druckerei, speichern alle Unterlagen auf Mikrofilm, bedienen eine Maschine, die bis zu elf verschiedene Schriftstücke in ein Kuvert einfaltet, und füttern einen der größten Computer in Nordrhein-Westfalen mit Millionen Daten. Doch wo immer die Mitarbeiter dieser Institution in den letzten Jahren auch saßen, stets taten sie dasselbe: Sie verteilten zu wenige Studienplätze auf zu viele Studienbewerber.

Mit der Medizin fing es 1967 an. Um die raren Stellen möglichst gerecht zu vergeben, gründeten die Hochschulen die ZRM, die Zentrale Registrierstelle für Studienbewerber der Medizin in Hamburg, wo ein Dutzend Mitarbeiter anfangs gerade 2000 Studienanträge zu versorgen hatte. Heute betreut die Zentralstelle für die Vergabe von Studienplätzen in Dortmund (ZVS) bundesweit die Kapazität in fünfzehn Hochschulfächern [1976: 41 Fächer], bearbeitet fast 120000 Anträge, beschäftigt 120 Personen als Beamte, Angestellte und Arbeiter und dazu noch 270 Aushilfskräfte, wird getragen und beraten von drei Organen und sieben Unterausschüssen und verbraucht im Jahr einen Etat von elf Millionen Mark [1976: 203000 Anträge, 180 Beschäftigte, 300 Aushilfskräfte, Etat 21 Millionen].

Vom Kellerkind zur Superbehörde – der Aufstieg kam für die Zentralstelle zwangsläufig. Denn der Mangel, den sie verwaltet, wurde immer größer, und damit wuchs automatisch auch die ZVS. 1970 waren es »nur« 13000 Studenten, die nicht das Fach ihrer Wahl studieren konnten; 1972 waren es bereits 24000, in diesem Jahr sind es 43300 [1976: 24000 allein in Medizin], und die ZVS darf mittlerweile so etwas wie Symbolwert beanspruchen: An kaum einer anderen Institution in der Bundesrepublik ist das Wuchern von Verwaltungen nach den Gesetzen des Cyril Northcote Parkinson deutlicher abzulesen, und kaum eine andere Institution demonstriert so eindringlich fragwürdige Entscheidungen der Bildungspolitiker in diesem Lande. Nur um die zu wenigen Studienplätze gerecht zu verteilen, sind Jahr für Jahr viele Millionen Mark erforderlich. Dabei hat die ZVS ihre endgültige Größe noch längst nicht erreicht. Schon wird ein dreistöckiger Neubau errichtet (in den noch eine andere Firma mit einziehen wird), schon sind Investitions- und Personalpläne für die nächsten Jahre konzipiert: Die ZVS wächst und wächst und wächst [Der Neubau wurde im Oktober 1974 bezogen].

Geschaffen wurde die Zentralstelle, weil ihre Vorgängerin, die Zentrale Registrierstelle für Studienbewerber (ZRS) in Norderstedt, zwar technisch einwandfrei arbeitete, aber eine gleiche Behandlung aller derer, die studieren wollten, nicht gewährleisten konnte. Die ZRS stellte sie nach Zeugnisnoten und Wartezeiten auf Listen zusammen, wobei sich beträchtliche Unterschiede ergaben. Zum Beispiel konnte jemand mit Glück noch bei einem Notendurchschnitt von 2,18 in Bochum Medizin studieren; in Münster waren 2,0 erforderlich, in Bonn gar 1,88. Zu solchen Ungereimtheiten führten die von Land zu Land und von Hochschule zu Hochschule unterschiedlichen Zulassungskriterien. Es gab nicht weniger als »sieben verschiedene Berechnungsarten der Abiturnotendurchschnitte, sechs Arten von Notenvergünstigungen im Rahmen des Leistungsprinzips und über 200 Arten von Vergünstigungen im Rahmen des sogenannten Anciennitäts-Prinzips«, wie der ZVS-Leiter Henning Berlin errechnet hat: »Von einer einheitlichen Beurteilung aller Bewerber konnte keine Rede sein.«

Diesem Zustand machte das Bundesverfassungsgericht im Juli 1972 ein Ende. Die höchste richterliche Instanz entschied: Studienplätze müssen nach einheitlichen Kriterien und durch gerichtlich anfechtbare Bescheide vergeben werden; die Beschränkung der Zulassung darf keine Berufslenkung sein; eigentlich wäre es »Sache des Bundes«, hier »das Notwendigste zu tun«.

Doch die Bildungspolitiker folgten dem Wink aus Karlsruhe nicht, mit dem Hochschulrahmengesetz eine bundeseinheitliche Lösung zu schaffen. Statt dessen handelten die Länder, die ihre Kulturhoheit bedroht sahen. Im Oktober 1972 fertigten sie einen Staatsvertrag über die Gründung der ZVS, die am 1. Mai 1973 zu arbeiten begann. In ihrer Hast produzierten die Kultusminister wohl den unzulänglichsten Vertrag, den es im bildungspolitischen Bereich gibt. Er ist verfassungsrechtlich bedenklich, und seine Folgen sind fatal. Der Auftrag, den die Politiker der Zentralstelle gaben, ist unsinnig; trotzdem darf seine Ausführung als brillant gelten.

Denn die ZVS entwickelte sich zu einer lautlos und reibungslos funktionierenden Musterbehörde. Mitarbeiter machten Dienst rund um die Uhr und schliefen auf Feldbetten im Büro; sie trimmten ihren Laden nach Management-Methoden auf Effizienz und produzieren Computerdrucke am laufenden Band, doch nahezu ohne Fehl und mithin fast ohne Tadel. Über 2000 Prozesse wurden bisher gegen ZVS-Bescheide angestrengt, doch nur in knapp 50 Fällen mußten sich die Dortmunder Fehler bescheinigen lassen.

Das beweist doch wohl: Die ZVS funktioniert – offenbar – rationell und sicher. Dieser Eindruck vermittelt sich auch dem Besucher der Zentralstelle: Eigentlich ist es keine typische Behörde, sondern eine unkonventionell und einfallsreich arbeitende Servicestation. Ob sie zu groß ist, kann der Außenstehende nicht abschätzen. Eine kleinere Institution könnte – so scheint mir – Vergleichbares in gleicher Qualität kaum leisten. Kritiker der ZVS sehen in der Dortmunder Karl-Marx-Straße allerdings einen riesigen Verwaltungswasserkopf entstehen. Ein endgültiges Urteil über die Effektivität der ZVS ist für den Herbst zu erwarten. Dann wollen Nordrhein-Westfalen und Baden-Württemberg – stellvertretend für alle Länder – die innere Organisationsstruktur der ZVS prüfen. Sicher ist so viel: Der voluminöse Apparat, mit dem die Dortmunder Schicksal spielen und Lebenschancen durch Stellen hinter dem Komma vergeben müssen, arbeitet nach Voraussetzungen, die lächerlich und fragwürdig sind. Wer sich bei der ZVS bewirbt, nimmt an einem Glücksspiel teil; statt Millionen verschlingende Technik zu bemühen, könnte auch gewürfelt oder gelost werden – mehr Gerechtigkeit als in einer Lotterie herrscht auch beim Dortmunder Roulette nicht.

Denn die Grundlage der Berechnungen sind die Noten der Abiturzeugnisse – also zufällige, ungerechte, subjektiv bedingte, von Imponderabilien, Schrullen, Sym- und Antipathien abhängige Ziffern, die keine sicheren Aussagen darüber erlauben, wie ein Schüler sich als Student entwickelt und wie er sich in seinem Beruf schlägt.

Das zweifelhafteste pädagogische »Instrument«, die Zensur, bildet – so will es der Staatsvertrag – im ZVS-Verfahren die Basis der Entscheidung. Dieser Noten-Fetischismus hat Folgen, die oft kritisiert wurden: er macht die Zensur zum Disziplinierungsmittel, verschlechtert das Klima zwischen Schülern, Lehrern und Eltern, torpediert den Kern der Bildungsreform, weil er statt zu mehr Freiheit und Selbständigkeit zu mehr Drill und Leistungszwang nötigt, vermehrt die soziale Ungerechtigkeit, manipuliert die freie Berufswahl, läßt die Oberstufenreform zu einer Farce werden und benachteiligt alle, die über den Zweiten Bildungsweg zum Studium streben.

(DIE ZEIT Nr. 53, 23.8.74)

Auf keinen Fall Filzstift

Wie die Dortmunder Zentralstelle (ZVS) die Studienplätze vergibt

Das gibt es doch gar nicht: daß ein Abiturient mit lauter Einsen im Zeugnis keinen Studienplatz bekommt!

Natürlich gibt es das. Josef Sch. aus Köln beispielsweise hat es erlebt. Er hatte zunächst Starkstromelektriker gelernt und dann sein Abitur an einem Kolleg nachgemacht. Notendurchschnitt 1,5, also hervorragend; doch Sch. wurde noch besser. Er bekam nämlich einen Bonus von 0,5, da er den Zweiten Bildungsweg hinter sich hatte, und einen zweiten Bonus von 0,1 für den Länderausgleich. Mit der Traumnote 0,9 bewarb er sich also bei der Zentralstelle für die Vergabe von Studienplätzen (ZVS) in Dortmund für Jura. Der ZVS-Computer aber lehnte ihn ab.

Ein anderer Fall ist Michael B. aus Karlsruhe. Er brachte es im Abitur auf eine glatte 1,0 im Durchschnitt und war sicher, an einer der fünf von ihm gewünschten Hochschulen zum Medizinstudium zugelassen zu werden. Er ließ sich sogar, »um auf gar keinen Fall einen Fehler zu begehen und jedes Risiko auszuschließen«, wie er sagt, von einem Oberstudiendirektor beraten, der im Auftrag des Kultusministeriums Auskünfte zum ZVS-Verfahren erteilt. Doch weder die ausgezeichneten Zensuren noch die gutgemeinten Ratschläge halfen: Auch B. wurde vom Computer abgewiesen. »Wer soll dieses Verfahren verstehen?« sagte er empört. »Haben die Verantwortlichen jedes Gefühl für Menschlichkeit und Vernunft verloren? Ist es nicht unverantwortlich, eine Maschine über Menschenschicksale entscheiden zu lassen?«

Solche Klagen sind Legion. Immer wieder stehen die Dortmunder ZVS und ihre Computer im Mittelpunkt heftiger Kritik. Der CSU-Abgeordnete Albert Probst, Vorsitzender des Bundestagsausschusses für Bildung und Wissenschaft, sprach kürzlich von »schwerwiegenden Pannen« und einem »Skandal, der zu Konsequenzen führen muß«. Der Ring Christlich-Demokratischer Studenten machte ein »Chaos« und »skandalöse Vorgänge« aus: »Es reicht langsam, was die Zentralstelle uns Studenten und Abiturienten zumutet.« Von den Medien griff besonders die »Deutsche Zeitung« die ZVS an: »Der Computer schludert«; »stattliche Reihe gravierender Mängel«; »mangelhafte Unterrichtung der Bewerber«; »institutioneller Nonsens«; »in Rekordzeit zur unpopulärsten Behörde in der Bundesrepublik avanciert.«

Jetzt ist die Empörung wieder besonders stark, denn gerade hat die ZVS die 76500 Bewerber um einen Studienplatz zum Sommersemester benachrichtigt. Das Ergebnis ist, wie schon in den letzten Jahren, niederschmetternd: 52100 erhielten einen Ablehnungsbescheid und können nicht studieren, was sie möchten; nur 24400 wurden im Fach ihrer Wahl zugelassen. In den »harten« Numerus-clausus-Fächern ist es besonders hoffnungslos; dort hat sich die Lage gegenüber früheren Semestern deutlich verschlechtert. In Zahnmedizin bewarben sich 4629 Studienberechtigte um 584 Plätze; eine Chance – nach der Leistungsliste – hat hier nur, wer 1975 sein Abitur mit der Durchschnittsnote 1,7 bestand oder – nach der Warteliste –, wer bereits seit sieben Jahren ausharrt und 1969 eine 3,5 im Abi-Durchschnitt schaffte.
Doch es gibt zum Sommersemester auch ein paar Lichtblicke. Denn in rund einem Dutzend Disziplinen werden mehr Plätze angeboten, als Bewerber mit dem ersten Studienwunsch dafür vorhanden sind. Ökonomie: 553 freie Stellen – 309 Studenten, die sich für dies Fach mit erster Präferenz entschieden; Volkswirtschaft 1776 zu 1021; Physik 769 zu 434; Geschichte 304 zu 199; Anglistik 181 zu 122. In diesen »weichen« Studiengängen erhalten also die meisten einen Platz, die dies Fach an erster Stelle genannt haben. Das ist immerhin auch etwas, und mit Sicherheit werden an mehreren Hochschulen nicht alle freien Stellen besetzt werden, weil zu wenig Bewerber da sind.
Überhaupt: Der Leiter der ZVS, Henning Berlin, zweifellos einer der besten Kenner der Zulassungsprobleme, hält die Ergebnisse des Sommersemesters »nicht für signifikant«. Im Winter mußte seine Behörde 200000 Anträge bearbeiten, diesmal waren es nur rund 40 Prozent davon. Außerdem finden noch zwei Nachrückverfahren statt; die sind notwendig, weil von den zugelassenen Studenten eine ganze Menge – aus welchen Gründen immer – auf ihren Platz verzichten. So werden sich bestimmt rund 4000 von den jetzt Abgewiesenen doch noch in ihrem Fach immatrikulieren können.
Das ist bescheiden, dennoch ist es erfreulich. Was aber mehr zählt, sind die 52000 Ablehnungsbescheide. Diese Katastrophe wird von fast allen der ZVS und ihren »unmenschlichen« Computern angelastet. Die Dortmunder Zentralstelle ist in den Augen der meisten der Hauptschuldige an dieser Misere: eine seelenlose Maschinerie, die Ausbildungs- und damit Lebenswege Tausender junger Menschen brutal unterbricht und zerstört. Nicht mehr für das Leben,

sondern für Dortmund lernen wir – so hat der frühere niedersächsische Kultusminister Mahrenholz diesen kindfeindlichen Druck charakterisiert.

Der Zorn auf »Dortmund« ist verständlich, berechtigt ist er trotzdem nicht. Denn die Vergabestelle und ihre Technik sind an der Misere unschuldig. Sie sind lediglich der sichtbare und deshalb am leichtesten zu greifende und anzugreifende Ausdruck der beklemmenden bildungspolitischen Verhältnisse. Die ZVS steht im Rampenlicht, deshalb wird sie – oft zu Unrecht – kritisiert; doch was sich dahinter im Zwielicht und im Dunkeln abspielt, sollte uns mehr interessieren:

Da ist der unglückselige Staatsvertrag von 1972; durch ihn wurde die ZVS im Einvernehmen aller Bundesländer geschaffen, anschließend wurde das Vergabeverfahren durch penible und detailversessene Richtlinien und Verordnungen wasserdicht gemacht. Diese Papiere sind für die Arbeit der ZVS die Rechtsgrundlage: ein Ländervertrag, der mittlerweile wegen seiner verfassungsrechtlichen Bedenklichkeit die höchsten Gerichte in diesem Land beschäftigt, der weder ein gerechtes noch ein überschaubares Verfahren vorschreibt, der fragwürdige Zensuren verabsolutiert und schärfste Auslese fordert.

Da ist die Rechtsprechung: 7000 Prozesse wurden bisher gegen Bescheide aus Dortmund angestrengt. Die Gerichte zwingen die ZVS dazu, ihr Verfahren »absolut idiotensicher« zu machen, wie einige in der Behörde sagen, andere drücken es so aus: »Wir müssen rechtsfehlerfrei arbeiten, das können wir nur bei absolut gesicherten Daten.« Jeder denkbare Fall muß deshalb berücksichtigt werden, und das ist der Grund für den geradezu ungeheuerlich anmutenden ZVS-Formalismus.

Da ist der Verwaltungsausschuß, die eigentliche Entscheidungszentrale, in der je ein Vertreter der Länder-Hochschulminister (und der Bund mit beratender Stimme) sitzt. Dies Gremium beschließt praktisch alles: ob neue Studiengänge in das Verfahren einbezogen, ob Rechtsverordnungen geändert, Kapazitäten ermittelt, Statistiken veröffentlicht und mit wem leitende Stellen besetzt werden.

Da sind schließlich die zahlreichen Versäumnisse und Fehlentscheidungen der Kultusminister: ihre Werbung für mehr und bessere Bildung – ohne die notwendige Konsequenz, spezielle berufliche Ausbildungsgänge für Abiturienten bei der Wirtschaft und im öffentlichen Dienst zu schaffen; die Erkenntnis, daß allein

eine energische Studienreform mit kurzen Studiengängen die überfüllten Hochschulen entlasten würde – ohne daß die Politiker sich dafür wirklich engagierten; und dann, um nur noch ein drittes Moment zu nennen, die permanente bildungspolitische Konfrontation zwischen Bund und Ländern, zwischen den Ländern untereinander, zwischen den zahllosen Gremien, Verbänden und Behörden und natürlich auch innerhalb der Parteien.
Das ist der Hintergrund, vor dem die Tätigkeit der Dortmunder gesehen werden muß. Wer diese Bedingungen berücksichtigt, kann dem ZVS-Direktor Berlin eigentlich nur zustimmen, wenn er erklärt: »Unser Ermessensspielraum ist gleich null. Wir haben absolut eindeutige Spielregeln; sie wenden wir an und bemühen uns so, gleichsam Schiedsrichter zu spielen beim Zuordnen der Studienwünsche nach Studienplätzen. Was wir machen, tun wir allein im Interesse der Bewerber.«
Sie tun es wie selten eine Bürokratie – fast fehlerfrei, termingerecht und oft unter großem persönlichen Einsatz. 600000 »rechtsmittelfähige« Bescheide hat die ZVS bisher verschickt, 7000 mal wurde sie verklagt, doch nur in knapp 60 Verfahren ist sie unterlegen. – 2,5 Millionen Blatt Papier aus einem Kilometer Akten wurden zum Wintersemester 1975/76 auf 672 Mikrofilme gespeichert. 10000 Bewerber füllten im letzten Herbst ihre Anträge fehlerhaft aus; 3000 von ihnen konnte die ZVS trotz der Kürze der Zeit anschreiben und so die Mängel beheben. »Die Mitarbeiter«, urteilte denn auch die »FAZ«, »sind liebenswürdig und furchtbar korrekt. Übers Ohr zu hauen sind die Dortmunder nicht so leicht.« Und die »Süddeutsche Zeitung« entdeckte an dem »sympathischen« Direktor Berlin »weder Bequemlichkeit noch bürokratische Schikane«, sondern »allein die nüchterne Einsicht in die Notwendigkeit eines Zuteilungsverfahrens, das die Bewerber zu erbitterten Konkurrenten macht«.
So gesehen, gewinnt manches von dem, was die ZVS tut, eine andere Qualität; vordergründig betrachtet, kann ihre Arbeit dagegen schikanös und grotesk anmuten. So ist beispielsweise das Informationsheft der Zentralstelle zu diesem Sommersemester 127 Seiten dick. Doch es ist nur deshalb so umfangreich, weil die Bestimmungen es erfordern und weil jeder Bewerber eine Antwort auf jede Frage finden soll.
Trotz dieser ausführlichen Anleitung wurden wieder 4400 Anträge falsch ausgefüllt, geradezu mit abenteuerlichen Fehlern. Obwohl zum Beispiel zum Sommersemester in Architektur, Elektro-

technik, Ernährungswissenschaft und anderen Fächern gar keine Plätze angeboten werden, haben sich 1800 Studienberechtigte ausgerechnet für diese Disziplinen beworben; 440 haben ihren Antrag nicht unterschrieben, trotz mehrmaliger Aufforderung in Fettdruck.

Nur weil sie dieses Heft nicht genau gelesen hatten, brachten sich übrigens auch die beiden Bewerber Sch. und B. aus Köln und Karlsruhe mit ihren Traumnoten 0,9 und 1,0 um einen Studienplatz. In der Information steht ausdrücklich, daß alle Studienorte anzugeben sind, an denen ein Fach gelehrt wird: »Jede Beschränkung kann zur Folge haben, daß Sie keinen Studienplatz erhalten.« Trotzdem nannten beide nur fünf Orte; das Ergebnis: Schwerbehinderte, Verheiratete und solche Bewerber, die bei ihren Eltern wohnen, brachten für diese fünf Hochschulen die besseren Voraussetzungen und erhielten deshalb die Plätze.

Ein anderer Umstand, der immer wieder Kopfschütteln und Ärger erregt, ist der Ablauf des Bewerbungsverfahrens. Es umfaßt ein Dutzend und mehr Stationen und gleicht fast einem Irrgarten. Trotzdem ist diese Reihenfolge notwendig, denn nur bei so vielen Kontrollen ist das Verfahren rechtlich lückenlos.

Noch ein Ärgernis: Der allgemeine Teil des Zulassungsantrages mit den Personalien »muß deutlich lesbar in Blockschrift ausgefüllt sein«. »Verwenden Sie bitte nur einen schwarzen oder blauen Kugelschreiber, aber keinen Bleistift, Filzstift oder Füllhalter!« Bei dem Blatt jedoch, das für den gewünschten Studiengang ausgefüllt werden muß, ist es anders. Die Anweisung lautet: »Verwenden Sie bitte einen weichen Bleistift (Härte 1, 2 oder HB). Füller, Kugel- oder Filzschreiber dürfen nicht verwendet werden.« Und dann wird sogar noch exakt erklärt, wie zu schreiben, zu radieren und Zahlen zu malen sind: das O oben ohne Haken oder Schleife. Der Grund für diesen lächerlich erscheinenden Unterschied bei ein und demselben Antrag ist einfach zu erklären: Der allgemeine Teil wird auf Mikrofilm gespeichert, die Angaben zum Studienfach aber werden von einem Computer gelesen, und der kann die Tinte eines Füllers oder die Schleife bei einem O nicht entziffern.

Das sind nun einmal Regeln und Vorschriften, die den »Mängelverwaltern« (Berlin) in Dortmund vorgegeben sind; daran müssen sie sich halten, wenn Gerichte sie nicht in der Luft zerreißen sollen. Auch wenn die ZVS technisch fast brillant arbeitet, kann niemandem bei diesem System wohl sein.

Dabei hat die ZVS einen wichtigen Beitrag dazu geleistet, dem

Grundrecht auf freie Berufswahl wieder ein bißchen mehr Geltung zu verschaffen. Seitdem die Plätze in mehreren »weichen« Studiengängen – Geographie, Anglistik, Politologie, Mathematik – von Dortmund verteilt werden, gibt es plötzlich allenthalben ungenutzte Kapazitäten. Über 3000 Plätze blieben im Wintersemester frei, und »Skandal, Skandal!« erscholl es aus einem Dutzend Hochschulen.

Dieser »Skandal«, erklärt Henning Berlin, »ist in Wahrheit ein Erfolg der ZVS«. Er hat recht. Bisher nämlich meldete sich jeder Studienberechtigte für diese Noch-nicht-ZVS-Fächer an etwa sieben Universitäten, so daß bei nur 50000 Studienberechtigten eine scheinbare Nachfrage nach 350000 Plätzen entstand. Niemand wußte, wie stark der harte Kern dieser Bewerber-»Lawine« tatsächlich war; deshalb meldeten die Hochschulen immer wieder, sie seien voll. Mit diesem Spuk hat die ZVS aufgeräumt. Damit war der Nachweis erbracht, daß in vielen Studiengängen durchaus Platz vorhanden ist.

(DIE ZEIT Nr. 13, 19.3.76)

Abitur plus – aber plus was?

Los – Länderquote – Normenbücher

Thomas Mann hatte gut schimpfen. Er hatte die Schule gehaßt, sich das Einjährige ersessen – »faul, verstockt und voll liederlichen Hohns über das Ganze«, wie er später schrieb, und war doch ein weltberühmter Dichter geworden. Abitur? Daß Gott behüte!

Das Maturum war für Thomas Mann nichts als ein Martyrium: »Eine tagelange Schraubmarter, in der junge Leute unter Anwendung schlafvertreibender Mittel sich als wandelnde Enzyklopädisten erweisen müssen«, urteilte er: »Dieses Examen kann in seiner ganzen Inhumanität, sachlichen Schädlichkeit und ausgemachten Entbehrlichkeit nur aus Mangel an Sympathie mit der Jugend verteidigt werden.«

Recht so; das gilt auch noch im hundersten Geburtsjahr des Nobelpreisträgers: Schlaflosigkeit wegen Leistungszwang und Depressionen trotz Valium bei Schülern – und immer allgemeiner die Ansicht, das Abitur reiche nicht mehr aus, es sei ungeeignet als Basis für den Übergang in die Hochschulen, es sage zu wenig über spätere Studienchancen und Berufserfolge aus; deshalb müßten

diejenigen, die noch einen Platz an der Uni erhalten, unbedingt gründlicher, aber auch gerechter ausgewählt werden. Nein, so heißt die Gegenthese, am Abitur dürfe nicht gerüttelt werden. Dies ist die Ansicht vor allem der gymnasialen Lobby, des Philologenverbandes also, der fürchtet, das höhere Schulwesen könne durcheinander geraten, wenn das Abi erst abgeschafft wird.
Wie auch immer der Hochschulzugang geregelt wird: es ist ein vielschichtiges Problem, bei dem es nur um eine gerechtere Verteilung des Mangels geht. Individuelle Leistungen müßten vergleichbar gemacht werden, indem man sie an Kriterien mißt, die objektiv gerechter und in ihrem Aussagewert für Studium und Beruf gültiger sind als herkömmliche Zensuren. Parteipolitisch hätten alle zurückzustecken, denn CDU/CSU, SPD und F.D.P sind wie gewöhnlich so auch diesmal durchaus nicht einer Meinung. Wie wir unsere Bildungspolitiker kennen: jeder möchte am liebsten sein eigenes Süppchen kochen. Außerdem ist das Abitur-Problem verfassungsrechtlich besonders delikat. Die Länder, die für Reifeprüfung und Noten zuständig sind, müßten für eine bundeseinheitliche Lösung auf ihre Kompetenz verzichten.
Die neue Formel lautet: »Abitur plus«, und danach möchte vor allem der Bund den Hochschulzugang einheitlich regeln. »Plus« heißt: eine berufliche Tätigkeit vor Studienbeginn statt der bisherigen Wartezeit – ein späterer Arzt sollte also zunächst einmal ins Krankenhaus gehen, ein Jurist vielleicht in eine kommunale Verwaltung. Berufspraxis vor Hochschultheorie ist ein bestechender Gedanke, nur: Wenn Jahr für Jahr rund 200000 Gymnasiasten einen Job suchen, was wird dann bei der schon bestehenden Jugendarbeitslosigkeit aus den weniger qualifizierten Haupt- und Realschülern? Ganz abgesehen davon, gibt es über Dauer, Art und Umfang solcher Tätigkeit bislang keine einheitliche Meinung.
»Plus« bedeutet aber auch: zusätzliche Tests nach dem Abi-Examen. Sie werden zum Beispiel seit langem und mit gutem Erfolg in Amerika eingesetzt, nur: Hierzulande gibt es kaum mehr als Vorstudien und Experimente. Die Studienstiftung des deutschen Volkes etwa und der Kölner Psychologie-Professor Josef Hitpass arbeiten mit und an solchen Programmen. Eines davon testet beispielsweise die manuelle Geschicklichkeit von Abiturienten, die Zahnmedizin studieren wollen, und das ist zweifellos sehr notwendig. Aber wie testet man Juristen, Lehrer für kleine, mittlere und große Kinder, Orientalisten, Röntgenologen, Internisten, Anästhesisten, Urologen?

Was ist zu jenem »Test« zu sagen, mit dem ein praktischer Arzt seinen Sohn vor dem Medizinstudium prüfte? Er setzte ihm auf einem Teller eine veritable Spinne vor und forderte ihn auf, das Tier zu verspeisen – dann würde er sein Studium und die Fachausbildung zum Chirurgen gern bezahlen. Von solch handgestrickten Methoden halten Hitpass und andere Fachleute zu Recht wenig, doch sie sind ihrer eigenen Arbeit gegenüber zumeist skeptisch genug und versprechen nicht, nun das Heil einer absolut korrekten Auswahl herbeizaubern zu können. Die Tests brauchen noch recht lange, bis sie ausgereift sind, und auch dann können sie das ganze Verfahren vielleicht objektiver, bestimmt jedoch nicht vollkommen objektiv machen, und auch ihr prognostischer Wert bleibt begrenzt. Abitur plus Test und berufliche Praxis ist also ein möglicher, wenngleich langwieriger Weg. In der jetzigen Fassung des Hochschulrahmengesetzes sind diese Elemente zum Teil noch gar nicht enthalten, und bis ins einzelne ist so gut wie nichts geregelt – es wäre auch erst möglich, wenn die Länder auf ihre Kompetenz verzichten.

Wegen dieser vielfältigen Schwierigkeiten wird im Bonner Bildungsministerium, aber auch etwa bei der Gewerkschaft Erziehung und Wissenschaft über ein scheinbar ganz irrationales Verfahren ernsthaft nachgedacht, über das Los. Offenbar jedoch nicht zu Unrecht; denn wer davon ausgeht, daß grundsätzlich jeder studienberechtigt ist, der die Reifeprüfung hat; daß gerade die besten Abiturienten im Studium oft versagen; daß im Grunde alle Auswahlprinzipien fragwürdig sind; daß viele Millionen Mark verschlingende Behörden gespart werden könnten; daß der fast schon unmenschliche Leistungsstreß bis in die Grundschulklassen hinein aufhörte; daß schließlich Haupt- und Realschülern der Existenzkampf gegen Abiturienten erspart bliebe – der sollte in der Tat das Auslosen von Studienplätzen nicht leichtfertig abtun.

Statt des jetzigen individuellen Verfahrens durch die Zentrale Registrierstelle in Dortmund wird in letzter Zeit immer häufiger eine andere Möglichkeit diskutiert, den Ländern (oder auch einzelnen Hochschulen) pauschal ein bestimmtes, prozentual errechnetes Kontingent an Studienplätzen zuzuweisen. Auch die bayerischen Verfassungsrichter haben diese Länderquote ausdrücklich als denkbar genannt, nur: An welcher Größe soll das Quantum der Plätze gemessen werden? An der Bevölkerung? Dann wären Länder wie Bayern mit vielen Einwohnern aber relativ wenigen Abiturienten und Studienplätzen im Vorteil. An der Abiturientenzahl?

Dann wären Länder wie Hessen, die mehr Studienberechtigte produzieren als der Bundesdurchschnitt, benachteiligt. Oder an der Zahl der Bewerber für ein bestimmtes Studienfach? Also etwa so: 20 Prozent aller Medizinwünsche kommen aus Nordrhein-Westfalen, deshalb erhält NRW auch 20 Prozent aller Studienplätze in Medizin. Der Bezugswert entscheidet mithin zunächst über Sinn und Unsinn der Länderquotierung. Dieses Verfahren würde elf unterschiedliche Zulassungsmethoden einführen und die Zersplitterung des Bildungswesens noch weitertreiben – ein ideales Feld für Verfassungsklagen.

Seit längerem basteln die Kultusminister insgeheim und ohne die Öffentlichkeit in der wünschenswerten Weise zu informieren an jener Lösung, die manchem von ihnen, zum Beispiel dem Bayerischen Staatsminister Hans Maier, die liebste wäre, am Zentralabitur. Bei dieser Form stellen die Kultusbehörden für alle Abiturienten im Lande dieselben Aufgaben und Themen und bestimmen auch für alle Schulen formal die gleiche Art, Leistungen zu benoten. So geht es bisher nur in den CDU/CSU-Ländern Bayern, Baden-Württemberg und an der Saar zu. Vor allem SPD-, aber auch F.D.P.-Politiker lehnen das Zentralabitur für ihr Land und für das Bundesgebiet ab.

Das jedoch hat sie nicht gehindert, Vorarbeiten dafür gutzuheißen. Für fast alle Schulfächer existieren nämlich mittlerweile von Kultusbeamten erarbeitete »Normenbücher«, die gewährleisten sollen, daß beispielsweise ein deutscher Aufsatz in Niebüll nach denselben Bewertungskriterien benotet wird wie in Straubing. Die Kultusminister planen, ihre Normenbücher im ganzen Bundesgebiet verbindlich zu machen, nur: Genormte Abiturprüfungen mit festen Stoffkatalogen sind Vorstufe eines Einheitsabiturs, einer Einheitsschule, möglicherweise eines Einheitslehrers; jedenfalls sind sie eine ernste Gefahr für Individualität und Kreativität der Schüler, jenen für die reformierte Oberstufe unerläßlichen Prinzipien.

Diese vier Konzepte sind nicht an einer bestimmten Person oder Partei festzumachen, sondern haben Anhänger und Kritiker quer durch Fraktionen und Verbände, in Bund und Ländern. Das ist anders bei zwei weiteren Entwürfen. Die F.D.P.-Politikerin Hildegard Hamm-Brücher hat bereits 1972 einen Plan vorgelegt, um offene Übergänge zwischen Oberschule und Hochschule zu schaffen. Danach soll sich jeder Jugendliche nach erfolgreich beendeten zwölf Schuljahren erst einmal ein bis zwei Jahre in einem Grundstudium an einer Hochschule umsehen; erst danach soll eine Prüfung über seinen weiteren Studien- und Berufsweg entscheiden. Dieser Vorschlag, der in echt liberaler Weise Freiheit wie Selbstbestimmung verwirklichen möchte, wird von vielen Bildungspolitikern abgelehnt.

Erst vor kurzem hat sich der Deutsche Bildungsrat ausführlich mit dem Übergang zwischen Gymnasium und Universität beschäftigt und angeregt, »die Leistungen in einem vom Schüler gewählten Schwerpunkt besonders zu gewichten und diesen Wert mit der Durchschnittsnote des Abiturs zusammenzufassen«. Diese Möglichkeit, das spätere Studienfach bereits in der Schule anzusteuern, besticht, denn sie entspricht genau dem, was die reformierte Oberstufe will, nur: Die ausschließliche Abhängigkeit von der Leistung bleibt; die Wahl des Studienganges wird eingeengt; ein Studienwechsel wird erschwert; für einige Hochschuldisziplinen gibt es kaum entsprechende Fächer in der Schule; die Vergleichbarkeit der Noten wird nicht besser; etwa jeder zweite Abiturient hat nach Untersuchungen des Kölner Psychologen Hitpass unmittelbar vor dem Examen noch keine Ahnung, was er studieren will; schließlich wurde dieser Expertenvorschlag bislang noch von keinem Politiker und von keiner Partei wirkungsvoll unterstützt.

Aus diesen Überlegungen, Plänen und Experimenten müssen die verantwortlichen Schul- und Hochschulminister nun eine neue Zugangsregelung schaffen. Welche das sein wird, ist völlig offen. Wie immer die Diskussion in praktische Politik umgesetzt wird, vier Dinge müssen bedacht werden:

Erstens: Keine der möglichen Lösungen schafft auch nur einen neuen Studienplatz.

Zweitens: Notwendig ist eine kurzfristige Neuordnung des Hochschulzugangs, und dafür scheint das Losverfahren bei den zahlreichen Nachteilen der anderen Vorschläge nicht der schlechteste Ausweg zu sein.

Drittens: Mittelfristig muß für etwa fünfzehn Jahre ein verfassungskonformer Zugangsmodus gefunden werden. Danach dürfte es mit den geburtenschwachen Jahrgängen wieder mehr Luft an den Universitäten geben; für diese Zeit könnte eine Kombination aus zentralem Abitur und Länderquote nach Bewerbern die sinnvollste Alternative sein.

Viertens: Keine Entscheidung ohne »flankierende Maßnahmen«, wie Politiker es nennen. Der Hochschulzugang ist kein isoliertes Problem. Schon längst hätten die Kultusminister etwas zur Entlastung tun können, ja müssen: Sie hätten eigene Berufswege für Abiturienten schaffen, also das Laufbahnrecht im Öffentlichen Dienst novellieren können; sie hätten die Studienzeiten verkürzen sollen, die immer länger und länger werden; sie hätten schließlich das Kapazitätsproblem energisch anpacken müssen, weil es unerträglich ist, daß nach zahlreichen Gutachten und Berechnungen etwa 200000 zusätzliche Studienplätze an den angeblich total überfüllten Hochschulen frei sein sollen. Das Numerus-clausus-Problem lösen zu wollen, ohne diese Maßnahmen einzubeziehen, kann nur im Dilettantismus enden.

(DIE ZEIT Nr. 34, 15.8.75)

Der Traum vom guten Test

Das »Plus« zum Abitur: Berichte aus wissenschaftlichen Werkstätten

Eine Vision soll das sein? Eine Utopie? Keineswegs; das kann schon bald Wirklichkeit werden: In einem Raum, groß wie ein Klassenzimmer und eingerichtet etwa wie ein Sprachlabor, sitzen gut zwei Dutzend junge Leute. Vor wenigen Tagen haben sie ihr Abitur bestanden, jetzt werden sie getestet: Wer von ihnen ist wirklich »studierfähig«?

Fernsehkameras in den vier Ecken verfolgen jede Bewegung, zeichnen jeden Vorgang auf. Schalldichte Wände trennen die Probanden voneinander. Ein programmiertes Schaltpult gibt jedem über Kopfhörer Arbeitsaufträge. Ein Bildwerfer projiziert Skizzen und Graphiken auf eine Leinwand; Knöpfe leuchten auf, Tasten werden gedrückt, Relais klicken. Computer speichern alle Daten und werten sie sofort aus – ist der Test vorbei, liegt auch das Resultat schon vor.

Fast klinisch-keimfrei ist es zustande gekommen – ist es deswegen auch absolut objektiv und unanfechtbar gerecht? Ist dies Testlabor ein Triumph der Technik und der psychologischen Wissenschaft oder eher ein Horrorbild, vergleichbar einer vollautomatischen Hühnerfarm? *Big brother* ist – der juristischen Unanfechtbarkeit wegen – immer dabei in diesem technisch perfekten Raum, für den Pläne fix und fertig vorliegen. Ginge es nach dem Kölner Psychologie-Professor Josef Hitpass, der sich selber einen »Vorarbeiter bei der Entwicklung von Studierfähigkeitstests« nennt, könnte die

Arbeit im Labor demnächst beginnen. »Es fehlt eigentlich nur noch die politische Entscheidung.«

1970 machten 84000 Schüler das Abitur, und 510000 Studenten besuchten die Universität. In diesem Jahr gibt es gut 130000 Abiturienten und etwa 830000 Hochschüler; 1980 haben weit über 160000 junge Menschen das Reifezeugnis, und wahrscheinlich beanspruchen 1,5 Millionen einen Platz in einer Hochschule. Die Konsequenz ist klar: Die Nachfrage übersteigt bei weitem das Angebot. Hitpass: »Schon 1977/78 können mindestens 48000, wahrscheinlich sogar 100000 formal Studienberechtigte überhaupt keinen Studienplatz bekommen.«

Von niemandem wird bestritten: Das Reifezeugnis ist bis heute von allen bekannten die zuverlässigste Möglichkeit für eine Prognose darüber, ob ein Abiturient ein Studium erfolgreich beenden wird. Trotzdem wechselt fast jeder dritte Studienanfänger das Fach oder bricht sein Studium ganz ab. Wie also kann die Voraussage über den Studienerfolg sicherer gemacht werden? Wie können aus den vielen, die studieren wollen, angesichts der raren Studienplätze diejenigen herausgefunden werden, die am besten dafür geeignet sind?

Die Antwort gibt das Hochschulrahmengesetz (HRG): durch ein »besonderes Auswahlverfahren«. Es soll ausdrücklich kein zweites Abitur sein, sondern die Bewerber sollen Gelegenheit haben, »in den bisherigen Abschlüssen nicht ausgewiesene Fähigkeiten und Kenntnisse nachzuweisen, die für den Studienerfolg von Bedeutung sein können«. Das sind die Worte des Gesetzes für die schlichte Formel »Abitur plus«. Um dieses »Plus«, um die Fertigkeiten also zu ermitteln, die für die erfolgreiche Bewältigung eines Studiums notwendig sind, sollen »insbesondere entsprechende Testverfahren durchgeführt werden« (HRG).

Der Abiturientenansturm und der Zwang zur Auslese trafen unsere Bildungspolitiker überraschend und unvorbereitet. Wie sollten sie dieses Problem nun wieder lösen! Während die Schul- und Hochschulminister der Länder zu kaum erkennbarem Eifer ansetzten, sah sich das Bundesministerium für Bildung und Wissenschaft in Bonn (BMBW) zunächst, da höchste Eile geboten war, unter den Wissenschaftlern im Lande nach irgendwelchen vorhandenen und verwertbaren Test-Aktivitäten um. Und siehe da, die Wissenschaft ließ die ratlosen Politiker nicht ganz im Stich.

Im Englischen Seminar der Universität Köln nämlich wird seit vielen Jahren getestet. Dort ist man seit langem unzufrieden darüber, daß sich Abiturienten mit sehr unterschiedlichen sprachlichen Fähigkeiten zum Studium melden. Deshalb entwickelte man einen Test, der Phonetik und Grammatik, Literaturgeschichte und Wortschatz, Sprachverständnis und Kenntnisse in wissenschaftlichen Hilfsmitteln überprüft, um nach den Ergebnissen dieses (Placement-)Tests die Studienanfänger in Kurse mit unterschiedlichem Niveau zu sortieren. Seit 1968 wird dieses Verfahren angewandt, immer wieder wurde es überarbeitet und verbessert, und inzwischen haben sich 14 Hochschulen angeschlossen – auch das Bonner BMBW interessiert sich für diese Arbeiten und unterstützt sie.

Ein Glücksfall also für den Hochschuleingangstest? Nur scheinbar; denn noch können die Kölner Ergebnisse nicht überzeugen, obwohl mittlerweile ein halbes Dutzend Wissenschaftler daran arbeitet. Ihr Leiter ist der Anglistik-Professor Helmut Bohnheim, der zwar überzeugt ist, »daß wir auf den Test nicht verzichten können, wenn Studenten ausgelesen werden sollen«, der aber zugleich einräumt: »Es muß noch sehr viel Arbeit in die Sache gesteckt werden, denn wir wissen noch gar nicht, wie ein Eingangstest wirklich aussehen sollte.« Bohnheim weiter: »Wir wollen das Abitur plus Test, doch auch dann werden wir noch oft Mißgriffe tun; wir dürfen nicht zu viel vom Test erwarten.«

Jedenfalls nicht von dem jetzigen Kölner Placement-Test: Er überprüft mit seinen *multiple-choice*-Fragen vorwiegend Inhalte des Abiturs, was doch nach dem HRG gerade vermieden werden soll. Ein weiterer Nachteil: Der ganze pädagogische Bereich ist völlig ausgespart; es gibt bisher nicht eine einzige Frage danach, ob ein sprachfähiger Anglist auch ein begabter oder wenigstens passabler Lehrer werden könnte.

In Köln am Rhein an der Pädagogischen Hochschule lehrt der Psychologie-Professor Josef Hitpass. Er ist einer der wenigen Wissenschaftler, die den feuchten Finger dann und wann in die Luft halten und oft wissen, woher der bildungspolitische Wind weht (was ihn freilich in der Vergangenheit nicht davor bewahrte, bei seinen zahlreichen Prognosen dann und wann auch einen Bock zu schießen). Hitpass erkannte, daß Numerus clausus und Hochschulzugang zu einem zentralen gesellschaftlichen Problem werden würden. Im August 1973 schrieb er einen Brief an das Ministe-

rium in Bonn und wies auf die vielfältigen Testverfahren und -erfahrungen in Amerika hin. Flugs entsandten die Bonner eine Kommission in die USA; ein opulenter Bericht war das Ergebnis der Studien.
Auch in der Nähe schaute Hitpass sich um und entdeckte Roger Vanderdonck in der Zahnklinik der Universität Gent. Vanderdonck ist Diplom-Psychologe und ein absolutes Unikat: Er ist der einzige Wissenschaftler, der seit 1947 Studienanfänger der Zahnmedizin testet. Dabei hat er nie an den NC gedacht, der in Gent gar nicht existierte. Ihn wurmte etwas anderes: daß bis zu 30 Prozent der Studenten noch nach dem dritten Jahr wegen praktischer Unfähigkeit durchfielen. Deshalb experimentierte Vanderdonck mit vorhandenen Geräten und entwickelte auch selber neue, mit denen er schlicht und bescheiden handwerkliche Fähigkeiten prüft: Fingerfertigkeit, ruhige Haltung der Hand, Reaktionsgeschwindigkeit, räumliches und spiegelverkehrtes Sehen. Heute umfaßt seine Batterie 16 Einzeltests; wer alle mitmacht, braucht sechs Stunden, und wer gut abschneidet, hat – laut Vanderdonck – die Gewißheit, daß er zumindest an praktischen Anforderungen nicht scheitert. Stolz weist Vanderdonck seine Leistung vor: »1974 waren die sieben Besten im Text auch die sieben Besten in der Praxis.«
So viel Erfolg faszinierte Josef Hitpass. Er borgte sich Vanderdoncks Apparate aus und nahm sie mit an den Rhein. Dort überprüfte er sie an 792 Noch-nicht-Studierenden, vorklinischen und klinischen Studenten daraufhin, wie hoch die Übereinstimmung zwischen der Abitur-Durchschnittsnote und den einzelnen Testergebnissen ist. Hitpass über das Resultat: »Die Testbatterie mißt objektiv, zuverlässig und gültig das, was sie messen soll – die Voraussetzungen für das Studium der Zahnmedizin, die in der Reifeprüfung nicht erfaßt sind: Das optimale ›Plus‹ zum Abitur.« Mit ihm möchte Hitpass »ein Stückchen Gerechtigkeit in die ausweglose NC-Situation bringen«, und er gibt sich optimistisch: »Ich bin überzeugt, daß diese Instrumente die am besten geeigneten Studenten auswählen.«
Ist dies wirklich mehr als nur ein schöner Traum vom guten Test? Ein paar gewichtige Unterschiede und generelle Einwände sollte auch Hitpass nicht übersehen:
Erstens: In Gent geht es eher gemütlich und ein bißchen hausbakken zu, individuell und persönlich; bei uns müßte es allein wegen der großen Zahlen ein perfektes unpersönliches Testlabor geben,

das eine clevere süddeutsche Firma auf dem Reißbrett bereits entworfen hat: Vanderdoncks Geräte wurden weiterentwickelt zu einer fast vollkommenen Testmaschine.
Zweitens: Vanderdonck hat nie selektiert, sondern immer nur beraten: »Ich wollte den Studenten helfen, aber sie nicht rausschmeißen«; bei uns dagegen geht es zunächst nur um Auslese.
Drittens: In Gent gibt es eine permanente Begleitung im Studium und viele Zwischennoten, so daß der Maßstab der Beurteilung relativ stabil ist; das ist wegen der anderen Quantitäten hierzulande nicht möglich.
Außerdem: Die Apparate testen nur ganz begrenzte manuelle Fertigkeiten, soziales Verhalten aber oder Persönlichkeitsmerkmale berücksichtigen sie überhaupt nicht. Und schließlich: Obwohl Vanderdonck doch gute Ergebnisse vorzeigen kann, hat sich bisher keine andere belgische Universität für seine Arbeit interessiert.

Lothar Michel hat gut lachen. Er ist Psychologie-Ordinarius in Mannheim, und sein »Mannheimer Intelligenztest« genießt internationales Ansehen: Michel darf als Deutschlands ungekrönter Testkönig gelten. Was Wunder, daß das Bildungsministerium in Bonn ihn aussuchte für das schwierige Geschäft der Hochschuleingangstests. Michel übernahm den Auftrag, ein Auswahlverfahren für Human- und Zahnmedizin zu entwickeln.
Lothar Michel ist ein höflicher Mensch; deshalb lächelt er nur dezent, wenn die Rede auf seine »Vorarbeiter« kommt. Michel über Vanderdonck und seine Apparate: »Eine etwas problematische Sache und keineswegs überzeugend originell; eine ganze Reihe von Mängeln – wir sind skeptisch.« Der Mannheimer Ordinarius hielt es nicht einmal für geboten, sich die Genter Testbatterie persönlich anzuschauen. Michel über Hitpass: »Für uns nur ein Anhaltspunkt.« Diese freundliche Geringschätzung gilt Hitpass' sogenannten Merkmalslisten, mit denen es sich folgendermaßen verhält: Der Kölner PH-Professor hat nicht nur Vanderdoncks Apparaturen geprüft, er hat auch selber geforscht. Für fast zwanzig Studienfächer hat er durch Befragung Merkmale zusammengestellt, die für ein erfolgreiches Studium notwendig sind. Sie sollten nach der Intention des auftraggebenden Bundesministeriums eigentlich die Grundlage für die zu erarbeitenden Tests bilden.

Beispiel Betriebswirtschaft: Zu den zehn wichtigsten Merkmalen gehören danach unter anderem Zielstrebigkeit, Organisationstalent, Entscheidungsfreudigkeit, Führungsqualität. Beispiel Volkswirtschaft: Logisches, analytisches, modellhaft-exemplarisches, deduktives, schlußfolgerndes, kritisches Denken. Diese Kölner Merkmalkataloge sind nicht unproblematisch, denn Hitpass hat überhaupt nur in zwei Disziplinen Berufspraktiker gefragt, sonst hat er sich mit Studenten und Dozenten begnügt. Seine Listen überzeugen die Mannheimer denn auch nicht; die sehen darin nur »einen ersten Ansatz«, was eine höfliche Umschreibung des Umstandes ist, daß man in Mannheim eigene Wege gehen möchte.

Gut; doch was haben Michel und seine Mitarbeiter ihrerseits getan, um wissenschaftlich fundierte und durch praktische Erfahrung abgesicherte Merkmale herauszufinden? Leider recht wenig. Michel verweist auf »ein umfangreiches Studium vor allem der amerikanischen Literatur«; sagt, er selber habe mit dem Dekan der Zahnmedizin gesprochen; sein Assistent sagt, sie hätten sich mit etwa 200 Mannheimer Studenten und zwanzig praktizierenden Medizinern unterhalten. Offenbar ist das alles – doch das ist meiner Meinung nach kaum ausreichend für die neue von Michel zusammengestellte Merkmalsliste für Human- und Zahnmedizin. Vanderdoncks Apparate blieben bisher ebenso »völlig unberücksichtigt« (Michel) wie die Ergebnisse aus den 792 Stichproben von Hitpass, und dessen Merkmale bedeuten in Mannheim anscheinend nicht viel mehr als Makulatur.

Michels eigene Liste enthält unter anderem folgende Eigenschaften für ein erfolgreiches Studium aller Sparten der Medizin: Beobachtungsfähigkeit, Auffassungsgabe, Vorstellungsvermögen, Urteilsfähigkeit, Sorgfalt, Gedächtnis, Interesse, Ausdauer, Konzentrationsfähigkeit, räumliches Sehen, Verständnis für quantitativ numerische Fragen in Biologie, Chemie und Physik. Um herausfinden zu können, ob ein Student diese Merkmale besitzt, wurden in Mannheim 24 Einzeltests zusammengestellt. Manuelle Praxis ist nicht mehr vorgesehen; statt dessen werden nur *paper and pencil*-Tests verwendet, von denen jedoch keiner neu entwickelt wurde. Michel: »Alle fußen auf bereits bekannten Tests.«

Die Frage drängt sich auf, ob hier ein berühmter und vielbeschäftigter Professor eine überaus wichtige Sache vielleicht ein bißchen zu lässig angepackt hat. Problematisch erscheint auch, wie es weitergehen soll. Von März bis Mai werden die Tests an 200

Probanden erprobt; parallel dazu sollen sie in Gesprächen mit Fachleuten diskutiert werden. So weit, so gut, beides ist unerläßlich. Aber: Wie dieser wissenschaftliche Beirat zusammengesetzt sein wird – aus Verbandsfunktionären, Ordinarien, Honoratioren, Dozenten, Studenten, Patienten? –, ist noch völlig offen und wird auch in Mannheim zu Recht als eine höchst delikate und politisch brisante Frage betrachtet. Könnte es da nicht passieren, daß alle möglichen Gruppen und Lobbyisten Gelegenheit nehmen, ihre Interessen geltend zu machen, bevor Michel seine Arbeit abschließt, was nicht vor Herbst 1977 sein wird?

Sie haben den größten Fundus, am meisten Erfahrung und den weitreichendsten Auftrag: Hartmut Rahn, Generalsekretär der Studienstiftung des deutschen Volkes in Bad Godesberg, und sein Mitarbeiter Günter Trost, ein Michel-Schüler, der das Institut für Test- und Begabungsforschung der Studienstiftung leitet, sollen im Auftrag von Bund und Ländern Tests für fünf Studienfelder entwickeln: für Natur-, Technische, Rechts-, Wirtschaftswissenschaften und für Psychologie.
Gut gerüstet dafür scheint die Studienstiftung, die seit 1925 hochbegabte Jungen und Mädchen ausliest und fördert, weil sie erstens bis 1974 bereits 20000 Schüler getestet hat und gegenwärtig 22000 Studenten in langfristigen Längsschnittanalysen kontrolliert; zweitens, weil der »Auswahltest der Studienstiftung« und der von Trost persönlich entwickelte »Test der akademischen Befähigung« an Tausenden von Primanern erprobt wurden; drittens, weil die Studienstiftung über ein Archiv mit Schulnoten, Testergebnissen, sozialen und biographischen Daten von fast 35000 Personen und über eine Testsammlung mit mehreren tausend Aufgaben verfügt.
Das Rüstzeug ist also vorhanden, die Vorarbeiten auch: das sind vor allem Hitpass' Merkmalslisten. Allerdings übernehmen Rahn und Trost, die mit zehn hauptamtlichen Psychologen zusammenarbeiten, die Kataloge des Kölners ebenfalls nicht unbesehen. Doch haben sie eine, wie mir scheint, viel mehr versprechende Methode als Michel gewählt, die Listen zu überprüfen: In ganztägigen Symposien befragen sie gegenwärtig Experten aus der ganzen Bundesrepublik (unter ihnen bis zu zwei Drittel Praktiker) und kontrollieren so die Vorgaben von Hitpass. Sie stehen also noch am Anfang ihrer Arbeit, und sie wollen sich auch nicht treiben lassen: Vor 1979 sind kaum konkrete Ergebnisse zu erwarten.

In den Testwerkstätten der Wissenschaftler in Köln, Mannheim und Godesberg ist heute noch nichts Endgültiges zu besichtigen, sondern nur Vorläufiges. Einiges davon kann leider gar nicht überzeugen; anderes berechtigt dagegen durchaus zu der Hoffnung, daß einmal gute Tests entstehen, die vor allem für die Beratung von Abiturienten und auch für ihre Auswahl hilfreich sein können. Das Ziel ist klar: ein sinnvolles, aussagefähiges und praktikables »Plus« zum Abitur im Interesse aller, die formal berechtigt sind zu studieren, es aber aus Platzmangel nicht können.

Ob dies Ziel erreicht wird, ist jedoch fraglich. Das Hochschulrahmengesetz bestimmt nämlich, daß letztlich »Landesrecht« über die Inhalte der Tests und über ihren Einsatz entscheidet. Da die Kulturhoheit bei den Ländern liegt, wollen sie auch das letzte Wort haben; da aber in den vergangenen Jahren der totalen Konfrontation im Bildungsbereich fast nichts mehr gemeinsam ging, spricht wenig dafür, daß alle Länder übereinstimmend dieselben Testverfahren bundesweit einführen. Die Länderkompetenz im Hochschulrahmengesetz könnte deshalb eines Tages die Hintertür bilden, durch die sich die Bundesländer aus ihrer gesamtstaatlichen Verantwortung stehlen. Dann bekommen wir vielleicht statt eines einheitlichen Testverfahrens eine bunte Vielfalt: einen bayerischen Geographen-Test, einen hessischen Test für Juristen, einen rheinland-pfälzischen für Mediziner . . .

Doch es ist auch nicht ausgeschlossen, daß die Entwicklung in eine ganz andere Richtung geht: daß es zu amerikanischen Verhältnissen kommt. In den USA ist Testen ein nationaler Breitensport, und der »Educational Testing Service« in Princeton, New Jersey, ist eine Superbehörde mit 2000 Mitarbeitern, die alles und jeden testen, der ihnen vor *pencil* und *paper* kommt: Einstufung von Schülern, Diagnose bei Lernschwierigkeiten, Studienberatung, Studieneinführung, Studienanfänger, Graduierte. Allein zu einem Termin, im April '74, wurde eine halbe Million Schüler durch das »College Board Admissions Testing Program« geschleust – ein gigantisches Unternehmen, durchgeführt in 2600 Testzentren von 23000 Testern. Dieser Test wird sechsmal im Jahr abgenommen – und das ist keine Vision, das ist schon lange Wirklichkeit.

Mannheimer Medizin-Test

Der Mannheimer Psychologie-Professor Lothar Michel entwickelt zur Zeit einen Hochschuleingangstest für Human- und Zahnmedizin. Er umfaßt noch zwei Dutzend Einzeltests, die jedoch nach den Ergebnissen in Probeversuchen verringert werden. Drei mögliche Beispiele, die die Komplexität des endgültigen Tests freilich nur andeuten:

Räumliche Vorstellung

Die Figuren links neben dem Strich stellen ein quadratisches Stück Papier dar, das gefaltet wurde (gestrichelte Linien); die letzte Figur hat einen kleinen Kreis, wo das gefaltete Papier gelocht wurde. Diese Lochung geht durch die gesamte Dicke des gefalteten Papiers. Eine der fünf Zeichnungen rechts zeigt das Blatt und die Stelle der Lochung, wenn es ganz entfaltet ist. Geben Sie den Buchstaben der Abbildung an, die das auseinandergefaltete Papier wiedergibt:

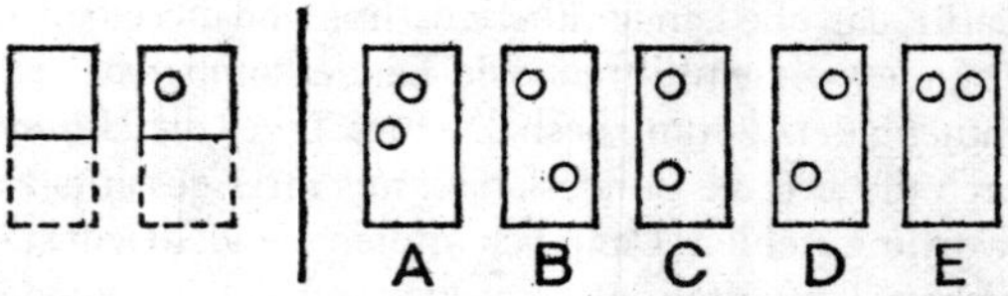

Logisches Denken

Wenn entweder Hautflecken oder eine plötzliche Gewichtszunahme und gleichzeitig starker Haarwuchs oder Akne auftreten, sollte eine Pille gewählt werden, die sowohl kein Nortestosteron als auch nur geringe Mengen von Östrogen enthält. Dieses Präparat kann allerdings zu Durchbruchsblutungen und zu Hitzewallungen, im Ernstfall zu einer Aussetzung der Monatsblutung führen.

Die Patientin Frau H. hat Hautflecken und starken Haarwuchs. Was ist zu tun?

A) Frau H. sollte eine Pille mit viel Östrogen und keinem Nortestosteron wählen.

B) Schon allein auf Grund des starken Haarwuchses sollte Frau H. keine stark östrogenhaltige Pille nehmen.

C) Frau H. wird, falls sie nortestosteronhaltige Pillen nimmt, im Extremfall ein Aussetzen der Monatsblutung befürchten müssen.

D) Frau H. wird, falls sie von ihren Beschwerden geheilt werden will, eventuell Durchbruchsblutungen in Kauf nehmen müssen.

E) Frau H. sollte auf jeden Fall eine Pille mit wenig Östrogen und viel Nortestosteron einnehmen.

Verbales Gedächtnis
Prägen Sie sich in zehn Minuten möglichst viele der molukkischen Wörter und ihre deutsche Bedeutung ein; später sollen Sie nachweisen, wie viele Sie davon richtig wiedergeben können:

KOSU – Macht	MIRR – brennen
SIGUB – gierig	LOTAS – Besuch
KRANXE – machen	DAWIR – Bewegung
TILU – Nacht	PLOG – Leben
GELYMOR – Hund	CICI – Lob
TOOC – können	EMORI – Spott
NAQUE – warm	DAO – Eile
DOP – füttern	RUNX – dumm

(DIE ZEIT Nr. 11, 5. 3. 76. – Ende Oktober 1976 erteilte das Bundesministerium für Bildung und Wissenschaft folgende Auskunft: Die Horror-Vision eines vollautomatischen Testlabors trifft nicht mehr zu, alles wird menschlicher, der Hand-Geschicklichkeits-Test wurde wesentlich vereinfacht. Die Erprobungen haben sich auf die harten Numerus-clausus-Fächer konzentriert; bis Weihnachten soll der erste Großversuch mit 2000 Abiturienten und abgelehnten Wartenden in Hamburg, Hessen, Rheinland-Pfalz, Nordrhein-Westfalen und Baden-Württemberg abgeschlossen sein. In den drei Medizin-Fächern wird zum Wintersemester 1978/79 mit dem Test-Einsatz gerechnet.)

Alles Rechnen für die Katz

Wintersemester 1976/77: 70000 Bewerber wurden abgelehnt – Irrtümer und neue Versuche mit dem Richtwertverfahren – Numerus clausus ohne Ende?

Ein neues Semester beginnt: Es darf wieder studiert werden. 92000mal verschickte die Zentrale Vergabestelle (ZVS) in den letzten Tagen frohe Botschaft – so viele Bewerber erhielten einen positiven Bescheid aus Dortmund, eine Zulassung. Wer es versäumte, sich termingerecht zu immatrikulieren, hat seinen Studienplatz wieder verloren; der fällt an die ZVS zurück, und ihre Computer rechnen aus, wie viele sich nicht eingeschrieben haben, das heißt, wie viele von den Wartelisten nachrücken können.
Ein neues Semester mit einem neuen Rekord: 203000 Anträge insgesamt gingen diesmal in Dortmund ein; so viele waren es noch nie. Und noch nie erhielten so viele wie diesmal eine Absage: Rund 90000 können noch nicht das Fach ihrer Wahl und nicht an dem

Ort ihrer Sehnsucht studieren. Für sie heißt die bittere Botschaft aus Dortmund: Nichts geht mehr.
Dabei konnte die ZVS in acht Studiengängen alle Wünsche erfüllen: in Anglistik, Geschichte, Mathematik, Ökonomie, Physik, Politologie, Romanistik und Volkswirtschaft. Die Dortmunder erwarten auch, daß in den Nachrückverfahren noch etwa 20000 zugelassen werden und daß in Agrarökonomie, Bauingenieurwesen, Chemie, Chemieingenieurwesen und Germanistik alle einen Platz erhalten, die eines dieser Fächer an erster Stelle wählten.
Schlimm sieht es dagegen wieder in den acht »harten« Numerus-clausus-Fächern aus, also in Biologie, Biochemie, Lebensmittelchemie, Human-, Tier- und Zahnmedizin, Pharmazie und Psychologie: bei 56000 Bewerbern 45000 Ablehnungen, allein 24000 in Medizin.
Wie in den letzten Jahren hatte auch diesmal nur eine Chance, wer zur Leistungsspitze zählt oder bereits seit einem halben Jahrzehnt wartet. In Humanmedizin ist die Abiturdurchschnittsnote 1,6 erforderlich oder ein Reifezeugnis aus dem Jahr 1970 mit 3,8. Selbst Sozialwesen an der Gesamthochschule Kassel kann nur studieren, wer bereits 1975 mit 1,8 durch die Reifeprüfung kam; 1,4 – der höchste Wert überhaupt – ist notwendig für ein Studium der Ernährungswissenschaft in Hohenheim.
Diese Normen, ihre fatalen Folgen für das Klima in den Schulen und ihre heute noch unabsehbaren Auswirkungen auf die späteren Berufsgruppen – wer wagt denn zu behaupten, daß Einser die besten Zahnärzte und Apotheker sind? – machen die Zulassungsbeschränkungen und den Hochschulzwang weiterhin zu einem innenpolitischen Thema von höchster Dringlichkeit. In der öffentlichen Meinung wird der Numerus clausus immer stärker mit der Dortmunder Zentralstelle identifiziert – als wäre die ZVS an allem schuld. Das ist eine gängige, auch verständliche, aber dennoch nicht zutreffende Ansicht. Trotzdem sehen die Politiker diese Gleichung offenbar als so verhängnisvoll an, daß sie alles daransetzen, NC und ZVS zu entkoppeln.
Bereits im Mai 1976 hatte Bundeskanzler Helmut Schmidt den Bundestagswahlkampf mit der These eröffnet: Der Numerus clausus läßt sich abschaffen. Und in das Wahlprogramm seiner Partei schrieb der stellvertretende SPD-Vorsitzende: »Die Hochschulen sollen offen sein. In fast allen Fächern kann und muß der Numerus clausus alsbald ausgesetzt werden . . . Wir brauchen ein gerechtes Zulassungsverfahren.«

Was der Kanzler forderte, wollen SPD-Bildungspolitiker in Bund und Ländern verwirklichen. Sie beantragten, den Numerus clausus für 25 Fächer bei der Zentralstelle aufzuheben. Statt des bisherigen Auswahl- oder Vergabeverfahrens nach Zehntelnoten, Wartezeiten und Härtefällen sollten in bestimmten Studiendisziplinen allen Bewerbern Plätze garantiert und diese dann nur in einem Ortsverteilungs- oder staatlichen Anmeldeverfahren von der ZVS vergeben werden. Dadurch seien Mehrfachbewerbungen ausgeschlossen, die Hochschulen würden gleichmäßig ausgelastet und jeder könne das Fach seiner Neigung studieren, wenn auch nicht immer dort, wo er es wünsche.
Die ZVS weitgehend auszuschalten, hatte vor Kanzler Schmidt bereits der bayerische CSU-Kultusminister Hans Maier verlangt. Er forderte schon im März, 20 Fächer völlig aus der Zentralstelle herauszulösen. Was die SPD will, kritisierte er als »reine Schaumschlägerei« und Wahlkampfmanöver. Sein eigener Antrag, der gar nicht die Zustimmung aller CDU-regierten Länder fand, wäre praktisch darauf hinausgelaufen, den Ländern und den einzelnen Hochschulen die Kompetenz über die Kapazitäten zu geben, was mit Sicherheit einen regionalen Numerus clausus zur Folge gehabt hätte. Dabei wären sehr wahrscheinlich die mit ihren Noten über dem Bundesdurchschnitt liegenden bayerischen Abiturienten bevorzugt gewesen.
Die Pläne von SPD und CSU verfolgen also, wenn auch aus ganz unterschiedlichen Motiven, dasselbe Ziel: die Gleichsetzung von ZVS und NC aufzuheben. Dabei macht die SPD eine wesentliche Voraussetzung: Die Kapazitäten müßten besser als bisher genutzt werden, und die Universitäten sollten einen »Notzuschlag auf Zeit« – etwa 25 Prozent mehr Studienbewerber als gegenwärtig – hinnehmen. Zu einer solchen Überlastquote hatten sich die Hochschulen mit Rücksicht auf die starken Geburtenjahrgänge von allein bereit erklärt; sie wollten im Interesse der Jugend gewissermaßen Ausnahmezustände bewußt akzeptieren und von den »Studienberechtigten der nächsten Jahre so viele wie irgend möglich aufnehmen und ausbilden«, so der Präsident der Westdeutschen Rektorenkonferenz Werner Knopp.
Daß die Kapazitäten nicht optimal genutzt werden, wurde in den letzten Jahren durch verschiedene unabhängige Institutionen, durch Gutachten von Rechnungshöfen und Ministerien und durch Gerichtsurteile überzeugend nachgewiesen. An dieser Tatsache haben auch die vielfältigen Berechnungen nichts geändert, die seit

Jahren an fast allen Hochschulen durchgeführt werden und für die in allen Ländern »Kapazitätsverordnungen« erlassen wurden. Die Aufgabe, die es zu lösen gilt, läßt sich ja einfach formulieren: In welcher Zeit und in welchen Räumen können wie viele Lehrende wie viele Lernende ausbilden? Aus dieser Frage wurden mathematische Formeln, die den Nicht-Fachmann völlig verwirren und hinter denen sich Vorlesungen und Übungen, Lehrdeputate und Dienstleistungen, Studienzeiten und Gruppengrößen und noch manches andere verbergen.

Trotz oder gerade wegen dieser Formeln hat sich nach einem halben Jahrzehnt die Ansicht durchgesetzt, daß auf diesem Weg keine einheitlichen Kapazitäten zu ermitteln und festzusetzen sind, denn die Studieninhalte »manipulieren« alle Berechnungen: Ob ein Mediziner ein anatomisches Praktikum von acht oder zehn Stunden machen muß oder ob ein späterer Deutschlehrer an drei, vier oder fünf Hauptseminaren teilzunehmen hat – diese Faktoren differieren von Land zu Land, von Hochschule zu Hochschule. Eine gleichmäßige Auslastung der Universitäten wurde also nicht erreicht – alles Rechnen war leider praktisch für die Katz.

Über diese Erkenntnis hat die Öffentlichkeit eigentlich nie etwas erfahren. Die Resultate der Kapazitäts-Berechnungen werden in den Hochschulen, den Ministerien und bei der ZVS als *top secret* behandelt. Nur etwa 20 Eingeweihte, so erklärte mir ein Fachmann, könnten die verschlüsselten Ergebnisse überhaupt auflösen und verstehen. Daß die ganze Kapazitätsverordnung einem Schlag ins Wasser gleichkommt, kann der außenstehende Beobachter der Hochschulszene nur aus Reaktionen der Politiker schließen – vor allem eben aus ihren Plänen, NC und ZVS auseinanderzukoppeln.

Genau um diese politische Forderung ging es auf der Sitzung des Verwaltungsausschusses der Zentralstelle Mitte September. Das ist das für alle ZVS-Fragen entscheidende Gremium, in dem alle Bundesländer (und der Bund mit beratender Stimme) vertreten sind und die CDU/CSU die Mehrheit hat. Dem Ausschuß lag vor: einmal Hans Maiers Antrag, 20 Fächer ganz auszuschließen und die Vergabe den Hochschulen zu überlassen; dann der SPD-Plan, 25 Fächer aus dem bisherigen Vergabeverfahren heraus- und in ein neues Ortsverteilungsverfahren hineinzunehmen.

Das Ergebnis der Sitzung, die erstmalig in der ZVS-Geschichte zu parteipolitisch separaten Besprechungen unterbrochen werden mußte, ist ein Kompromiß. Danach wird es in Zukunft drei Verfahren geben:

Erstens: Die 13 Fächer Agrarökonomie, Anglistik, Bauingenieurwesen, Chemie, Chemieingenieurwesen/Chemietechnik/Verfahrenstechnik, Datentechnik, Geschichte, Maschinenbau, Mathematik, Ökonomie, Physik, Politologie, Romanistik werden völlig von der ZVS getrennt; sie werden gewissermaßen an die Hochschulen zurückgegeben, die künftig mit dem Ministerium oder allein über die Kapazitäten entscheiden.
Zweitens: Die acht Fächer Agrarwissenschaft, Betriebswirtschaft, Geographie, Germanistik, Informatik, Soziologie, Vermessungswesen, Wirtschaftsingenieurwesen (und wahrscheinlich auch Volkswirtschaft, Pädagogik, Rechtswissenschaft) werden in das neue Ortsverteilungsverfahren übernommen; es heißt auch »modifiziertes Überbuchungsverfahren«, ein Ausdruck, der die Modalität andeutet: Jeder bewirbt sich bei der ZVS und erhält garantiert einen Platz. Die Dortmunder Computer entscheiden nur wo, weil allein so eine gleichmäßige Auslastung garantiert ist. Melden sich insgesamt mehr Bewerber, als Plätze vorhanden sind, erhält jede Hochschule anteilmäßig einen Aufschlag.
Drittens: Knapp 20 Fächer, darunter vor allem die harten NC-Disziplinen und auch die Lehramtsstudiengänge, bleiben wie bisher im Zentralen Vergabeverfahren, in dem weiterhin nach Leistung, Wartezeit und Härtefall entschieden wird.
Der Beschluß des Verwaltungsausschusses wird sehr wahrscheinlich wenig Probleme lösen, aber viele neue schaffen. Am fragwürdigsten ist die Entscheidung, ein Dutzend Fächer gänzlich aus der zentralen Bewirtschaftung herauszunehmen. Wie ungesichert gerade diese Maßnahme ist, zeigt allein die Tatsache, daß die Lehrämter davon ausgenommen wurden. Lehrer können (fast) nur vom Staat angestellt werden, und wahrscheinlich möchten die Kultusminister nicht noch mehr arbeitslose Pädagogen ausbilden.
Zweifelhaft ist auch, ob durch die völlige Freigabe der politisch beabsichtigte Effekt erreicht wird, in der öffentlichen Optik das Skandalon NC gleich ZVS zu beseitigen, denn die herausgenommenen Disziplinen repräsentieren nur etwa ein Viertel der gesamten Kapazitäten, sind also »Kleckerfächer«, wie es ein ZVS-Beamter sagte. Die jetzt beginnende hochschulinterne Vergabe ist im Grunde ein Rückfall in die Zeit vor zehn Jahren, und Experten erwarten denn auch, daß vielerorts ein regionaler Numerus clausus entsteht. Denn da sich jeder Bewerber wieder an mehreren Hochschulen anmelden wird, muß es erstens eine gewaltige

Scheinnachfrage und zweitens einen *run* auf besonders renommierte Hochschulen geben.
Doch es gibt noch mehr Anlaß zu kritischen Anmerkungen. Die Hochschulen, die von sich aus einer Überlastquote zugestimmt haben, fühlen sich mit Recht verprellt: Ihre Bereitschaft wurde offenbar ignoriert. Vor allem aber: Durch diesen Beschluß wird nicht ein einziger zusätzlicher Studienplatz gewonnen. Die Kapazität bleibt gleich, aber es ist zu befürchten, daß Scheinnachfrage und Doppelbewerbungen eine optimale Auslastung geradezu verhindern. Daß sozial-liberale Politiker den dubiosen Beschluß des Verwaltungsausschusses mittragen, beruht vor allem auf der Hoffnung, die sie in eine neue Methode setzen, das Fassungsvermögen der Hochschulen zu ermitteln, in das »Richtwertverfahren«. Da sich die bisherigen Kapazitätsberechnungen als untauglich erwiesen haben, sollen die Hochschulen vom Wintersemester 1977/78 an nach diesem neuen Verfahren berechnet werden. Ein Richtwert ist die gesamte Lehr-Nachfrage eines Studenten während seines Studiums, und so kommt er (in einem vereinfachenden Beispiel) zustande: Ein Diplom-Kaufmann soll 80 Stunden Übungen in einer Gruppe von 60 Teilnehmern hören – das ergibt (Stunden dividiert durch Teilnehmer) den Faktor 1,333; außerdem soll er 20 Stunden Seminare in einer 30er-Gruppe absolvieren – das ergibt 0,666. Zusammen wird daraus der Richtwert 1,999, der im ganzen Bundesgebiet verbindlich ist. Dieser Faktor soll es erlauben, die Kapazität jeder Hochschule zu ermitteln. Beispiel: In Hamburg werden pro Semester 400 Stunden Lehre in Betriebswirtschaft angeboten – geteilt durch den Richtwert 1,999 heißt das rund 200 Studienplätze für Diplom-Kaufleute.
Mit den neuen Richtwerten lassen sich in Bayern wie in Bremen, in Hessen wie in Hamburg gleichmäßige vergleichbare, optimale aber auch höhere Aufnahmequoten als bisher errechnen – das jedenfalls ist die Hoffnung der Hochschulpolitiker. Doch ausgemacht ist es nicht, daß dieses Verfahren tatsächlich der Weisheit letzter Schluß ist. Vielleicht wissen wir es in fünf Jahren wiederum besser: Auch das war nichts – Numerus clausus und kein Ende?

(DIE ZEIT Nr. 41, 1.10.76)

Lehrermangel ist Planstellenmangel

Es gibt nicht zu viele Pädagogen, sondern zu wenig freie Positionen in den Schulen – Beginn des Schuljahres 1971/72

Aus Niedersachsen kommt schlimme Kunde. An den Schulen des Landes fehlen 6000, nach Angaben der Lehrerverbände sogar 9000 Pädagogen. Erst sie würden erziehungswissenschaftlich wünschbare Verhältnisse schaffen. Aber: alle Planstellen sind besetzt.
Für das nächste Jahr [1972] hat Kultusminister Peter von Oertzen 2260 neue Stellen als »Priorität Nr. 1« angefordert, denn so viele Lehrerstudenten machen dann voraussichtlich Examen. Sie werden dringend gebraucht, von Oertzen möchte alle einstellen. Nur: ob überhaupt ein Jungpädagoge in den Schuldienst übernommen werden kann, steht noch dahin. Der Grund: die prekäre Finanzlage und die »sehr, sehr schwierigen« Etatberatungen (von Oertzen) machen es ungewiß, ob und wie viele neue Lehrerstellen geschaffen werden können.
Deutlicher als an diesem Fall wurde bislang nirgendwo das wahre Problem des Lehrermangels sichtbar: es gibt nicht zu viele Lehrer, sondern es fehlen die Planstellen. Das Pädagogendefizit wird immer stärker zu einem Finanzproblem, und dies ist nicht auf Niedersachsen beschränkt. In Baden-Württemberg zum Beispiel wurden Kultusminister Wilhelm Hahn von 11600 beantragten Stellen 2000 gesperrt – und andere Länder werden folgen.
Damit stehen künftigen Lehrern schwierige Zeiten bevor, nicht – um es noch einmal zu betonen – weil es zu viele, sondern obwohl es viel zuwenig Pädagogen gibt. Dieser widersinnige Zustand kann sich bei Abiturienten schnell herumsprechen, die Folge wäre einigermaßen fürchterlich. Denn nachdem sich das Interesse für die Lehrerfächer in den letzten Jahren erfreulicherweise beträchtlich erhöht hatte, könnte schnell wieder eine Baisse einsetzen, die das tatsächliche Lehrerminus noch vergrößern würde.
Der Mangel an Finanzmasse stellt freilich auch andere bildungspolitische Maßnahmen nachdrücklich in Frage, etwa den Ausbau von Hochschulen. Niedersachsen beispielsweise hat in letzter Zeit mit vielen Millionen die Hochschulgründungen in Oldenburg und Osnabrück forciert, an denen vorrangig Lehrer ausgebildet werden sollen, so daß der Lehrermangel in absehbarer Zeit beseitigt werden könnte. Nun kündigt sich eine fast schon tragisch anmutende Situation an: ein optimierter *output* an Lehrern an den Hochschulen – aber Einstellungssperre an den Schulen. So könnte wohl in

der Tat jener Zustand erreicht werden, den Bildungspessimisten seit langem beschwören: daß ein akademisches Proletariat an Pädagogen produziert wird.

(DIE ZEIT Nr. 46, 12. 11. 71)

Licht im Tunnel?

Ein »Lehrerberg« ist nirgends zu sehen: »traurig«, »schwierig«, »angespannt«, »nicht rosig« ist die Lage zu Beginn des Schuljahres 1973

Im Saarland »ist die Situation traurig«, in Schleswig-Holstein »schwierig«; in Bremen ist sie wie in Berlin »zum Teil angespannt«, in Baden-Württemberg »durchaus nicht rosig« – so äußern sich Kultusministerien über den Lehrermangel zu Beginn des Schuljahres '73/74, und ähnlich ist es in den anderen Bundesländern auch.

Es ist die bekannte Litanei, nur daß diesmal die verantwortlichen Politiker selber Zahlen nennen, während noch vor zwei Jahren, zum Schulanfang '71/72, aus manchem Ministerium Meldungen lanciert wurden, die von »Lehrerschwemme« und »Lehrerbergen« berichteten. Das ist den Bildungspolitikern gar nicht bekommen, denn die Finanzminister erkannten natürlich sofort, daß bei einem Pädagogenüberschuß neue Planstellen nicht nötig sind, und strichen sie zum Teil rigoros zusammen. So machten zwar im Saarland im letzten Jahr 200 Absolventen der Pädagogischen Hochschulen ihr Examen, aber für sie gab es nur 80 freie Planstellen an den Grund- und Hauptschulen.

Ob die Zahlen aus den Ministerien stimmen, weiß niemand; da sie offiziell sind, ist Vorsicht geboten, und zumindest sind sie umstritten, wie das Beispiel Hamburg zeigt. Dort räumt der Schulsenator Günter Apel zwar ein, daß an den Gymnasien fast elf Prozent Lehrer fehlen, doch die CDU-Opposition weiß es anders: Ein Viertel der Stellen soll nicht oder nicht mit dafür ausgebildeten Lehrern besetzt sein. Apel: »Eindeutig falsch.«

Zutreffend dagegen scheint nach einem Überblick über die Bundesländer die folgende Tendenz zu sein: An den Sonder- und Berufsschulen, die sich ja ohnehin im bildungspolitischen Schatten befinden, ist die Lage weiterhin ziemlich kritisch; für die Lehrlinge werden nach einer Berechnung des Bundesarbeitsministeriums auch 1980 noch 25000 Lehrer fehlen, wenn das Berufsgrundbildungsjahr eingeführt wird, was zum Programm aller Parteien gehört. An den Grund- und Hauptschulen wird es langsam erträglicher, weil geburtenschwächere Jahrgänge eingeschult werden und weil die Übergangsquote zu Real- und Oberschulen steigt. Dagegen wird es an den Realschulen und Gymnasien zunehmend schlechter, weil sich der sogenannte Schülerberg in die weiterführenden Schulen verlagert und auch die Durchlässigkeit besser funktioniert, so daß mehr Real- und Hauptschüler in die Gymnasien kommen.

Gegen den Notstand im Gymnasium lassen sich die Ministerien auch einiges einfallen. In Hamburg unterrichten gegenwärtig 41 Amerikaner, vor allem in mathematisch-naturwissenschaftlichen Fächern, in Bremen sind es 30 und in Nordrhein-Westfalen sogar 370 britische und amerikanische Lehrer, bei denen etwa 30000 Kinder lernen. Neue Gastlehrer werden demnächst wohl aus dem Norden kommen, denn die Hamburger Schulbehörde plant, Gymnasiallehrer in Schweden anzuwerben, wo gegenwärtig Pädagogen arbeitslos sind, weil in den letzten Jahren zu viele ausgebildet wurden.

Daß auch in der Bundesrepublik schon bald genügend Lehrer vorhanden sind, wird immer wieder behauptet. Hessens Kultusminister Ludwig von Friedeburg glaubt, »Licht im Tunnel« zu sehen: »Die Kultusminister sagen zwar immer, im nächsten Jahr wird es besser, aber diesmal stimmt es.« Und das Bundesministerium für Bildung und Wissenschaft in Bonn sagt in einer Arbeitsmarktanalyse eine kommende »Überschußsituation« bei den Lehrern voraus. Ähnlich urteilt auch die Kultusministerkonferenz, die den Bedarf an Gymnasiallehrern in diesem Jahrzehnt errechnen ließ. Das Ergebnis: 1975 besteht »ein bereits abgeschwächter Lehrermangel«, 1980 ein rechnerisches Überangebot.

Im einzelnen lautet die Voraussage bis 1980: Religion – die gegenwärtige Mangellage wird sich nicht entscheidend verbessern; musische Fächer – die Nachfrage wird bis zur Hälfte nicht gedeckt Sport – »absolute Unterdeckung des Bedarfs«; geisteswissenschaftliche Fächer – der Überschuß wird die Nachfrage um knapp zwei Drittel übertreffen; Mathematik und Naturwissenschaften – es wird nahezu ein Ausgleich zwischen Angebot und Nachfrage erreicht; alte Sprachen – ausgeglichene Situation; neue Sprachen – ein Überangebot an Lehrern von etwa zehn Prozent.

Solche Prognosen sind von ganz bestimmten Voraussetzungen

abhängig; deshalb stimmen sie vielleicht im Augenblick, können aber morgen schon wieder falsch sein. Auch nicht alle Kultusminister nehmen sie ernst, und bei deren »Gegnern«, den Lehrerverbänden, werden sie eigentlich immer abgelehnt. Der Vorsitzende der Gewerkschaft Erziehung und Wissenschaft Erich Frister glaubt keineswegs an einen Lehrerüberschuß am Ende dieses Jahrzehnts. Frister: »Der Lehrermangel wird bis 1975 noch unvergleichbar viel schärfer werden, und die Schülerzahlen werden bis 1980 steigen.«

(DIE ZEIT Nr. 35, 24.8.73)

Heute zu wenig – morgen zu viele?

Ein Glaubenskrieg um Lehrermangel und Lehrerschwemme – Das Schuljahr 1974/75 hat begonnen

Hans Wertz, der pragmatische Finanzminister in Düsseldorf, betätigte sich als Prophet. »Der Lehrermangel wird«, so verkündete der SPD-Politiker als Sprecher seiner Ministerkollegen in den anderen Bundesländern, »spätestens bis 1978 abgebaut sein. Zusätzlicher Lehrerstellen bedarf es dann nicht mehr.« 1985 werde es sogar einen Überschuß von »möglicherweise bis zu 300000 Lehrern« geben.

Wertz' Vorhersage wirkte wie ein Schock. Denn der Minister zog aus seinem Blick in die Zukunft sogleich harte Konsequenzen für die Gegenwart: Bereits in wenigen Jahren könnten »bei weitem nicht mehr alle Lehramtskandidaten auf Einstellung in den Staatsdienst rechnen«. Diese Warnung verschreckte nicht nur Tausende von Abiturienten und Studenten; der in dieser massiven Form bisher einmalige Versuch der Finanzminister, Berufslenkung zu betreiben, rief alle Verbände und Organisationen auf den Plan, zu deren Klientel Pädagogen zählen.

In einem großen Hearing, das in der letzten Woche in Bonn stattfand, bezogen die Gewerkschaft Erziehung und Wissenschaft (GEW), der Deutsche Lehrerverband, der Beamtenbund und der Deutsche Gewerkschaftsbund entschieden Stellung gegen die Finanzminister-These von dem bevorstehenden Lehrerberg. Der GEW-Vorsitzende Erich Frister formulierte: »Das sind Weissagungen aus dem Kaffeesatz. Tatsächlich besteht ein ungeheurer Bedarf an Lehrern, der nur langfristig zu finanzieren ist. Auch 1985 wird es noch nicht genügend Lehrer geben.«

Lehrerüberschuß also oder, wie seit Jahrzehnten, auch in Zukunft noch Lehrermangel? Prognosen und Dementis jagen sich, und die »Süddeutsche Zeitung« sieht das allgemeine Hin und Her zu einem »Glaubenskrieg um Lehrerschwemme« ausarten. Sicher ist: Die Lehrer sind mal wieder eines der heißesten Themen zu Schuljahrsbeginn und Semesteranfang, auch wenn den rund 500000 Pädagogen in der Bundesrepublik, ihren zwölf Millionen Schülern und deren 24 Millionen Eltern die widersprüchlichsten Meldungen als totales Verwirrspiel erscheinen müssen.
Dabei darf nicht übersehen werden, daß Politiker die Frage in der Regel nicht unter pädagogischem Aspekt behandeln. Wie es in den Klassen aussieht, ist den allermeisten Landtags- wie Bundestagsabgeordneten egal. Sie betrachten das Problem vor allem aus finanzieller Sicht und behaupten, mehr Lehrer seien nicht zu bezahlen.
Ein nur scheinbar durchschlagendes Argument: Denn im Grunde ist der Lehrermangel kein finanzielles, sondern ein gesellschaftspolitisches Problem, bei dem zur Debatte steht, wie viele Pädagogen diese Gesellschaft ihrer Jugend zur Verfügung stellen will. Diese Frage muß zuerst geklärt werden, denn nur dann gibt es eine Grundlage, von der aus beurteilt werden kann, ob wir noch zu wenig oder schon zu viele Lehrer haben.

Bei dem augenblicklichen Wirrwarr fügt es sich gut, daß die jüngste und in ihrem wissenschaftlichen Wert unumstrittene internationale Untersuchung aus zwanzig Ländern auch zum Problem Lehrermangel ein paar sachliche Feststellungen trifft. Danach erhalten bereits die Grundschüler in zahlreichen der Bundesrepublik vergleichbaren Staaten drei und sogar vier Jahre lang naturwissenschaftlichen Unterricht – hierzulande nicht. Danach steht das Schüler/Lehrer-Verhältnis in der Bundesrepublik bei den Zehnjährigen 33,2 zu 1, in Schweden aber nur 17 zu 1; bei den Vierzehnjährigen 27,4 zu 1, im französischsprachigen Belgien aber nur 11,6 zu 1. Fazit: »Die Bundesrepublik steht hinsichtlich des Lehrer/Schüler-Verhältnisses am unteren Ende der Skala der industrialisierten Länder.«
Der Vergleich mit anderen Staaten macht deutlich: Will die Bundesrepublik sich im Bildungswesen mit einem der letzten Plätze im internationalen Wettbewerb bescheiden, dann braucht überhaupt nichts getan zu werden, denn dort befinden wir uns ohnehin seit Jahren; will sie jedoch, entsprechend ihrem ökonomischen Ge-

wicht und entsprechend ihrer politischen Bedeutung, einen vorderen Rang einnehmen, dann sind gewaltige Anstrengungen erforderlich.

Diesen Blick über die Grenzen darf keiner aussparen, der sich zu Lehrerangebot und Lehrerbedarf äußert, und er muß offenlegen, von welchen Prämissen er bei seiner Rechnung ausgeht. Entscheidend sind drei Fragen: Wie viele Schüler soll ein Lehrer unterrichten? Wie viele Stunden sollen Schüler lernen? Wie lange sollen Lehrer arbeiten?

Diese drei Größen beeinflussen jede Globalrechnung nachhaltig. Hinzu kommen noch zahlreiche andere Faktoren wie die Einführung der Fünf-Tage-Woche, spezielle Fördermaßnahmen, Differenzierungen, Schulversuche, Lehrer-Ersatz für Krankheiten und Schwangerschaften, Lehrerfort- und -weiterbildung, Aufbau von Ganztagsschulen, Bildungsberatung, Anzahl der Schuljahre, »Beschulung« von Gastarbeiterkindern und Wiederholern, Reform der gymnasialen Oberstufe, Vorklassen für Fünfjährige, Entlastungs- oder Befreiungsstunden. All dieses sind Voraussetzungen, über die Klarheit bestehen muß, bevor man anfängt auszurechnen, wie viele Lehrer gebraucht werden.

Wer diese Angaben nicht macht oder nur zum bescheidenen Teil berücksichtigt, sich aber dennoch zum Lehrermangel zu Wort meldet, liefert sicherlich in jedem Fall einen polemischen Beitrag, darf aber kaum Anspruch auf Seriosität reklamieren. Das gilt weitgehend für die drei umstrittensten Äußerungen der letzten Zeit:

- Eine Prognose des Frankfurter Diplom-Volkswirts Adalbert Blüm, der zwar von der Schüler/Lehrer-Relation des Bildungsgesamtplans ausgeht, aber wichtige Maßnahmen wie Lehrerfortbildung und Bildungsberatung außer acht läßt;
- die Prognose der Finanzminister, die sich selber disqualifiziert, weil sie sich auf die unvollständige Blüm-Studie stützt, aber noch weiteres Zahlenmaterial einbezieht, das nie der Öffentlichkeit vorgelegt wurde;
- eine Prognose der Kultusministerkonferenz (KMK), die zwar dieselben Schüler/Lehrer-Verhältnisse wie Blüm zugrunde legt, aber mit einem anderen Basisjahr (1972) als Blüm (1970) rechnet und zu wesentlich anderen Ergebnissen kommt: Schon 1975 unterscheiden sich die Studien beim Lehrerbedarf um rund 65000, 1985 differieren die Bedarfszahlen gar um etwa 125000.

Die Vorausberechnungen stimmen denn auch nur global in der

Tendenz überein. Danach wäre eine Sättigung der Lehrernachfrage abzusehen: Im Primarbereich (also den Grundschulklassen 1 bis 4) wird schon bald nach 1975 der Bedarf ausgeglichen sein, danach ist mit schnell zunehmenden Überschüssen zu rechnen. Im Sekundarbereich I (also den Klassen 5 bis 10 in Hauptschule, Realschule und Gymnasium) wird der Lehrerbedarf in den Jahren bis 1978 ausgeglichen sein, danach sind Überschüsse zu erwarten. Im Sekundarbereich II (also der Oberstufe des Gymnasiums und in den berufsbildenden Schulen) wird ein Ausgleich erst ab 1985 eintreten.

Trotz dieser Übereinstimmung jedoch steht in den Studien bestimmt nicht das letzte Wort zum Lehrermangel. Beide wurden von der Bund-Länder-Kommission für Bildungsplanung veröffentlicht, und diese beeilte sich, den Prognosen sogleich die erforderliche Relativierung schriftlich voranzustellen: »Bei diesen Tendenzanalysen gilt es zu berücksichtigen, daß trotz gesicherter statistischer Grundlagen-Materialien die tatsächliche Entwicklung erfahrungsgemäß mit geringerer Verläßlichkeit zu prognostizieren ist, je länger die Fristen sind, auf die sich die Aussagen beziehen.« Und der Vorsitzende der Kommission, der rheinland-pfälzische Kultusminister Bernhard Vogel warnt: »Man muß sich davor hüten, sie als exakte und sichere Voraussagen zu nehmen.«

So dramatisch, wie es zunächst schien, wird die Lehrerschwemme also mit Sicherheit nicht werden. Die Studien können sogar leicht als Belege gegen einen drohenden Lehrerüberschuß verwandt werden. Wenn man nämlich das niedrigste Lehrerangebot des KMK-Papiers mit dem höchsten Lehrerbedarf der Blüm-Studie kombiniert, ergibt sich für 1985 der lächerliche Überschuß von 10000 Pädagogen, wobei kaum die erforderlichsten Reformvorhaben eingerechnet sind.

Die Bedarfsprognosen stehen also auf recht ungesichertem Boden, und der Schreckschuß der Finanzminister darf wohl eher als Theaterdonner denn als differenzierter Beitrag eingestuft werden, als ein Versuch auch, pädagogisch-gesellschaftliche Notwendigkeiten unter finanzpolitischem Diktat zu verhindern.

Das haben natürlich die Lehrerverbände schnell erkannt und präsentieren nun ihrerseits die Gegenrechnung. Die gründlichste und detaillierteste Übersicht legte in der letzten Woche beim Bonner Hearing die GEW vor, eine Aufstellung mit allen wünschenswerten und unerläßlichen Reformen, die die Bundesrepublik auch im internationalen Vergleich aus dem Schneider bringen würde. Das

Ergebnis für 1975: Um die von keinem bestrittene Notsituation an beruflichen Schulen und Sonderschulen zu beheben, um die Berliner Schüler/Lehrer-Relation – gegenwärtig die pädagogisch günstigste in der Bundesrepublik – überall zu verwirklichen, um Arbeitszeitverkürzungen für Lehrer und Möglichkeiten für die Lehrerfortbildung zu schaffen, sind heute rund 250000 zusätzliche Lehrer erforderlich. Das Ergebnis für 1985: Es werden insgesamt gut 700000 Lehrer gebraucht, so daß auch dann noch ein beträchtlicher Lehrermangel zu erwarten ist.
Weil dieser Bedarf besteht, warnt der GEW-Vorsitzende Frister: »Jetzt darf niemand durch unbewiesene Zweckmeldungen von Finanzministern von einem pädagogischen Studium abgeschreckt werden.« Frister ist auch davon überzeugt, daß so viele neue Lehrer bezahlt werden können. Seine Rechnung: Internationaler Standard in vergleichbaren Industrienationen ist, daß acht Prozent vom Bruttosozialprodukt für Bildung und Wissenschaft ausgegeben werden; bei uns sind es jedoch nur 4,9 Prozent [1974]. Für 300000 zusätzliche Lehrer bis 1985 wären etwa 1,1 Prozent des Bruttosozialprodukts erforderlich, so daß – gemessen an anderen Staaten – immer noch zwei Prozent oder etwa 20 Milliarden Mark jährlich für andere Bildungsreformen übrigblieben.

(DIE ZEIT Nr. 43, 18.10.74)

Das Chaos fand nicht statt

Lehrer ohne Arbeit, Schüler ohne Unterricht: Die Situation zu Beginn des Schuljahres 1976/77

In Altenholz bei Kiel »geht es so nicht weiter«, sagt der CDU-Kreistagsabgeordnete Maro Meschkat. Der Grund: unzumutbare Raumnot an der Claus-Rixen-Schule. Dort haben 22 Klassen mit fast 600 Schülern nur 17 Räume, von denen zwei aus dem Jahr 1910 stammen und baufällig sind.
Bis zu 22 Prozent des Unterrichts sollen an einigen Schulen im nördlichsten Bundesland ausfallen, bis zu 44 Schüler in einer Klasse sitzen. Dabei sind 500 Lehrer arbeitslos, behauptete die Gewerkschaft Erziehung und Wissenschaft (GEW), als das neue Schuljahr Anfang August begann. Der SPD-Landtagsabgeordnete Heinz Lund warf dem CDU-Kultusminister Walter Braun »Schlamperei« vor, dem Vorsitzenden des Landeselternbeirats für

Grund-, Haupt- und Realschulen, Roland Bartz, fiel eine bislang einmalige Aktion ein: Mit einem Kleintransporter schaffte er 95000 Protestschreiben von Eltern aus dem ganzen Land zum Sitz der Landesregierung und stapelte die zwei Kubikmeter Papier auf den Eingangsstufen.

Am Herder-Gymnasium in Frankfurt sind die Verhältnisse »schlecht«, sagt der Schulleiter Wilhelm Höhn; eine Kommission aus CDU-Kommunalpolitikern fand sie sogar »verheerend«. Es fehlen Lehrer für Mathematik und Physik, vor allem aber fehlen Räume: für 60 Stunden Chemie in der Woche gibt es nur einen Fachraum. Die Folgen: »Trocken«-Unterricht ohne Experimente in naturwissenschaftlichen Fächern; die Pausen kann nur jeweils ein Teil der Schüler auf dem Hof verbringen, die anderen müssen drinbleiben. Die einzige Hoffnung für Höhn sind zwölf Ausweichräume, die er im fünf Minuten entfernten ehemaligen Verwaltungsgebäude der Mouson-Werke bekommen soll. Höhn: »Damit wäre die allerschlimmste Enge behoben, dann hätte wenigstens jede Klasse ein eigenes Dach über dem Kopf.« Der für die Schulmisere in Frankfurt wie in ganz Hessen verantwortliche SPD-Kultusminister Hans Krollmann sollte, so forderte es der CDU-Bürgermeister von Marburg, vom Ministerpräsidenten wegen Unfähigkeit aus dem Amt gejagt werden.

In Baden-Württemberg warf der Philologenverband, die Standesvertretung vor allem der Gymnasiallehrer, Kultusminister Wilhelm Hahn (CDU) »Verschleierungstaktik und Augenwischerei« vor: Statt 1000 Ausbildungsplätze, wie nach Ansicht der Philologen zunächst versprochen, bewilligte das Ministerium nur 748 Plätze für Oberschul-Referendare und ließ durchblicken, daß in einigen besonders überlaufenen Fächern mit Wartezeiten bis zu zehn Jahren zu rechnen sei.

In Hamburg demonstrierten Lehrer der GEW vor dem Amtssitz des SPD-Schulsenators Günter Apel und behaupteten, daß 6,6 Prozent des Unterrichts ausfallen und in der Hansestadt »1332 Lehrer auf der Straße stehen: Mit acht Prozent hat Hamburg die höchste Lehrerarbeitslosigkeit in der Bundesrepublik«.

In Berlin fehlten am ersten Schultag 100 Lehrer.

In Bremen traten 70 festeingeplante Pädagogen ihren Dienst nicht an, mehrere Schulen mußten nach Notplänen unterrichten, die F.D.P warf der Schulbehörde »gravierende Versäumnisse in der Personalplanung« vor, und die GEW legte dem SPD-Schulsenator Moritz Thape den Rücktritt nahe.

Das ist die Situation, nachdem in den meisten Bundesländern (außer Bayern, Rheinland-Pfalz und dem Saarland) die Schule wieder begonnen hat: Drangvolle Enge vor allem in den weiterführenden Schulen, weil Räume fehlen; übervolle Klassen, denn immer noch werden 30, 40 und mehr Kinder in ein Zimmer gesteckt; zum Teil erheblicher Ausfall von Unterricht, denn vor allem in Mathematik, Physik, Chemie, Musik und Sport fehlen Lehrer; durchaus noch keine optimalen Verhältnisse in den Grundschulen, obwohl in diesem Jahr nur 850000 Erstkläßler eingeschult werden (1973 waren es noch 1020747). Und wegen all dieser Mängel und Mißlichkeiten Elternproteste, Parlamentsdebatten, Demonstrationen.
Wieder einmal beschäftigt der Schulanfang die Nation, und wie eh und je schimpfen die Lehrerverbände kräftig mit. Der Philologenverband (50000 Mitglieder) hält es für einen »Skandal, daß eine wachsende Zahl von jungen Gymnasiallehrern keine Stelle erhalten«. Der Vorsitzende der GEW (165000 Mitglieder) Erich Frister wirft den Kultusministern vor, sie »mißbrauchen ihre Macht, lassen bürokratische Überheblichkeit zu und flüchten sich in Rechtsverletzungen«. Der Philologenverband führt allein in Baden-Württemberg fast zwei Dutzend Prozesse für abgelehnte Junglehrer, und auch die GEW droht den verantwortlichen Politikern »Musterprozesse« an.
Bildung also wieder einmal vor Gericht. Doch so einheitlich chaotisch und bundesweit katastrophal, wie manche die Situation darstellen, ist sie in Wirklichkeit nicht. Zwar sind die pädagogisch wünschenswerten Relationen von Schülern je Klasse, die bereits 1963 von den Kultusministern als erreichbar genannt wurden, immer noch nirgendwo verwirklicht (Grund- und Hauptschulen 30; Gymnasien 20; Realschulen 26; Sonderschulen 14). Zweifellos auch könnte und müßte es an vielen Schulen in jedem Bundesland besser aussehen, als es heute der Fall ist. Trotz der offensichtlichen Mißstände jedoch muß man zugeben, daß es mancherorts auch günstiger geworden ist.
Die Kultusminister lassen sich denn auch von den Lehrerverbänden nicht mehr so ohne weiteres an die Wand spielen. Sie legen gleichfalls Zahlen vor, die freilich fast nie mit den Verbandsangaben übereinstimmen. Der Kieler Minister Walter Braun zum Beispiel hält die Lage an den schleswig-holsteinischen Schulen »keinesfalls für dramatisch verschlechtert«. Braun rechnet vor: Im Landesdurchschnitt wurde die Klassenstärke in allen Schularten

etwa gehalten, und statt der von der GEW genannten 500 arbeitslosen Lehrer hat Braun nach eigenen Angaben lediglich 85 mit zum Teil sehr mäßigen Zeugnissen keine Arbeit anbieten können; im nächsten Jahr hat der Kultusminister sogar 320 Planstellen mehr als diesmal.

Auch Günter Apel in Hamburg sieht manches deutlich anders als die GEW. Er konnte 637 Stellen neu besetzen, und nach seiner Rechnung fallen nur vier Prozent Unterricht aus. Der Bildungsetat nimmt im Hamburger Haushalt nach wie vor den ersten Platz ein. Außerdem wird die Klassenstärke in der Grundschule von 33,4 auf 30, in den siebten Klassen der Hauptschule sogar von 32,8 auf 27 Schüler gesenkt, und Apel hat wie schon im letzten Jahr wiederum 250 Millionen Mark für den Schulbau, so daß der Bedarf an Klassenzimmern gedeckt werden kann.

Ähnlich unterschiedlich und verwirrend wie die Zahlen aus dem CDU-regierten Schleswig-Holstein und aus dem SPD/F.D.P-regierten Hamburg sind die Angaben aus anderen Bundesländern. Lehrer und Schüler, Klassenräume und Unterricht sind offenbar eine so amorphe Materie, daß hier alle mit der Stange im Nebel stochern. Im Grunde gibt es keine Zahl, die nicht bestritten würde. Unbekannt ist auch, wie viele Pädagogen tatsächlich arbeitslos sind. Mit der Einschränkung »leider gibt es keine genauen Zahlen« wagt Erich Frister fast als einziger eine Prognose. Danach sollen 3000 bis 5000 Lehrerinnen und Lehrer arbeitslos und 2000 bis 3000 nur als Kurzarbeiter beschäftigt sein. Das Gespenst der Lehrerarbeitslosigkeit kann also vor allem deshalb so furchterregend spuken, weil eine exakte Statistik fehlt. Mit einigem Recht könnte man nämlich, wie es Walter Braun auch tut, annehmen, daß sich die Lage insgesamt etwas entspannt habe. Tatsache ist immerhin, daß in allen Bundesländern einige Hundert Bewerber um eine Stelle überhaupt nicht zum Dienstantritt erschienen sind. Dieses Phänomen läßt – ähnlich wie bei den Numerus-clausus-Fächern an den Universitäten – darauf schließen, daß sich viele angehende Pädagogen in mehreren Ländern doppelt und dreifach gemeldet und damit eine Scheinnachfrage nach Arbeitsplätzen geschaffen haben.

Tatsache ist auch, daß in Nordrhein-Westfalen und Niedersachsen nicht alle Planstellen besetzt werden können. Dort herrscht Lehrermangel aus Mangel an Personen und nicht wie im allgemeinen aus Mangel an Planstellen. Clemens Christians, der Vorsitzende des Deutschen Lehrerverbandes (168000 Mitglieder) und Direktor des Freiherr-vom-Stein-Gymnasiums in Hamm, behauptet zwar: »An den Gymnasien in Nordrhein-Westfalen und in Niedersachsen sind Unterrichtsausfall und Lehrermangel so schlimm wie nie zuvor«; aber beide Länder haben zu diesem Schuljahr Anstrengungen wie selten gemacht.

In Nordrhein-Westfalen, wo der Unterricht an diesem Montag wieder begonnen hat, werden 6500 zusätzliche Lehrer eingestellt (und zum Februar 1977 noch einmal 4000), so daß alle im Lande ausgebildeten Pädagogen unterkommen; zum erstenmal seit fünf Jahren sinkt die Klassenstärke an allen Schularten (außer den Realschulen), und an den Gymnasien werden wahrscheinlich zwölf Prozent der vorhandenen Stellen vakant bleiben müssen.

In Niedersachsen erklärte die SPD vor der Wahl von Ernst Albrecht, daß unmöglich alle Bewerber unterkommen könnten; die neue CDU-Regierung stellte jedoch 4000 Lehrer zusätzlich ein, so daß der Unterrichtsausfall möglicherweise von 10,6 auf 6,6 Prozent sinkt.

Trotz dieser imponierenden Vermehrung der Stellen an Rhein, Ruhr und Leine sind mehrere hundert, vielleicht ein paar tausend Lehrer dennoch nirgendwo untergekommen. Diesen geht es in der Tat sehr schlecht; denn da die meisten von ihnen zuvor nicht versicherungspflichtig beschäftigt waren, erhalten sie weder Arbeitslosengeld noch Arbeitslosenhilfe, sondern müssen von monatlich etwa 700 Mark Sozialunterstützung leben. Daß ausgebildete Pädagogen von der Fürsorge unterhalten werden müssen, ist etwas Neues zu diesem Schuljahrsanfang. Deutlicher als in anderen Jahren wird diesmal auch, wie hilflos, dilettantisch und zuweilen wohl auch schikanös hier und da Verwaltungsbeamte auf die verwirrende Lage des Lehrermarktes reagieren.

Ein Fall von vielen: eine junge Realschullehrerin mit den Fächern Französisch und Sport, die bis zum Mai dieses Jahres in Frankfurt mit einem Lehrauftrag zwölf Stunden in der Woche gab. Fünf Monate hatte sie bereits unterrichtet, ehe sie zum erstenmal Gehalt bekam, das im übrigen bis heute noch nicht ordnungsgemäß abgerechnet sein soll. Zum Schuljahrsende kündigte die Behörde den Lehrauftrag, genehmigte ihn aber für das neue Schuljahr und dieselbe Schule wieder. Zugleich erhielt die Lehrerin von einem anderen Sachbearbeiter eine Zwei-Drittel-Stelle (auf drei Jahre begrenzt, etwa 1300 Mark monatlich) – allerdings in einem 35 Kilometer entfernten Ort. Nach etlichen Telephonaten, persönlichen Vorstellungen und nachdem eine »Konfliktkommission«

dreimal getagt hatte, kam sie schließlich an ihre erste Schule zurück. Wenige Tage darauf rief morgens um sieben Uhr dreißig ein ihr unbekannter Schulleiter an und erkundigte sich empört, warum sie nicht zum Dienst komme – sie sei schließlich seiner Schule zugewiesen.

Ideale Zustände, das ist so sicher wie die Pausenklingel am Ende einer Stunde, wird es auch in den nächsten Jahren nicht geben. Um sie zu schaffen, wären alles in allem rund eine viertel Million zusätzlicher Lehrer erforderlich. Ein solcher Boom ist jetzt und für die Zukunft mit Sicherheit ein bloßer Wunschtraum. Deshalb müssen die Schulen bald mehr, bald weniger improvisieren, und die Kultusminister sollten sich nicht vor unpopulären Maßnahmen scheuen. Es läßt sich nämlich eine ganze Menge gegen die Lehrer ohne Arbeit und für die Schüler ohne Unterricht tun.
Erstens ist nicht einzusehen, warum allein in zwei Bundesländern ein paar tausend zusätzliche Stellen geschaffen werden können; was dort machbar ist, kann doch woanders nicht völlig ausgeschlossen sein; wahrscheinlich könnten alle Finanzminister mehr Mittel zur Verfügung stellen, wenn sie es wirklich wollten.
Zweitens: Auf drei Jahre befristete Verträge mit zwei Dritteln der Arbeitszeit und des Gehalts sind zumal für Junglehrer durchaus akzeptabel, wenn sie die Gewißheit haben, später als Beamte übernommen zu werden; solche Verträge müssen im verstärkten Maß angeboten werden.
Drittens sollten ältere Lehrer die Gelegenheit haben, sich früher pensionieren zu lassen oder mit der halben Stundenzahl weiter zu unterrichten; besonders für Frauen ab 50 wäre das attraktiv. Wer nebenberuflich tätig ist oder noch als Ruheständler unterrichtet, sollte nur im Ausnahmefall beschäftigt werden.
Viertens: Die in vielen Schulen geübte Großzügigkeit, die wohl richtiger Schlendrian hieße, muß reduziert werden. Als einziger Minister hat bisher Walter Braun den Mut gehabt, per Erlaß zu bestimmen, daß zum Beispiel Konferenzen am Nachmittag und nicht in der Unterrichtszeit stattfinden, daß die Stunden pünktlich beginnen, daß schon am ersten Schultag nach den Ferien voll unterrichtet wird – durch solche Maßnahmen können Hunderte Stunden zusätzlich gewonnen werden.
Fünftens ist es unbedingt notwendig, rasch präzise Angaben über Angebot und Nachfrage auf dem Lehrermarkt zu haben; das kann nur durch eine bundesweite Statistik erreicht werden, die außer-

dem einen länderübergreifenden Ausgleich zwischen Überschuß und Bedarf erleichtern würde.
Das sind Maßnahmen, die kurzfristig verwirklicht werden können. Für ein langfristiges Konzept bieten sich vor allem zwei Möglichkeiten an: Zum einen könnten Ausbildungsstätten für den Lehrernachwuchs, also vor allem Pädagogische Hochschulen, umfunktioniert und für andere Studienfächer benutzt werden – Rheinland-Pfalz hat mit Koblenz einen Anfang gemacht; zum anderen müßten durch eine Studienreform die Inhalte der Fächer so geändert werden, daß jemand mit einem Staatsexamen auch etwas anderes werden *kann* und nicht wie jetzt in die Schule gehen *muß*. Beide Maßnahmen setzen allerdings eine bundesweite Bedarfsplanung voraus. Dazu aber müßte geklärt sein, wie viele Lehrer sich diese Gesellschaft denn nun eigentlich leisten will.

(DIE ZEIT Nr. 37, 2. 9. 76)

Jugend in Not

Schulangst und Existenzsorgen bedrohen eine Generation

Der Präsident formulierte ein Postulat: »In unserem Land darf es keine Generation der Verlorenen, keine Generation der Überzähligen und kein Heer der Hoffnungslosen geben« – so Walter Scheel in seiner aufsehenerregenden Ansprache in Nürnberg [am 2. Juni 1976]. Was nach den Worten des Bundespräsidenten nicht sein *darf*, zeichnet sich freilich bereits als Realität in deutlichen Umrissen ab: eine Jugend in Not, verlassen und einsam, ratlos und anpassungswillig, auf der Flucht in den Rausch, in Resignation und Illusion.
Die neuesten Belege für diese These stehen in zwei jetzt vorgelegten Untersuchungen: einer bundesweiten Befragung von 241 Gymnasiasten der Klassen 11, 12 und 13 aus Schulen in Nord- und Süddeutschland durch den Hamburger Psychologieprofessor Manfred Amelang; einer regionalen Erhebung bei 250 Jungen und Mädchen zwischen 14 und 22 Jahren in der schleswig-holsteinischen Stadt Neumünster durch eine Arbeitsgruppe und den Diplompsychologen Volker Evers.
Die Ergebnisse sind beunruhigend. Amelang fand heraus: Je näher die Schüler dem Abitur kommen, desto deutlicher »zeigt sich ein hochbedeutsamer Rückgang an Solidarität und Güte des Klassen-

klimas«; fast jeder zweite Schüler (45 Prozent) hat »schon des öfteren mit Rücksicht auf eine bessere Zensur meine wirkliche Meinung zurückgehalten«; zwei von drei Schülern (60 Prozent) sind der Ansicht, daß »die Angst vor dem Studienplatz jeden zum Einzelkämpfer macht«; 40 Prozent haben Angst vor der Zeit nach dem Abitur – verständlich, denn die Arbeits- und Ausbildungsplätze für 1,2 Millionen junge Menschen im nächsten Jahrzehnt sind heute noch völlig ungesichert.
In Neumünster fanden die Psychologen heraus: Die Jugendlichen fühlen »sich oft allein gelassen«. Was die Stadt ihnen an sinnvollen Möglichkeiten anbietet, ihre Freizeit zu gestalten, wird heftig kritisiert: Fast die Hälfte der Befragten glaubt, die Kommune kümmere sich zu wenig um ihre Belange, und nur jeder Zehnte ist mit der Jugendpolitik der Stadt einverstanden.
Es kann kaum überraschen, daß sich eine derart vernachlässigte Jugend politisch »sehr passiv verhält«: In Neumünster betätigen sich nur 16,5 Prozent der Jugendlichen politisch. Um so ausgeprägter ist das Bedürfnis bei immer mehr Jungen und Mädchen, durch einen oft übermäßigen Genuß von Rauschmitteln ihre Probleme zu vergessen:

- Von 100 Jugendlichen rauchen 59; am häufigsten wird als Grund Nervosität angegeben;
- mehr als die Hälfte der Jugendlichen (53,9 Prozent) nimmt »öfter Alkohol« zu sich, jeder dritte trinkt, »um sich zu entspannen«;
- ebenfalls jeder dritte hat schon einmal Drogen probiert, meistens Haschisch, doch 18,3 Prozent auch bereits Marihuana; andere Drogen wie LSD oder harte wie Opium sind bei etwa 6 Prozent verbreitet.

Nun ist Neumünster weiß Gott nicht der Nabel der Bundesrepublik, und die beiden nach Umfang und Anzahl der befragten Jugendlichen begrenzten Studien sollen auch nicht überbewertet werden. Andererseits ist Neumünster eine ganz »normale« Stadt wie viele andere in diesem Land, und es spricht eigentlich nichts dagegen, daß es anderenorts nicht ähnlich um die Jugend steht. In dieser Situation wäre es wirklich geboten, daß der geistig-seelische Zustand der Jugend von einer zuständigen Stelle schnell und durch eine repräsentative Untersuchung erforscht wird.
Zu befürchten steht, daß die Ergebnisse von Amelang und Evers bestätigt würden. Sie sind alarmierend genug, und sie klagen an; meiner Meinung nach jedoch nicht die Jungen und Mädchen, die

vielfach aus bedrückenden sozialen Verhältnissen stammen, sie klagen vielmehr die Eltern und vor allem die Verantwortlichen in den Kommunen, im Land und im Bund an: Ihre Jugendpolitik ist weitgehend ein Notstandsgebiet, obwohl es eine Grundwahrheit ist, die der Bundespräsident in Nürnberg aussprach: Die Jugend und zumal die kommenden geburtenstarken Jahrgänge »sind keine Last, sie sind eine Chance für uns alle, für unsere Wirtschaft, für unseren Staat und unser Volk und für unsere Zukunft als Nation«.

(DIE ZEIT Nr. 25, 11.6.76)

Jugend ohne Arbeit

Bildungskatastrophe, zweiter Teil: 1,2 Millionen ohne Anstellung

Hellsehen kann Dieter Mertens natürlich nicht, doch das war für den Direktor des Instituts für Arbeitsmarkt- und Berufsforschung der Bundesanstalt für Arbeit auch gar nicht notwendig; denn fast alle Zahlen liegen seit langem vor. Sie stammen aus der Bund-Länder-Kommission für Bildungsplanung oder den Kultusministerien, sie stehen im Bildungsplan oder in anderen offiziellen Papieren. Keiner jedoch hat sie bisher so gründlich analysiert wie Mertens und seine Mitarbeiter; keiner konnte deshalb auch zu dem Ergebnis kommen, das jetzt wie eine Bombe einschlägt: Im nächsten Jahrzehnt werden etwa 1,2 Millionen Jugendliche mit Schulabschluß keine Lehrstelle bekommen; eine Million Jugendliche ohne Schulabschluß wird ein Heer von Hilfsarbeitern bilden; 150000 Akademiker haben keine Aussicht auf eine Anstellung.
Diese Ausbildungskatastrophe hat einen einfachen Grund: die starken Geburtsjahrgänge zwischen 1962/72, die zwischen 1977/87 die Schulen verlassen. In den nächsten sechs Jahren schnellt die Quote der Schulabgänger von gegenwärtig 755000 auf 960000 hoch, so daß 1982 zum Hauptkrisenjahr wird. In den folgenden sechs Jahren sinkt die Zahl der Schulentlassenen wieder, so daß 1988 nahezu dieselben Verhältnisse wie heute herrschen. Für den riesigen Schulabgängerberg in der Zwischenzeit jedoch sieht es schlimm aus. Da sich die Zahl der Lehrstellen nicht wesentlich vermehren wird, wenn alles so bleibt, wie es heute ist, entsteht ein gewaltiges Loch (siehe Graphik) zwischen der Nachfrage und dem Angebot an Ausbildungsplätzen; und bis heute

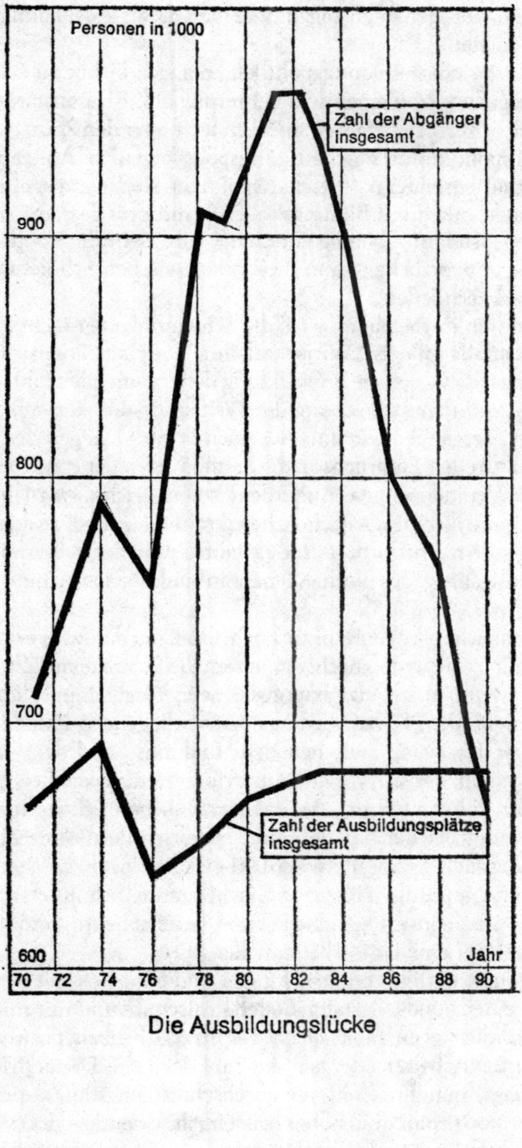

Die Ausbildungslücke

weiß niemand genau zu sagen, wie man dieser Ausbildungskrise begegnen soll.
So viel ist sicher: Bildungspolitiker, die sich bisher zu sehr mit ihren eigenen Problemen wie Lehrermangel, Klassenstärke oder Rahmenrichtlinien befaßten, müssen jetzt über den Zaun blicken: Bildungspolitik muß Beschäftigungspolitik werden. Aber auch Finanz- und besonders Wirtschaftspolitiker sind herausgefordert; zusammen mit ihren Bildungskollegen müssen sie dafür sorgen, daß die Ausbildungsbombe entschärft wird. Nur die Kooperation aller Verantwortlichen kann die Lücke zwischen Schule und Arbeitsmarkt schließen.
Eine Konjunkturbelebung wird die Schwierigkeiten nicht beseitigen, allenfalls mildern. Wirtschaftsminister Hans Friderichs geht davon aus, daß »sich die Entwicklung der kommenden Jahre selbst bei einer spürbaren Belebung der Wirtschaftstätigkeit nur wenig von der Vergangenheit unterscheiden wird« – wegen des tiefen konjunkturellen Einbruchs nämlich und wegen der starken strukturellen Veränderungen. Außerdem, so Friderichs, »wird in nächster Zeit die Nachfrage nach Arbeitskräften auch bei relativ stark ansteigendem Bruttosozialprodukt auf Grund der gegenwärtigen Unterauslastung des vorhandenen Produktionspotentials kaum zunehmen«.
Selbst das schönste Konjunkturhoch also kann der fast verlorenen Generation, die in den nächsten Jahren die Schulen verläßt, kaum helfen, wenn nicht jetzt energisch neue Ausbildungsplätze geschaffen werden. Dabei wird aus den vorliegenden Zahlen deutlich: Der Übergang zwischen dem Bildungs- und dem Ausbildungssystem, der sich vor allem auf vier unterschiedlichen Ebenen vollzieht, führt auch zu sehr unterschiedlichen Schwierigkeiten. Ganz unten bei den Sonder- und Hauptschülern ohne ein Abschlußzeugnis – pro Jahr etwa 80000 – ist die Not am größten; dort droht eine gewaltige Hilfsarbeiterschwemme. Schon jetzt gibt es 100000 arbeitslose Jugendliche, und bereits heute kommen 33 Bewerber auf eine Hilfsarbeiterstelle.
In der Etage darüber bei den Jungen und Mädchen mit dem Abschluß einer Sonder-, Haupt- oder Realschule und mit mittlerer Reife werden »ebenfalls viele auf der Strecke bleiben, entweder als ungelernte Arbeiter oder als Arbeitslose«, wie Dieter Mertens voraussagt, der ihre Zahl auf durchschnittlich 100000 pro Jahr schätzt. Noch eine Stufe höher bei den Abiturienten wirkt sich der Numerus clausus voll aus. Von den Tausenden, die keinen Stu-

dienplatz bekommen – pro Jahr etwa 35 000 – hat nur ein Bruchteil eine Chance, im öffentlichen Dienst oder bei einer der wenigen Firmen unterzukommen, die spezielle Ausbildungswege für Abiturienten anbieten.

Schließlich die vierte Etage, die Hochschulabsolventen. Bei durchschnittlich 15 000 beschäftigungslosen Akademikern im Jahr kann von einem »Proletariat« wirklich nicht gesprochen werden. Außerdem ist erwiesen, daß Akademiker viel schneller unterkommen als andere Arbeitslose und, so Mertens, »mit großer Wahrscheinlichkeit bauen sie sich bei einem Wirtschaftsaufschwung rascher ab als die Million Nichtakademiker«. An der Spitze der Bildungspyramide sind die Probleme mithin noch am erträglichsten; trotzdem reden wir alle über einen stempelnden Lehrer viel mehr als über zehn »brotlose« Hilfsarbeiter.

Hinzu kommt, daß bei der Masse von 1,5 Millionen ohne Beschäftigung ganz bestimmte Verdrängungsprozesse einsetzen: Der Druck pflanzt sich von oben nach unten fort. Wer am besten gebildet ist, hat allemal auch die besten Möglichkeiten, eingestellt zu werden. Mit anderen Worten: beschäftigungslose Akademiker nehmen, wenn auch zu gedrückten Gehältern, Abiturienten die Plätze weg; diese wiederum haben Vorteile vor Hauptschulabgängern, und einem »Volks«-Schüler bieten sich immerhin noch günstigere Aussichten als einem »Hilfs«-Schüler.

Diesen Prozeß gibt es schon heute; er wird sich jedoch bei dem nächsten Schulentlassungstermin massiv verstärken. Die Zeit drängt also. Was ist zu tun? Nachdem die F.D.P kürzlich auf ihrem bildungspolitischen Parteitag in Stuttgart [vom 12. bis 14. Dezember 1975] die alarmierenden Zahlen vorgelegt hat, müssen jetzt alle Verantwortlichen handeln; Industrie, Handwerk und Handel ebenso wie der öffentliche Dienst, die Hochschulen und die Verwaltung. Einige Möglichkeiten bieten sich an: So könnte ein zehntes Bildungsjahr eingeführt werden, entweder als Schul- oder als Berufsgrundbildungsjahr. Dadurch würden einmalig rund 300 000 Jugendliche aus dem Verkehr gezogen – allerdings wären sie ein Jahr später wieder da. Auch der Arbeitslosigkeit von Lehrern könnte durch mehr Schule entgegengewirkt werden.

Außerdem müßten berufliche Vollzeitschulen und überbetriebliche Lehrwerkstätten vor allem für das Handwerk eingerichtet werden; dadurch ließe sich der Andrang auf herkömmliche Ausbildungsplätze mindern. Die Ausbildungsordnungen müssen endlich so gestaltet werden, daß den Jugendlichen berufliche Mobilität

oder ein Berufswechsel erleichtert wird. Die Neuregelung der Finanzierung der beruflichen Ausbildung darf sich nicht länger verzögern. Auch die Hochschulen könnten einen wichtigen Beitrag leisten. Würden sie ihre Kapazitäten in den nächsten Jahren um 10 bis 25 Prozent erhöhen, könnten etwa 300000 Studenten zusätzlich aufgenommen werden.
Die Probleme, aber auch Lösungsmöglichkeiten sind also bekannt. Nun ist die Frage: Wer handelt? Die Ausbildungsbombe tickt – sie darf nicht explodieren.

(DIE ZEIT Nr. 2, 2.1.76)

Die angepaßte Generation

Numerus clausus, Jugendarbeitslosigkeit, Radikalenerlaß – folgt auf die Bildungsreform jetzt eine Erziehung zum Gehorsam?

Meine Schuld liegt in meinem Gehorsam. Gehorsam wird als Tugend gepriesen, und ich möchte darum bitten, daß nur die Tatsache meines Gehorsams in Betracht gezogen wird.

Adolf Eichmann

Für Friedrich den Großen gab es nur das eine: »Mein höchster Gott ist meine Pflicht.« So lautete die Lebensmaxime des preußischen Monarchen, die auch manchem seiner Nachfolger als Ehrenkodex galt. Goethe gab auf die Frage, was Pflicht sei, die schlichte Antwort: »Die Forderung des Tages«, und formulierte mit diesen wenigen Worten das Sittengesetz der deutschen Klassik, das Immanuel Kant hymnisch feierte: »Pflicht! du erhabener, großer Name, der du nichts Beliebtes in dir fassest, sondern Unterwerfung verlangst . . .« Und Wilhelm von Humboldt, der bis heute gültige Grundlagen des deutschen Bildungswesens schuf, schrieb einer Freundin, das Glück stelle sich schon von selber ein, »wenn man nur an strenge, sich nicht schonende Pflichterfüllung denkt«.
Wie über die Pflicht, so dachten große Deutsche auch über die Arbeit, Luther meinte: »Von Arbeit stirbet kein Mensch, aber von ledig und müsig gehen kommen die Leute um Leib und Leben; denn der Mensch ist zur Arbeit geboren wie der Vogel zum Fliegen.« Für Herder war Arbeit »des Blutes Balsam« und »der Tugend Quell«, für Schiller »des Bürgers Zierde«; Nietzsche pries

den »Segen der Arbeit«, und Paul Ernst forderte »eine Einkehr zu einer wahren Sittlichkeit: das wir die Arbeit lieben und ehren sollen«.
Geliebt und beliebt war in diesem Land stets auch die in einer bestimmten Zeit verrichtete Arbeit, die Leistung. Sie gehört mit anderen Werten wie Anstand, Ordnung, Gehorsam, Sauberkeit und Pünktlichkeit zu einem Tugendsystem, das in dem Vorbild des preußischen Beamten ebenso seinen sinnfälligen Ausdruck gefunden hat wie in der sprichwörtlichen Anspielung auf unseren Nationalcharakter: Andere Völker arbeiten um zu leben, der Deutsche lebt um zu arbeiten. Und nun scheinen auch unsere Kinder nur noch zu leben, um zu arbeiten und um etwas zu leisten.
Seit Wochen und Monaten klagen Eltern und Lehrer, Ausbildungsleiter und Professoren, Kinderärzte, Psychologen und Psychiater darüber, daß der Streß in Schulen und Universitäten unerträglich wird. Leistung ist Trumpf, Angst beherrscht die Jugend. Der Zensurendruck treibt immer mehr Kinder in den Tod. Von Oktober bis März, so rechnete »Newsweek« nach, gingen allein in Bayern zwölf Kinder »freiwillig« aus dem Leben. Parlamente diskutieren über den erbarmungslosen Kampf um Zehntelnoten, Eltern organisieren sich gegen den »unproduktiven Leistungsdruck« wie die »Aktion Humane Schule«: »Wir protestieren gegen das sinnlose Überfüttern der Schüler mit Lernstoff. Unsere Kinder nehmen Schaden!«
Sie wissen selber, daß sie gefährdet sind. Die Schülerinnen der Klasse 11b (Obersekunda) des Frauenberuflichen Gymnasiums in Lörrach schrieben kürzlich einen Aufsatz über »Menschen in der Schule«. Das Ergebnis hat sie »bestürzt und ziemlich deprimiert«. Denn: »Es schien so, als seien das gar keine Menschen mehr; dominierend war der Eindruck einer totalen Mechanisierung mit Folgen von Streß, Angst, Isolation und Überforderung. Wir haben oft ein Gefühl von Sinnlosigkeit.«
In ihren Aufsätzen, aus denen sie der ZEIT Auszüge vorlegten, schildern die Mädchen ihre Lage: »Leistungsdruck und Leistungswille sind unheimlich groß; der Wille hat sich dem Druck angepaßt.« – »Man verliert ein Stück Menschlichkeit in diesem Konkurrenzkampf.« – »Eine Lawine von Aggressionen ist wieder einmal in mir aufgestaut. Am liebsten würde ich jemanden verprügeln – zum Beispiel meine Klassen-›Kameradin‹, die ich schon lange ihres stumpfsinnigen Lächelns und ihres ›Notenkriechens‹ wegen hasse.« – »Für die Lebenseinstellung der Schüler gilt der

Leitsatz: Leistung, Leistung, Leistung, ich muß bestehen.« – »Der Schüler ist ein kleiner Angestellter ohne Lohn, der gehorchen muß . . . er entwickelt sich zu einem Wesen, das Wissen speichert, nur bemüht, Leistung zu bringen.«

Immer mehr kranke Kinder mit Herz- und Kreislaufbeschwerden, mit Depressionen und Schlaflosigkeit; Schüler, die Zyankali schlucken, aus dem Fenster ihres Klassenzimmers springen, sich im Wald erhängen oder mit dem Jagdgewehr des Vaters erschießen; Studenten, bei denen die Selbstmordrate (25 von 100000) deutlich höher liegt als bei Gleichaltrigen (14 von 100000), die zunehmend verunsichert sind, weil sie nicht wissen, was mit ihrem Studium und was danach mit ihnen wird und die scharenweise Psycho-Beratungsstellen aufsuchen, weil etwa jeder vierte allein nicht mehr mit seinen Ängsten, Störungen und Problemen fertig wird – das sind in der Tat schrille Alarmzeichen für den geistig-seelischen Zustand der Jugend. Verantwortlich dafür sind vor allem drei Tatsachen:

- der Numerus clausus, der mit großer Wahrscheinlichkeit bewirkt, daß vielleicht 200000 Abiturienten keinen Studienplatz erhalten, auch dann nicht, wenn sie sich jahrelang und mit aller Kraft für möglichst gute Zensuren abplagen;
- die Jugendarbeitslosigkeit, von der im nächsten Jahrzehnt wahrscheinlich 1,2 Millionen Schulentlassene und 150000 Akademiker betroffen werden; 120000 junge Menschen haben schon heute keinen Ausbildungsplatz, und bis 1985 werden eine Million Jugendliche ohne Schulabschlußzeugnis entlassen, die nur Hilfsarbeiter-Tätigkeiten ausführen können;
- der Radikalenerlaß mit seiner ständig ausufernden Schnüffelei nach der rechten Gesinnung; eine halbe Million Bewerber für den öffentlichen Dienst wurden bisher überprüft, 430 von ihnen abgelehnt.

Numerus clausus, Lehrstellenmangel und Überprüfungspraktiken stellen für Kinder und Jugendliche eine ernsthafte Bedrohung dar. Diese Maßnahmen unterbrechen die bisher weitgehend unproblematischen Übergänge zwischen dem Bildungs- und dem Beschäftigungssystem. Sie bedeuten für viele junge Menschen unüberwindbare Sperren am Ende von Schule und Hochschule und erzeugen damit im Klassenzimmer wie im Hörsaal völlige Ungewißheit, was die Zukunft angeht. Sie zwingen die Betroffenen, alles daran zu setzen, die ständig steigenden Normen zu erfüllen. Weil der marktwirtschaftliche Mechanismus zwischen dem Angebot aus dem Bildungsbereich und der Nachfrage des Ausbildungsbereichs zerstört ist, hat nur noch der »Beste« einigermaßen kalkulierbare Möglichkeiten, also vor allem, wer – mit welchen Mitteln immer – eine Eins bekommt und wer anständig ist, seine Pflicht tut und fleißig arbeitet, etwas leistet und niemals Anstoß und Aufsehen erregt.

Die Folgen dieser Zwänge wurden von Beteiligten wie den Schülerinnen in Lörrach wiederholt in deprimierenden Dokumentationen beschrieben. Die Auswirkungen sind erschreckend genug; dennoch sind sie nur Symptome, die anzeigen, wie eingeschüchtert, verunsichert und krank Kinder und Jugendliche heute sind. Hinter diesen Erscheinungen verbirgt sich jedoch ein noch ernsthafteres Problem: die Aushöhlung der freiheitlichen Gesellschaft und damit die Gefahr, daß die Demokratie kaputtgemacht wird.

Am Wandel des Leistungsbegriffes läßt sich diese bedrohliche Entwicklung deutlich aufzeigen. Leistung bedeutete schon im Alt- und Mittelhochdeutschen »etwas befolgen«, »Folge leisten«, »einer Pflicht nachkommen«. Jede Gesellschaft hat eine ihr adäquate Vorstellung von Leistung. Ich glaube, daß man grundsätzlich drei Formen unterscheiden kann.

Erstens den utopischen Leistungsbegriff. Kennzeichnend für ihn ist, daß dem Menschen keinerlei Normen von außen gesetzt werden, daß er vielmehr aus sich heraus wirkt, selbständig etwas hervorbringt und sich frei entfaltet. Da es keine äußeren Ansprüche oder Systemzwänge gibt, wird Leistung als Lust und Freude empfunden; sie ist zweckfrei und wird emotional und spontan erbracht. Diese Leistung ist eine Form der Phantasie und des Spiels, eine – wie Schiller in seinen ästhetischen Schriften formuliert hat – Kategorie des Schönen, ein schöpferischer Trieb und Ausdruck der absoluten Freiheit und der Harmonie des Menschen.

Utopisch nenne ich diese Auffassung von Leistung, weil sie unter realistischen Bedingungen wohl nie zu verwirklichen ist, es sei denn im Paradies oder der Theorie nach in einer kommunistischen Gesellschaft, in der jeder – so Marx – nach seinen Fähigkeiten arbeitet und jedem nach seinen Bedürfnissen gegeben wird. In unserer Zeit scheint mir im pädagogischen Bereich allein Alexander Neill in seinem Internat Summerhill diese Form der utopischen Leistung wenigstens im Ansatz verwirklicht, aber auch zugleich ihre Grenzen deutlich gemacht zu haben: Summerhill

wurde von seinem Gründer nie als ein Modell allgemeiner Erziehung verstanden.
Zweitens: Der faschistische Leistungsbegriff totalitärer Herrschaftssysteme. Zu ihm ist auch nach den Gesetzen des Historischen Materialismus der Leistungszwang der Diktatur des Proletariats zu zählen und, entsprechend Lenins Definition »jeder nach seinen Fähigkeiten, jedem nach seiner Leistung«, auch die Vorstellung von Leistung im Sozialismus. Hier werden die Normen von Staat und Gesellschaft, von Partei und Funktionären diktiert, der Wille des einzelnen hat sich dem Anspruch des Kollektivs unterzuordnen: Du bist nichts, die Partei, das Volk, der Führer ist alles. Leistung ist ein Mittel der Disziplinierung und Ausbeutung; statt Selbst- also nur Fremdbestimmung und Entfremdung.
Auf deutschem Boden bietet die DDR, der »erste sozialistische Arbeiter- und Bauern-Staat« Beispiele für Formen dieses totalitären Leistungsbegriffs: »Das Leistungsprinzip ist das wichtigste Instrument zur Steigerung der Arbeitsproduktivität«, heißt es im »Gesetzbuch der Arbeit«, und Ulbricht formulierte als Gebot sozialistischer Moral: »Du sollst nach Verbesserung deiner Leistungen streben und die sozialistische Arbeitsdisziplin befolgen.« Entsprechend diesen Grundsätzen hat in der DDR nur eine Chance, auf die Oberschule und die Universität zu kommen, wer sich durch gute Leistungen, vorbildliches Verhalten und gesellschaftliche Tätigkeit auszeichnet.
Drittens: Zwischen den Extremen der Diktatur und der Utopie steht der demokratische Leistungsbegriff. Auch eine sozial-rechtstaatliche und freiheitliche Gesellschaft kann auf Leistung nicht verzichten; ohne ein Leistungsprinzip würden die Faulen die Fleißigen ausbeuten. Dennoch darf die Bejahung von Leistung nicht zum Leistungsterror werden; jeder soll leisten, was er vermag, sich also vorwiegend nach individuellen und nicht nach pauschalen Normen richten. Wer erfüllt, was an Notwendigkeiten unerläßlich ist, hat das Recht weiterzukommen: Alternativen, aber keine Einbahnstraßen gehören wesentlich zur demokratischen Leistung. Auf Behinderte, Kranke und Alte ist Rücksicht zu nehmen. Die Leistungsmotivation läßt sich steigern durch Anerkennung, Zunahme von Verantwortung und vermehrte Selbständigkeit.
Leistung in der Schule ist weit mehr als bloßes Wissen und schiere Paukerei. Wie in der Hochschule geht es darum, Jugendliche zu Selbstbewußtsein, »Rückgrat« und Charakter zu erziehen, damit sie risikobereit, solidarisch und sozial, partnerschaftlich und ein-

sichtig handeln können. Sie sollen kritisch sein, ohne alles besser wissen zu wollen, sie sollen auf Grund von Faktenkenntnis urteilen können, aber kein leeres Stroh dreschen.

Diese demokratische Leistungsnorm ist ein Postulat des Grundgesetzes, und auch in den Verfassungen fast aller Bundesländer stehen Leitbegriffe und Erziehungsziele, aus denen sich für den täglichen Unterricht in Schulen und Universitäten ganz konkrete Lern- und Leistungsanforderungen ergeben. Danach ist die Jugend »zu sittlicher und politischer Verantwortlichkeit, zu beruflicher und sozialer Bewährung und zu freiheitlicher demokratischer Gesinnung zu erziehen« (Saarland); »zum eigenen Denken, zur Achtung vor der Wahrheit, zum Mut, sie zu bekennen und das als richtig und notwendig Erkannte zu tun« (Bremen); »zum selbständigen und verantwortlichen Dienst am Volk und der Menschheit« (Hessen); »zu freien und verantwortungsfreudigen Bürgern« (Baden-Württemberg) – und dies alles »im Geiste der Demokratie« (Bayern).

Die Bildungsreformer, die sich in diesem Land nach dreißig Jahren der Restauration an Experimente wagten, um Schulen und Hochschulen zu verändern, taten dies in ihrer großen Mehrzahl gerade, um die Postulate der Verfassungen zu verwirklichen. Sie wollten eine kritische und freie, sozial eingestellte und mitbestimmende Jugend, und keiner von ihnen hat den wohl verstandenen Leistungsbegriff je verteufelt. Im Gegenteil: Vorschulen, Gesamtschulen und Gesamthochschulen wurden ja gerade als Organisationsstrukturen für eine demokratisch-emanzipatorische Erziehung erdacht und errichtet.

Von Anfang an wurde die Bildungsreform doppelt kritisiert, von »links« und von »rechts«. Die Neue Linke begann um 1960 unter Marcuses Einfluß zuerst die Gesellschaft, dann auch das Bildungssystem radikal als »spätkapitalistische, autoritäre und repressive Leistungsgesellschaft« anzugreifen. Die Schule wurde als »Erziehungsdiktatur« hingestellt und sollte von einer »Gegenerziehung« (Marcuse) abgelöst werden. Für sie entwarf Hans-Jochen Gamm, der marxistisch orientierte Wortführer der politisch-sozialistischen Pädagogik, die »Kritische Schule«. In ihr soll es sehr wohl auch Leistung geben, zwar keine Einzelleistung, statt dessen aber, so Gamm, »muß der Leistungsbegriff auf die kooperativen Fähigkeiten angelegt werden«: nicht individuelle, sondern kollektive Leistung also. (Neben der revolutionär-kommunistischen Fraktion gab es auf dem Höhepunkt des Studentenaufstands eine anarchistische Gruppe, die jegliche Form von Leistung ablehnte.)

Gerade die Gesamtschule ist für sozialistische Erzieher das perfekte Mittel spätkapitalistischer Machtausübung und zugleich der Ausbeutung durch ein rigoroses Leistungsprinzip: »Es besteht die Gefahr, daß die Schule als Herrschaftsinstrument durch die technokratische Gesamtschulreform nicht etwa abgeschafft, sondern auf die Höhe der Zeit gebracht wird«, so Johannes Beck heute Professor in Bremen. Mit dieser Kritik der bürgerlichen Bildungsreform und ihres demokratischen Leistungsideals hat die Linke versucht, die bundesdeutsche Wirklichkeit und ihr Bildungssystem in Richtung einer sozialistischen Utopie zu drängen. Dieser Versuch ist gescheitert, die Linke zerfällt, die Gefahr – falls es denn eine war – ist vorbei.

Statt dessen droht jetzt eine neue Gefahr, sie kommt von rechts. Auch von dort wurde die Bildungsreform stets scharf angegriffen, weil sie angeblich zu einem starken Verfall der Leistung führe. Daß Kinder heute nicht genug lernen und zuwenig wissen, daß ihre Urgroßväter beispielsweise Doktorarbeiten in Latein abfaßten, ihre Enkel aber nicht einmal Cicero übersetzen können, wird von vielen zutiefst als ein Niedergang abendländischer Bildungstraditionen beklagt.

Nun ist es sicherlich schwer zu messen, ob ein Primaner der Weimarer einem der Bonner Republik an Wissen überlegen war. Solche Vergleiche sind auch müßig und unfruchtbar, weil wir etwa den Umgang mit Methoden für ein höheres Erziehungsziel halten als das Speichern von Fakten. Hellmut Becker hat zu Recht darauf hingewiesen, daß »die Explosion des Wissens eine Neugliederung des Stoffes verlangt: es ist unvermeidlich, daß ihr manches zum Opfer fällt, was die alte Generation für selbstverständlich hielt. Eine enzyklopädische Bildung ist unmöglich geworden.«

Abgesehen davon gibt es jedoch auch heute umwerfende Beweise für außerordentlichen Fleiß und phantastische Leistungen. Der Wettbewerb »Jugend forscht« ist zum Beispiel ein solcher Nachweis. An ihm haben sich bisher fast 10000 Jungen und Mädchen beteiligt. Was sie an physikalischen, chemischen und mathematischen Forschungen vorlegten, zur Raumfahrt, Astrophysik, Verhaltensforschung oder Umweltverschmutzung beisteuerten, ist absolut beispiellos: Da beschäftigt sich ein Heer jugendlicher Wissenschaftler qualifiziert mit Themen, die wohl kaum ein Prozent der Erwachsenen versteht.

Ein Phänomen wie »Jugend forscht« beeindruckt freilich die Masse der Eltern kaum und befreit nur einzelne Väter und Mütter von der panischen Angst, angesichts der versperrten Hochschulen und der knappen Lehrstellen lerne und leiste ihr Kind viel zu wenig. Erfolg gerade auf den angesehensten Schulen erscheint ihnen als Notwendigkeit – aber leider oft auch als Dekor und als Quelle ihres Prestiges. Immer mehr Eltern greifen zu fragwürdigen Ratgeber-Büchern, deren reißerische Titel das Ende aller Schulpein versprechen. Es sind Mütter und Väter – wie die FAZ kürzlich zutreffend schrieb – »die Erwartungen an ihre Nachkommen stellen, denen sie selbst nie genügt hätten«.

Jugendliche leben heute in einer von Reizen überfluteten Umwelt, in einer vom Streß gepeinigten Gesellschaft, in der immer mehr Ehen scheitern, und schützende Institutionen immer häufiger zerbrechen. Immer mehr Jungen und Mädchen reagieren darauf, daß sie sich in dieser Gesellschaft immer weniger zurechtfinden, mit Flucht. Sie verlieren sich an Alkohol und Drogen, an Nikotin und Rauschgift, sie können kriminellen Versuchungen immer seltener widerstehen: Alkoholismus und Kriminalität bei Jugendlichen steigen ständig.

In dieser feindlichen Umwelt waren Schulen und Hochschulen für viele immer noch ein Ort der Muße und Geborgenheit wie der politischen Aktivität und Selbstfindung – trotz hektischer und dilettantisch inszenierter Reformvorhaben wie etwa der Mengenlehre. Erst der Mangel an Ausbildungsplätzen und die drohende Jugendarbeitslosigkeit, der Numerus clausus mit seinem unerbittlichen Zensurenzwang und der Radikalenerlaß mit den allgegenwärtigen Sicherheitsorganen drohen die Bildungsstätten zu pervertieren, das demokratische Leistungsideal und die freiheitliche Gesellschaft zu zerstören. Unter dem geballten Druck dieser drei Faktoren könnte eine Jugend heranwachsen, die sich keine Gedanken mehr macht, weil sie das Denken anderen überläßt; die statt eines aufrechten Ganges eine gebückte Haltung bevorzugt; die keine Fragen stellt und keinen Widerspruch riskiert, die funktionieren, aber nicht aufbegehren möchte. Statt auf Neugierde, Entdeckerleidenschaft und Forschertrieb, statt auf Veränderung, Humanisierung und Emanzipation könnte sie nur noch auf Ordnung und Befehl, auf Arbeit und Leistung, auf Anstand und Gehorsam setzen.

Die Gefahr, daß wir Schulen für Untertanen bekommen, ist nicht mehr auszuschließen. Das demokratische Leistungsethos könnte sich dem totalitären Leistungsbegriff zuneigen. Wir müssen davon ausgehen, daß in Schulen und Universitäten zunehmend Inhalte vermittelt werden, die eine präfaschistische Gesinnung begünstigen. Eine unter Leistungsterror erzogene Jugend droht zu einer Generation von Angepaßten zu werden. Der mündige, demokratisch eingestellte und leistungsorientierte Jugendliche – er ist das Gebot der Verfassung; der mundtote, gehorsame und hörige Bürger ist der Ruin der Demokratie.

(DIE ZEIT Nr. 15, 2.4.76)

Nur gemeinsam wäre es zu schaffen

Pläne und Programme gegen den Ausbildungsnotstand

Der erste Schub kommt im nächsten Jahr; und dann geht es Schlag auf Schlag. 1977 verlassen 77000 Schüler mehr als 1976 die Schulen; ein Jahr später sind es wiederum 78000 mehr als 1977 – und so geht es weiter. Das ist der »Schülerberg«, der durch die Schulen wandert.

Die Folge dieser demographischen Welle ist ein erheblicher Mangel an erforderlichen Ausbildungsplätzen in den Betrieben, im öffentlichen Dienst und in den Hochschulen. Nach den neuesten Zahlen wird das Defizit auf 1,2 Millionen Stellen bis 1987 anwachsen. In diesem Jahr gibt es bereits etwa 35000 Plätze zu wenig; Anfang der achtziger Jahre werden es jährlich fast 200000 sein. Das ist die Ausbildungskatastrophe, die diese Gesellschaft bedroht.

Damit werden die Arbeits- und Ausbildungsfragen von über einer Million Jugendlichen zu einer zentralen Aufgabe für alle, die in Politik und Wirtschaft Verantwortung tragen. »Die Bildungs- und Lebenschancen einer ganzen Generation stehen auf dem Spiel«, so charakterisiert der Bonner Bildungsminister Helmut Rohde den Ernst der Lage. »Ohne Übertreibung halte ich dies für eine der größten Herausforderungen des nächsten Jahrzehnts.«

Was ist zu tun? Dem Stifterverband für die Deutsche Wissenschaft gebührt das Verdienst, das Problem frühzeitig erkannt und auch rasch gehandelt zu haben. Dieser Verein ist eine Gemeinschaftsaktion der Wirtschaft; 5500 Unternehmen, Organisationen und Einzelpersonen spenden und sammeln Geld, um Wissenschaft und Technik in Forschung und Lehre zu fördern. 1975 konnte der

Stifterverband knapp 41 Millionen Mark ausgeben, auch und besonders für bildungspolitische Aktivitäten.
Seit Monaten hat sich auf Anregung des Verbandes ein Arbeitskreis mit dem drohenden Ausbildungsnotstand beschäftigt; jetzt haben diese Spezialisten aus Wirtschaft und Wissenschaft, Politik und Verwaltung die Ergebnisse ihrer Arbeit als Denkschrift vorgelegt. Das Fazit der Überlegungen: Eine Katastrophe kann verhindert werden; dazu bedarf es freilich – wie es der Präsident der Bundesvereinigung der Deutschen Arbeitgeberverbände Hanns Martin Schleyer formuliert hat – »des verantwortlichen Zusammenwirkens aller Beteiligten«.
Das scheint tatsächlich das Wichtigste zu sein: daß alle Betroffenen – Bund, Länder und Gemeinden, Industrie, Handwerk und Handel, Schulen und Hochschulen – es als eine gemeinsame Aufgabe ansehen, der gefährdeten Generation der zwischen 1960 und 1970 Geborenen zu helfen. Die Jungen und Mädchen, um die es geht, werden viele Jahre lang den Hauptbestandteil der Arbeitskräfte in diesem Land stellen. Deshalb ist es auch arbeitsmarktpolitisch notwendig, sie qualifiziert auszubilden. Die geburtenstarken Jahrgänge bedeuten mithin auch »die Chance einer volkswirtschaftlichen Kapitalbildung«, so heißt es in dem Papier des Stifterverbands, »deren potentieller Ertrag nicht hoch genug veranschlagt werden kann«.
Es geht also darum, möglichst viele Jugendliche nach der Schule sinnvoll auszubilden. Als eine der ersten aller betroffenen Gruppen haben die Universitäten sich bereit erklärt, dazu einen Beitrag zu leisten. Ihr Sprecher, der Präsident der Westdeutschen Rektorenkonferenz Professor Werner Knopp, hat das Startzeichen gegeben: Die Hochschulen müßten es schaffen, »vorübergehend sehr viel höhere Zahlen und Jahrgangsanteile zu bewältigen«, erklärte er in einer programmatischen Grundsatzrede am 10.5.1976 in Trier. Was dieser Aufruf konkret bedeutet, hat Hamburgs Universitätspräsident Peter Fischer-Appelt klargemacht: In allen Studienfächern sollten die Hochschulen etwa 25 Prozent mehr Bewerber als gegenwärtig üblich aufnehmen. Dazu seien allerdings finanzielle Hilfen des Staates notwendig, zum Beispiel 2000 Mark pro Jahr für jeden zusätzlichen Studenten. Hochgerechnet auf alle Hochschulen bedeutet dieser Plan: etwa 200000 Studienplätze mehr als heute. Daß eine Kapazitätserweiterung wirklich möglich ist, zeigt das Beispiel Nordrhein-Westfalen. Als erstes Bundesland erhöht es die Zahl der Studienanfänger zum nächsten Semester

generell in allen Fächern um 10,4 Prozent; in einigen Disziplinen ist die Steigerungsrate geradezu sensationell: Mathematik 26,9 Prozent, Pharmazie 18,8.

Wie die Hochschulen, so hat auch das Handwerk dem Ausbildungsnotstand nicht tatenlos entgegengesehen. Zwischen 1971 und 1975 nahmen die Plätze in Handwerksbetrieben um 100000 zusätzliche Stellen zu, stieg die Zahl der ausbildenden Betriebe von 34 auf 39 Prozent. Paul Schnitker, der pragmatische Präsident des Zentralverbandes des Deutschen Handwerks, weist denn auch darauf hin, daß allein in den Bauberufen heute bis zu 20000 Ausbildungsplätze unbesetzt sind und auch in anderen qualifizierten Berufen wie Elektro-, Kraftfahrzeug-, Mechaniker- und Wasserinstallateurhandwerk »Hunderte von Stellen frei« seien. Schnitker hält es nicht für unmöglich, jedem Jugendlichen mit einem Hauptschulabschluß auch einen Platz in einem attraktiven zukunftsweisenden Berufsfeld zu vermitteln.

Was dem Handwerksmeister und dem Professor möglich ist, kann anderen nicht unmöglich sein, zum Beispiel dem Ausbildungsleiter in Industriebetrieben und im Handel. Bereits im Januar letzten Jahres haben die fünf Spitzenverbände der deutschen Wirtschaft in einem aufsehenerregenden Brief an den Bundeskanzler erklärt, »daß unter bestimmten Voraussetzungen das Angebot an betrieblichen Ausbildungsplätzen schon bis Ende 1975 um etwa zehn Prozent erhöht werden kann«. Es ginge also auch da, wenn nur der entschlossene Wille vorhanden wäre. Zehn Prozent – das sind etwa 40000 Plätze. Industrie und Handel sind im Wort.

Auch die Bundesregierung ist in die Pflicht genommen. Das Kerngesetz zur beruflichen Ausbildung soll einen Fonds von rund 800 Millionen Mark schaffen. Für sich genommen ist das eine stattliche Summe; gemessen an den rund 10 Milliarden, die schon jetzt von der Wirtschaft pro Jahr in die Ausbildung des Nachwuchses gesteckt werden, nimmt sich dieser Betrag jedoch eher bescheiden aus. Zusammen mit dem 300-Millionen-Mark-Notprogramm des Bundes gegen die Jugendarbeitslosigkeit ist es gleichwohl ein Signal.

Das Wort des Kanzlers und Stellvertretenden SPD-Vorsitzenden steht schwarz auf weiß im Programm seiner Partei für die Bundestagswahl 1976: »Die erste Erfahrung unserer Jugend in der Erwachsenenwelt darf nicht die Arbeitslosigkeit sein.« Wenn das auch über den Wahlkampf hinaus gelten soll, dann muß die Bundesregierung sofort und endlich konkret mit der Reform des öf-

fentlichen Dienstrechts beginnen; dann muß sie, dann müssen aber auch die sozial-liberal regierten Bundesländer und all die von der SPD verwalteten Kommunen als Arbeitgeber jetzt erklären, wie viele Schul- und Hochschulabgänger sie in den nächsten Jahren zusätzlich einstellen können. Wenn die öffentlichen Hände wie die Hochschulen gleichfalls zu einer »Überlastquote« von etwa 20 Prozent bereit sind, müßte das Defizit von 1,2 Millionen Ausbildungsplätzen auszugleichen sein. Zumal es noch einige weitere Möglichkeiten gäbe, wie das Berufsgrundbildungsjahr oder den verstärkten Ausbau der beruflichen Vollzeitschulen (Berufsfachschulen, Berufsaufbauschulen, Fachoberschulen), die immer noch und vielleicht am besten regional eingeführt werden könnten.
Ein Problem wäre jedoch auch dann nicht gelöst: die Arbeitslosigkeit der Jungarbeiter, der »Jugendlichen ohne Ausbildungsfähigkeit und Ausbildungswilligkeit«, wie Paul Schnitker das Heer dieser jährlich gut 80000 Schulabgänger ohne Abschlußzeugnis nennt. Für den Handwerks-Präsidenten sind die Jungarbeiter und die für sie fehlenden Arbeitsplätze »das eigentliche Problem«. In der Tat gibt es genügend Belege dafür, daß Jugendliche ohne qualifizierte Ausbildung das höchste Arbeitsplatzrisiko überhaupt tragen. In den nächsten zehn Jahren verlassen rund eine Million Schüler ohne einen solchen Abschluß die Schulen. Für sie gibt es noch kein Hilfsprogramm. Wenn die Verantwortlichen verantwortungsbewußt und im gesamtstaatlichen Interesse handeln wollen, dürfen sie aus diesen Jungarbeitern kein Proletariat entstehen lassen. Und das nicht nur aus politischen, sondern auch aus wirtschaftlichen Gründen. »Eine Erhöhung des Anteils der Ungelernten«, so heißt es in der Denkschrift des Stifterverbandes, »kann auch unter langfristigen wirtschafts- und arbeitsmarktpolitischen Gesichtspunkten nicht in Kauf genommen werden, da die nachfolgenden schwächeren Jahrgänge den Bedarf an qualifizierten Arbeitskräften nicht werden decken können.«

(DIE ZEIT Nr. 24, 4.6.76)

II. Experimente und Modelle

Lernen – aber was, wie und wozu?

Die Aufgaben und Ziele des Unterrichts müssen neu definiert werden – Die Diskussion um die Rahmenrichtlinien

1. Sprecher: Reinhard Hecht ist nun dreizehn Jahre zur Schule gegangen. Jetzt hat er es geschafft. Am Wilhelm-Gymnasium der baden-württembergischen Kreisstadt Sinsheim hat er sein Abitur bestanden, und er hält sogar die offizielle Rede bei der Entlassungsfeier. Dafür wählt er ein Thema, das seinen Lehrern und auch vielen der anwesenden Eltern wenig Freude macht. Der Abiturient Hecht spricht über den »Wilhelminischen Geist in unserer Schule«. Seine Ansprache gerät zur Anklage:
2. Sprecher: »Die Schule müßte eine Demokratie im kleinen sein, die Schüler müßten andauernd Demokratie praktizieren, Verantwortung tragen und das schulische Leben mitgestalten. Aber statt dessen werden die Schüler bis in die Oberstufe hinein künstlich infantil gehalten, werden dauernd mit einem autoritären System, mit Hunderten oft unsinniger Bestimmungen konfrontiert, die jedes selbständige Handeln lähmen.«
1. Sprecher: Außer diesem pauschalen Vorwurf bringt Reinhard Hecht detaillierte Kritik an einzelnen Fächern vor:
2. Sprecher: »Geschichte, Gemeinschaftskunde und Deutsch haben den größten Anteil an der staatsbürgerlichen Erziehung. Doch sie erfüllen die Aufgabe, aktiv am gesellschaftlichen Leben teilnehmende Bürger zu erziehen, in den meisten Fällen nicht.«
1. Sprecher: Das Fazit dieses Abiturienten am Ende seiner Schulzeit ist bitter und voll Enttäuschung:
2. Sprecher: »Man wird nicht auf ein Leben in einer vielschichtigen, pluralistischen Gesellschaft erzogen . . . Wie soll eine autoritär strukturierte, zum Untertanendenken, zum Inaktivismus erziehende Schule von gestern demokratisch verantwortungsbewußte Staatsbürger von morgen erziehen?«
Autor: Solche Kritik an unserem Schulsystem ist nicht unberechtigt und nicht übertrieben. Sie trifft nicht nur für das Gymnasium zu, sondern gilt in ähnlicher Weise auch für die beiden anderen weiterführenden Schularten, für die Hauptschule und für die Realschule.

1. Sprecher: Ein Hauptschüler beschäftigt sich in der Regel zwei oder drei Jahre lang mit Problemen der Gegenwart, also mit Parteien und Politik, mit Fragen der Macht und der Medien, mit Recht, Verwaltung und Wirtschaft. Das sind Themen des Faches Politische Bildung, das auch Gemeinschaftskunde oder Sozialkunde genannt wird oder historische Gegenwartskunde oder politische Weltkunde. Hinter diesen vielfältigen Namen verbirgt sich zumeist dieselbe Sache: geschichtliche, geographische und aktuelle politische Fragen. Im Unterrichtsplan für die Hauptschulen im Saarland zum Beispiel wird genau festgelegt, was der Unterricht erreichen soll:
2. Sprecher: »Politische Bildung ist ein wesentliches Moment von Bildung überhaupt. Das Ziel der politischen Erziehungsarbeit besteht darin, die Schüler zu wertender Besinnung und zum Bewußtsein der Mitverantwortung an den Aufgaben der Gemeinschaft zu führen. Es geht darum, den jungen Menschen für das soziale und politische Leben der Gegenwart und Zukunft zu befähigen.«
Autor: Das läßt sich hören; würde dies Ziel tatsächlich erreicht, dann wäre Kritik an der Gegenwartskunde sicherlich ganz unangebracht. Leider ist das aber nicht der Fall. Was dieser Unterrichtsplan theoretisch postuliert, wird in der Praxis längst nicht durchgeführt. Die Schulwirklichkeit sieht ganz anders aus.
1. Sprecher: Hauptschüler, die nach neun Schuljahren als Lehrlinge in einen Beruf gehen, verfügen meistens nicht einmal über einfache politische Grundkenntnisse. So hat eine Untersuchung in München ergeben, daß weniger als zwei Prozent von Neuntkläßlern die Abkürzungen der Parteien SPD, CDU, CSU, F.D.P. richtig erklären konnten. Nur jeder dritte Volksschüler in den oberen Klassen nämlich liest regelmäßig eine Zeitung; jeder zweite guckt nur hin und wieder hinein, und dann interessieren ihn Mord und Totschlag, Skandale und Überfälle, Sport und Comics viel mehr als Politik. 90 Prozent lehnen Politik überhaupt ab, denn – so formulierte es ein Sechskläßler –: »Das bringt einen nur durcheinander.«
Autor: Auch im Fach Deutsch ist die Diskrepanz zwischen den Erziehungszielen des Unterrichts, und dem, was Schüler tatsächlich leisten, nicht selten erschreckend groß.
1. Sprecher: Mit ihrer Muttersprache, dem Deutschen, beschäftigen sich Realschüler sechs Jahre lang. Was sie an Satzlehre und Wortkunde, an Rechtschreib- und Kommaregeln, an Schilderungen, Berichten oder Inhaltsangaben lernen sollen, füllt viele Seiten

in den Unterrichtslehrplänen und Richtlinien. Dennoch wissen sie auch in diesem Fach am Schluß oft viel zu wenig. So machten Realschüler im siebten Schuljahr in einem nur 48 Zeilen langen Diktat zur Groß- und Kleinschreibung durchschnittlich 39 Fehler, also fast in jeder Zeile einen.

Autor: Und wie in dem Fach Deutsch ist es in anderen Fächern auch: Schüler pauken jahrelang Latein – aber wenn sie das Gymnasium verlassen und als Studenten ihre erste Seminararbeit tippen sollen, dann können die meisten nicht einmal mit einer Schreibmaschine umgehen.

1. Sprecher: Schüler errechnen die Inhalte von Pyramiden und Kegelstümpfen – doch wenn sie später kalkulieren müssen, ob sie sich bei ihrem Gehalt einen Bankkredit für ein neues Auto leisten können, scheitern sie an der Zinsrechnung.

2. Sprecher: Schüler lernen, warum Ignatius von Loyola einen Orden gründete und wie Ludwig XIV. Frankreich zur Großmacht in Europa führte – aber über ihre eigenen Rechte als Staatsbürger wissen sie herzlich wenig.

1. Sprecher: Sie leben in einer Welt, die voll Kampf, Streit und Krieg ist – doch sie erfahren nicht, wie man Konflikte löst oder etwas zur Erhaltung des Friedens beiträgt. – Ihre Umwelt ist verseucht und vergiftet – aber kaum einer sagt ihnen in der Schule, was sie dagegen unternehmen können. – Sie werden alle eines Tages Mütter und Väter sein und Kinder haben – aber niemand bereitet sie auf die schwierige Rolle als Eltern vor. – Mancher Schüler muß später in einem Team arbeiten oder seinen Beruf einmal, wenn nicht sogar mehrere Male wechseln – aber er erfährt nicht, was Kooperation ist und wird nicht zur Mobilität in Berufsfeldern erzogen.

Autor: Was Kinder im Unterricht lernen, können sie in ihrem späteren Leben und in ihrem Beruf oft nicht oder nur schlecht verwenden. Der Unterricht orientiert sich zu wenig an Problemen der Gegenwart und der Zukunft, daran also, was Kindern bevorsteht, wenn sie die Schule verlassen. Was ihnen dann an ihrem Arbeitsplatz in der Fabrikhalle, im Supermarkt, im Büro oder im Hörsaal helfen könnte, das haben sie im Klassenzimmer nicht erfahren. Die Wirklichkeit, in die sie hineinwachsen, ist im Unterricht nicht oder nur viel zu wenig vorhanden, weil sie von traditionellen historisch-philologischen Themen verdrängt wird. Deshalb wird immer wieder gefordert, den Unterricht anders zu gestalten und neue Fächer und Stoffe einzuführen. Über die Reform der

Lehrpläne wird gegenwärtig heftig gestritten. Vor allem in Hessen wird erbittert diskutiert über neue Richtlinien für die Fächer Deutsch und Gesellschaftslehre, die politische Bildung also. Die einen sehen den Ruin der Schule voraus, die anderen halten die Unterrichtspläne für eine Voraussetzung zur demokratischen Erziehung. Doch auch viele Gegner und Befürworter der Rahmenrichtlinien stimmen darin überein, daß überhaupt etwas geschehen sollte. Genau das fordern auch viele Schüler, die ihre Unzufriedenheit mit der heutigen Art des Unterrichts und der Unterweisung immer wieder beklagen:

1. Sprecher: »Probleme, die uns wirklich interessieren . . . z. B. Überbevölkerung, Friedensforschung, Möglichkeiten biologischer Manipulation, Kontaktverarmung durch fehlende Kommunikation . . . diese Themen werden in unseren meisten Schulbüchern nicht angesprochen.«

2. Sprecher: »In der Schule müßte die Erziehung zu Zivilcourage und kritischem Gehorsam, zu Eigeninitiative und selbständiger Arbeit im Vordergrund stehen. Daß das nicht so ist, müssen wir leider nach neunjähriger Schulpraxis äußern.«

1. Sprecher: »Die Schule müßte die Voraussetzung dafür geschaffen haben, daß wir als mündige Staatsbürger entlassen werden. Das aber ist nicht der Fall. Unsere Chance liegt heute nur in der Anpassung.«

2. Sprecher: »Ich fürchte, daß der Mensch in den Biologiebüchern weiterhin geschlechtslos bleiben wird.«

1. Sprecher: »Der Geschichtsunterricht in seiner jetzigen Form erschöpft sich in der Darlegung von geschichtlichen Fakten und dem sturen Lernen dieser Fakten.«

2. Sprecher: »Ich halte den Vorwurf für gerechtfertigt, daß die höhere Schule dem Schüler innerhalb eines bewahrenden Geistesreservats ein stimmiges Weltbild von einer unstimmigen Welt vorspielt.«

Autor: So urteilen Schüler – das sind Originalzitate. Doch nicht nur sie üben Kritik an unmodernen Schulen und traditionsbeladenem Unterricht. Lehrer und Eltern, Wissenschaftler wie Politiker rügen gleichfalls, was Kinder lernen und auf welche Ziele hin sie erzogen werden. Die Diskussion über neue Inhalte des Unterrichts mündet immer wieder in einem zentralen Begriff, in dem Wort Curriculum.

1. Sprecher: Curriculum bedeutet im Grunde nichts anderes als Lernplan. Wer mit dieser Übersetzung arbeitet, nimmt dem lateinischen Ausdruck viel von seiner Sprödigkeit und Unverständlichkeit. Ein Curriculum enthält Angaben über eine Lerneinheit, und zwar über die Inhalte, die vermittelt werden sollen; über die Ziele, die am Ende erreicht werden müssen; über die Unterrichtsmedien und auch über die Methoden und Möglichkeiten, Leistungen zu überprüfen. Curricula sind also im gewissen Sinn Gebrauchsanleitungen, die exakt beschreiben, was gelernt, wie gelehrt und warum gelernt wird. Der Begriff Curriculum wurde 1967 von dem Berliner Bildungsforscher Saul Robinson wieder in die Debatte eingeführt durch sein Buch »Bildungsreform als Revision des Curriculums«. Dieser Titel weist auf die zentrale Bedeutung der Lehrpläne hin, die seitdem als das eigentliche Herzstück der gesamten Schulreform angesehen werden. Der Deutsche Bildungsrat, in dem unabhängige Wissenschaftler mit Vertretern der Länder und des Bundes einen Gesamtplan für ein reformiertes Bildungswesen erarbeitet haben, übernahm den Begriff als einen wichtigen Terminus seiner Arbeit und machte ihn damit populär. Der Bildungsrat führte aus:

2. Sprecher: »Curriculum bedeutet die organisierte Anordnung auch inhaltlich bestimmter Lernvorgänge im Hinblick auf bestimmte Lernziele. Diese können als ein Verhalten oder als Art und Grad bestimmter Fähigkeiten, Fertigkeiten oder Kenntnisse definiert sein . . . Der alte Begriff Curriculum, den die moderne Erziehungswissenschaft aufgenommen hat, bezieht sich auf die Lernprozesse: Welche Kenntnisse, Fertigkeiten, Fähigkeiten, Einstellungen und Verhaltensweisen soll der Lernende erwerben? Mit welchen Gegenständen und Inhalten soll er konfrontiert werden? Wann und wo soll er lernen? Wie soll das Erreichen der Lernziele festgestellt werden? Dieser überaus komplexe Fragenbereich ist unter dem Begriff Curriculum zusammengefaßt.«

Autor: Die Revision bestehender Lernpläne und das Abfassen neuer Curricula ist eigentlich das Kernproblem der Schulreform und es ist eines der Hauptthemen sowohl der bildungspolitischen Diskussion wie der wissenschaftlichen Forschungsarbeit in Hochschulinstituten. Freilich darf dieser Komplex nicht isoliert betrachtet werden. Denn er steht im Zusammenhang mit zwei anderen Problemen: mit der Ausbildung eines neuen Lehrertyps und mit dem Aufbau eines neuen Schultyps. Curriculum, Stufenlehrer und Gesamtschule – diese drei Bereiche bilden eine Einheit. Erst zusammen machen sie die Bildungsreform aus, auf die sich alle sozialliberalen Regierungen festgelegt haben.

1. Sprecher: Unter dem Stichwort Gesamtschule war die neue Schulform lange Zeit das Thema Nr. 1 der öffentlichen Debatte. Eine Gesamtschule ist – äußerlich gesehen – der Verbund der drei weiterführenden Schularten Hauptschule, Realschule und Oberschule. Sie werden entweder zu einer lockeren Kooperation oder zu einer völligen Integration verbunden. Die Diskussion um die Gesamtschule wurde mittlerweile aus dem Stadium der Theorie in die Praxis verlagert, denn inzwischen wird in allen Bundesländern mit kooperativen oder integrierten Formen experimentiert. Bereits 220 Gesamtschulen gibt es [1976: Insgesamt 294]. In Hessen und Berlin ist die Gesamtschule schon im Schulgesetz verankert. Und in Hamburg bekannte zum Beispiel der Bürgermeister Hans Ulrich Klose als er noch Fraktionsvorsitzender der regierenden SPD war: »Wir machen die Gesamtschulversuche nicht, weil wir feststellen wollen, ob wir die Gesamtschule einführen werden. Diese Entscheidung ist gefallen.«
2. Sprecher: Das zweite Problem ist die Reform der Lehrerbildung. Es ist nie ein so populäres Thema gewesen wie die Gesamtschule, obwohl es nur aus deren Entwicklung zu verstehen ist. Bislang hat jede Schule auch ihren speziellen Pädagogen. Es gibt Sonderschullehrer und Berufsschullehrer, Lehrer für Haupt-, Real-, Ober- und Grundschulen. Allmählich nun verschmelzen die drei weiterführenden Schularten zu einer neuen Form, der Gesamtschule, und aus dem bisherigen vertikal gegliederten Schulwesen wird ein horizontales System mit Schulstufen. Deshalb muß zwangsläufig auch ein anderer Lehrertyp ausgebildet werden. Es ist der Stufenlehrer, der zuständig ist erstens für die Primarstufe, also die jetzige Grundschule; zweitens für die Sekundarstufe I, die jetzigen Klassen fünf bis zehn der Haupt-, Real- und Oberschulen; drittens für die Sekundarstufe II, also für die jetzige Oberstufe des Gymnasiums und für berufliche Schulen.
1. Sprecher: Für Stufenlehrer plädieren mittlerweile die meisten Bildungspolitiker aller Parteien. Ein erbitterter Streit aber wird zwischen SPD/F.D.P. einerseits und CDU/CSU andererseits darüber geführt, wie viele Fächer die neuen Pädagogen lehren, wie lange sie studieren und wie viel Gehalt sie bekommen sollen. Die sozialliberal regierten Bundesländer haben sich nun nach jahrelangen Querelen entschlossen, die Stufenlehrerausbildung zu forcieren.
Autor: Die innere Schulreform schließlich, die Revision der Lehrpläne also, wird immer mehr zu einem Streitpunkt. Denn an der

Frage, was, wie und wozu Kinder lernen sollen, prallen die Gegensätze unerbittlich aufeinander: das traditionelle Rollenverständnis der Schule kollidiert mit einer neuen Auffassung von der Funktion und dem Inhalt des Unterrichts.
1. Sprecher: Nach herkömmlicher Ansicht haben die drei weiterführenden Schulen ganz bestimmte Aufgaben zu erfüllen:
2. Sprecher: Die Hauptschule wurde und wird vor allem als Vermittlungsstätte volkstümlicher Bildung verstanden. Sie gilt als die Schule der praktisch Begabten und wird immer mehr zu einer Schule der Unterschicht. Schülern mit einem Hauptschulzeugnis stehen in aller Regel nur handwerkliche Berufe offen. – Die Realschule soll außer praktischen Fähigkeiten auch theoretische Kenntnisse lehren, so daß Realschulabgänger für mittlere Berufe und Führungsaufgaben vorgebildet sind. – Das Gymnasium schließlich soll zu einer wissenschaftlichen Haltung erziehen und die Schüler befähigen, Probleme theoretisch zu erarbeiten und zu verstehen als Voraussetzung für ein Universitätsstudium. Die Hochschulreife ist die Hauptaufgabe der Höheren Schule. Gymnasiale Bildung mit anschließendem Studium führt zu den angesehensten, einflußreichsten und am besten bezahlten Berufen.
1. Sprecher: Diese Rollenverteilung der Schule und die ihr entsprechende soziale Schichtung der Bevölkerung wurde erst in den letzten Jahren deutlich erkannt und diskutiert. Dadurch erhielten die Schulreform und die Curriculumrevision die entscheidende gesellschaftliche Ausrichtung, weil als erwiesen angesehen wurde, daß das Bildungswesen schon in seinem äußeren Aufbau nicht auf Chancengleichheit hin angelegt ist, sondern auf privilegierende Auslese und damit auf soziale Ungleichheit. Diesen Sachverhalt hat die Bundesregierung in ihrem »Bildungsbericht 1970« deutlich ausgesprochen:
2. Sprecher: »Das deutsche Bildungssystem, das im 19. Jahrhundert nicht nach demokratischen, sondern nach ständisch-obrigkeitsstaatlichen Ordnungs- und Bildungsvorstellungen gestaltet worden ist, hat unter den damals herrschenden gesellschaftlichen Bedingungen und den Maßstäben jener Zeit bemerkenswerte, in aller Welt anerkannte Leistungen erbracht. Den gegenwärtigen gesellschaftlichen Entwicklungen wird dieses System jedoch trotz mancher Teilreformen und vieler Einzelkorrekturen nicht mehr gerecht. Weder trägt es dazu bei, das Recht auf Bildung zu verwirklichen, noch erfüllt es die Forderung nach Modernisierung und Demokratisierung.«

Autor: So wenig wie die herkömmliche Dreiteilung diesen Ansprüchen gerecht werden konnte, so wenig genügten die Inhalte des Unterrichts. Was eigentlich Erziehung erreichen und was die Schulen den Kindern über die formalen Fähigkeiten des Lesens, Rechnens und Schreibens hinaus vermitteln sollten, das war nach 1945 eine völlig offene Frage. Als der Bonner Staat auf der Grundlage eines demokratischen Grundgesetzes sein politisches Leben begann, stand auch die gesamte Pädagogik vor einem notwendigen Neubeginn. Der wurde freilich nicht erkannt. Denn statt nach vorn, ging der Blick zurück. Einer der profiliertesten CDU-Bildungspolitiker, der rheinland-pfälzische Kultusminister Bernhard Vogel, sagt es ganz deutlich:
2. Sprecher: »In der Phase des Wiederaufbaus nach 1945 orientierte sich die deutsche Bildungspolitik zunächst an den durch den Nationalsozialismus verschütteten geistigen Grundlagen des Bildungswesens vor 1933.«
Autor: Wie groß in der Nullpunktsituation nach dem Krieg das Dilemma war und wie sehr die Pädagogik in die Zeit vor 1933 zurückblickte, das hat der Philosoph und Erzieher Otto Friedrich Bollnow treffend gekennzeichnet:
2. Sprecher: »Wo sich das pädagogische Leben rührt, da ist es zumeist das ›gute Alte‹, an das man wieder anzuknüpfen sucht. Dabei stößt man auf Schwierigkeiten und wagt nicht recht zu fragen, wie weit es sich überhaupt auf die inzwischen wesentlich veränderte Welt übertragen läßt . . . Was ganz unmittelbar und nackt die Situation der Erzieher nach 1945 bestimmte, . . . war die Erfahrung von so viel menschlicher Schwäche und Gemeinheit, daß dem Erzieher der Glaube an einen guten Kern im Menschen als eine Illusion erscheinen mußte . . . Der Blick in diese Abgründe war es, der dem Erzieher nach 1945 einen entsprechenden Enthusiasmus unmöglich machte. Die Gedanken, an die man wieder anzuknüpfen sucht, wurzeln in einem Menschenbild, das sich weitgehend als fragwürdig erwiesen hat. Ein neues Menschenbild aber haben wir nicht . . .«
Autor: Das alte Menschenbild war kaputt, ein neues nicht vorhanden – das war die Situation. Und weil scheinbar nichts greifbar war, was die so entstandene Leere ausfüllen konnte, begann unter politischen Parolen wie »Keine Experimente« allenthalben die Restauration traditioneller Erziehungsinhalte. Sie wurden sogar in fast alle Verfassungen der Bundesländer aufgenommen:
1. Sprecher: In der Verfassung des Freistaates Bayern heißt es:

»Oberstes Erziehungsziel sind Ehrfurcht vor Gott, Achtung vor religiöser Überzeugung und vor der Würde des Menschen . . . und Aufgeschlossenheit für alles Wahre, Gute und Schöne . . . Die Schüler sind in der Liebe zur bayerischen Heimat und zum deutschen Volk . . . zu erziehen.«

2. Sprecher: In der Verfassung des Landes Nordrhein-Westfalen lautet der entsprechende Passus: »Die Jugend soll erzogen werden . . . in Liebe zu Volk und Heimat, zur Völkergemeinschaft und Friedensgesinnung.«

1. Sprecher: Die Verfassung des Landes Rheinland-Pfalz fordert: »Die Schule hat die Jugend zur Gottesfurcht und Nächstenliebe . . . zur Liebe zu Volk und Heimat, zu sittlicher Haltung und beruflicher Tüchtigkeit . . . zu erziehen.«

2. Sprecher: Und die Verfassung des Saarlandes postuliert: »Die Jugend ist in der Ehrfurcht vor Gott, im Geiste der christlichen Nächstenliebe, in der Liebe zur Heimat, Volk und Vaterland . . . zu erziehen.«

Autor: Mir geht es nicht darum, Tugenden wie Nächstenliebe, Wahrhaftigkeit oder Gottesfurcht abzuwerten; sondern darum geht es zu zeigen, daß pädagogische Leitbilder wie Heimat, Volk, Vaterland, Völkergemeinschaft darauf hinweisen, wie sehr Politiker und Lehrer nach 1945 versuchten, an eine Tradition anzuknüpfen, die ins Verhängnis geführt hatte. Und es geht auch darum zu erkennen, daß Begriffe wie das Gute, Wahre, Schöne, Sittlichkeit, Tüchtigkeit einfach übernommen wurden, ohne daß man ihnen einen neuen zeitgemäßen Sinn gab. Und so wirkten sich diese Erziehungsideen bis in die Schulstube aus, weil sie in fast wörtlichen Anklängen in die Lehrpläne eingingen. Dort heißt es dann etwa:

1. Sprecher: Der Geschichtsunterricht soll »dem jungen Menschen zur Erkenntnis seiner innigen Verbundenheit mit dem Schicksal der Gemeinschaft, in die er gestellt ist, verhelfen.« Oder: »Eine Aufgabe des biologischen Unterrichts liegt darin, im Erlebens- und Erfahrungsraum der Heimatnatur die Kinder mit dem Bau und den wichtigsten Lebensäußerungen von Pflanzen und Tieren vertraut zu machen . . .« Oder: »Die Muttersprache ist unverlierbares gemeinsames Gut. Sie ist der Schlüssel aller Bildung und Kultur und überliefert die geistigen Werte der Gemeinschaft. Die Pflege der Muttersprache ist eine der vornehmsten Aufgaben der Volksschule . . .« Oder: »Der Erdkundeunterricht soll Liebe zu Heimat und Vaterland wecken und den Schüler bereit und fähig machen zu tätiger und verantwortungsvoller Mitarbeit an der Gemeinschaft unseres Volkes.« Oder: »Das Bearbeiten des Holzes bietet Gelegenheit, das Wirken der Natur durch Erfahrungen und Einsichten zu erkennen . . .«

Autor: Zwar erfolgte 1945 ein radikaler Bruch mit der politischen Geschichte, doch die Aufgabe der Schule und die Funktion des Unterrichts wurden in dem neuen Staat nicht neu definiert. Man übernahm einfach traditionelle Wertvorstellungen und überlieferte Erziehungsinhalte. Im Rückblick erscheint diese Tatsache heute als eine der verhängnisvollsten Fehlentwicklungen im gesamten Bildungswesen. Ohne ihre Kenntnis bleibt die Heftigkeit und Verbitterung unverständlich, mit der gegenwärtig über neue Lernziele diskutiert wird. Die Aufgabe besteht darin, die erstarrten Bildungsschemata aufzulösen und durch neue zu ersetzen. Im Grunde handelt es sich darum, das nachzuholen, was vor 25 Jahren versäumt worden ist: der Erziehung in einem demokratisch verfaßten Staat einen Sinn zu geben. Hessen ist das erste Bundesland, das damit ernst gemacht und angefangen hat. Dort sollen die Schüler vor allem im Hinblick auf ihre spätere Existenz in der Gesellschaft erzogen werden. Deshalb wird die Schule stärker als bisher auf die Vermittlung jener Prinzipien festgelegt, die als Basis dieser Gesellschaft im Grundgesetz stehen:

2. Sprecher: Die freie Entfaltung der Persönlichkeit;
Die Gleichberechtigung von Mann und Frau;
Demokratische und soziale Rechtsstaatlichkeit;
Das Recht, Meinungen frei und unzensiert zu äußern;
Das Recht, Beruf, Arbeitsplatz und Ausbildungsstätte frei zu wählen.

Autor: Diese Maximen des Grundgesetzes finden sich ähnlich auch in allen Länderverfassungen wieder; dort steht nämlich nicht nur der Kanon traditioneller Werte, sondern da sind auch ganz konkrete Schulaufgaben im Sinne des Grundgesetzes formuliert, zum Beispiel:

1. Sprecher: »Die Jugend ist zu freien und verantwortungsfreudigen Bürgern zu erziehen und an der Gestaltung des Schullebens zu beteiligen« – so die Verfassung von Baden-Württemberg. Oder: »Die Schüler sind im Geiste der Demokratie zu erziehen« – so die Verfassung des Freistaates Bayern. Oder: »Ziel der Erziehung ist, den jungen Menschen . . . (auf) die politische Verantwortung vorzubereiten« – so die Verfassung des Landes Hessen. Oder: »Die Jugend soll erzogen werden im Geiste der Demokratie und der

Freiheit« – so die Verfassung von Nordrhein-Westfalen. Und die Verfassung der Hansestadt Bremen fordert »die Erziehung zum eigenen Denken, zur Achtung vor der Wahrheit, zum Mut, sie zu bekennen und das als richtig und notwendig Erkannte zu tun«.

Autor: Das ist das Erstaunliche: Die Verfassungen der Länder bilden praktisch Schnittpunkte der traditionellen und einer demokratisch-gesellschaftlichen Erziehung. Danach hat die Schule eindeutig die doppelte Aufgabe: den Kindern herkömmliche Werte zu vermitteln, sie aber auch auf das Leben in einer sozialen und demokratischen Gesellschaft vorzubereiten. In der Schulpraxis jedoch war und ist es bisher so, daß diese zweite Verpflichtung weitgehend vernachläßigt, wenn nicht sogar gänzlich ignoriert wurde und wird. Ihren doppelten Verfassungsauftrag haben Schule und Lehrer in aller Regel zu einseitig verstanden und ausgeführt. Denn die Erziehung zur Demokratie ist bis heute eigentlich nur eine Forderung, aber keine Realität. Die hessische Reform des Unterrichts durch die Rahmenrichtlinien ist der erste Versuch, das ernsthaft zu verwirklichen, was Grundgesetz und Länderverfassungen eben auch als Erziehungsziele vorschreiben: die Schüler zu befähigen, selbständig, eigenverantwortlich und aktiv an der Gestaltung dieses Staates mitzuwirken.

1. Sprecher: Für fast 30 Fächer aller Schularten wurden und werden in Hessen neue Lernpläne entwickelt. Sie sollen einen Unterricht ermöglichen, der die Schüler mit ihrer zukünftigen Stellung als Staatsbürger vertraut macht. Die Lernziele wurden auf einen gesellschaftlichen Bezugsrahmen hin formuliert. In einer offiziellen Mitteilung des Kultusministeriums heißt es:

2. Sprecher: »Es wird Aufgabe des Unterrichts sein, sich mit der Frage zu befassen, welche Zielrichtungen der Weiterentwicklung in den einzelnen Bereichen gesellschaftlichen Lebens wünschenswert sind . . . Im Grundgesetz ist die Entscheidung für eine bestimmte Gesellschaftsordnung verbindlich vorgegeben. Mit dem Verfassungsauftrag, demokratische Verhältnisse möglichst umfassend zu sichern bzw. zu schaffen, sind in der Regel noch keine inhaltlichen Festlegungen verbunden. Alle Ziele und Inhalte der Unterrichtspläne müssen demokratischen Zielvorstellungen entsprechen . . .«

1. Sprecher: Knapper und etwas verständlicher hat es Hessens Kultusminister Ludwig von Friedeburg formuliert: »Die Entwürfe der neuen Rahmenrichtlinien für den Unterricht stehen in vollem Einklang mit dem von mir proklamierten obersten Lernziel, das auf Verwirklichung von Demokratie in unserer Gesellschaft bezogen sein soll.«

2. Sprecher: Was der Politiker von Friedeburg so programmatisch als neue Zielsetzung von Schule und Unterricht verkündete, hat sich in den Lernplänen für die einzelnen Fächer niedergeschlagen. So wird vom Biologieunterricht gefordert: »Oberstes Lernziel ist, den Schülern bewußt zu machen, daß mit fortschreitender Höhe der Zivilisation die Gefahren für ein Überleben der Menschheit ständig wachsen, wenn entsprechende Gegenmaßnahmen nicht im vornhinein bedacht werden.«

1. Sprecher: Damit wird das Fach Biologie, das sich bisher vorwiegend auf den Menschen, auf Pflanzen und auf Tiere beschränkte, um zwei große Gebiete ausgeweitet, um die Gesellschaft und um die Umwelt. Relevant für den Unterricht wird nun zum Beispiel ein Problem wie das Leben der Menschen in Ballungsräumen und dadurch entstehende Aufgaben wie Ernährungs- und Erwerbsmöglichkeiten, Isolation und Kommunikation, Abwässer und Müll. Relevant werden Themen wie die Technisierung und ihre Folgen, einerseits für eine bessere menschenwürdige Existenz, andererseits die dadurch entstehenden ökologischen Gefahren. Oder: Kosmetika und Lebensmittelzusätze und ihre möglichen Schädigungen. Oder: Drogen, Geburtenplanung, Prostitution, Schädlingsbekämpfungsmittel – das alles sind Themen für einen neuen Biologieunterricht. In den Richtlinien heißt es dazu: »Aus all diesen Besonderheiten resultiert schließlich die Fähigkeit des Menschen, sich aktiv in die Umwelt einzupassen, bzw. die Umwelt nach seinen Bedürfnissen zu verändern.«

2. Sprecher: In ähnlicher Weise wird in Hessen versucht, auch den anderen Fächern neue Inhalte zu geben. Der Religionsunterricht etwa soll sich »an dem Zusammenhang von realer Situation des Schülers und dem Evangelium orientieren«. Der Musikunterricht »soll hinführen zu offenem, bewußtem und kritischem Verhalten gegenüber allen Erscheinungsformen und Wirkungen der Musik und ihrer Bedeutung für den Menschen und die Gesellschaft«. Das Fach Kunst wird mit einer neuen Bezeichnung »visuelle Kommunikation« genannt und soll dazu beitragen, »Unaufgeklärtheit zu mindern und Manipulationen und Abhängigkeiten zu durchschauen«. – Das alles sind Formulierungen, von denen sich erweisen muß, ob sie unsere traditionsbestimmte Schulwirklichkeit positiv verändern können. Sie zielen alle in eine Richtung und versuchen, eine gesellschaftlich orientierte Erziehung zu beschreiben. Am deutlichsten wird diese neue Absicht an den beiden Fächern Deutsch und Gesellschaftslehre. Über den Deutschunterricht heißt es im Rahmenplan: »Er hat die Aufgabe, die sprachliche Kommunikationsfähigkeit der Schüler zu fördern.«

Autor: Das klingt ziemlich lapidar. Dennoch verbirgt sich hinter diesem Satz eine einschneidende Veränderung. Bisher nämlich sollte das Fach vor allem in die sogenannte Hochsprache einüben. Sie wird von den Verfassern der Richtlinien als die Sprachform der oberen Sozialschicht angesehen. Sie sind der Meinung, daß die Hochsprache als Kommunikationsmittel einer speziellen Gruppe zur Schichtung der Gesellschaft in Klassen beigetragen hat und diese Schichtung auch stabilisiert. Nur eine bestimmte privilegierte Gruppe beherrscht die Hochsprache; der Mehrzahl der Bevölkerung ist der Zugang dazu versperrt; ausgeschlossen sind fast alle, die unteren sozialen Schichten angehören. Mehr noch: würden sie auf die Normen der Hochsprache getrimmt, dann müßten sie sich von ihren Herkunftsgruppen entfremden.

1. Sprecher: Wenn man versucht, diesen komplizierten Sachverhalt an einem Beispiel zu verdeutlichen, dann heißt das etwa folgendes: Ein Arbeiterkind spricht zu Hause nur Umgangssprache und Jargon. Käme es in ein Gymnasium, dann würde es auf eine sprachliche Barriere stoßen, weil es sich nicht so ausdrücken kann, wie es in dieser Bildungsstätte für die Hochschulreife und damit die höchsten Berufe erforderlich ist. Seine Sprache könnte dieses Kind also am sozialen Aufstieg hindern oder ihn gar unmöglich machen. Deshalb soll nach der Intention der neuen hessischen Deutschrichtlinien die Aufgabe des Unterrichts nicht mehr in der Einübung in die Hochsprache bestehen, sondern der Unterricht soll es Schülern unterschiedlicher Herkunft ermöglichen, miteinander zu reden. Dadurch werden sozial bedingte Chancenungleichheiten und Standesunterschiede abgebaut. In den Richtlinien heißt es dazu:

2. Sprecher: »Schüler unterschiedlicher sozialer Herkunft sollen lernen, unter Wahrung ihrer Bedürfnisse und ihrer Interessen miteinander zu kommunizieren. Die Schüler sollen lernen, Formen der Kommunikation hinsichtlich ihrer Funktion und im Hinblick auf das jeweilige Thema kritisch zu reflektieren . . . Es ist notwendig, die Schüler so vorzubereiten, daß sie in ihrem privaten, beruflichen und öffentlichen Leben nicht an den zur Zeit bestehenden Kommunikationsbarrieren scheitern . . . Die bestehenden Kommunikationsgrenzen sind Ausdruck gesellschaftli-

cher Unterschiede, Gegensätze und Widersprüche. Eine Schule, die sich den vom Grundgesetz geforderten Entwicklungszielen verpflichtet weiß, muß die Schüler in den Stand setzen, diese Zusammenhänge in ihrer Bedeutung für ihr eigenes Leben und für die Entwicklung dieser Gesellschaft zu begreifen. Damit wird die notwendige Voraussetzung einer bewußten und verantwortlichen Parteinahme für diese Entwicklungsziele geschaffen.«
Autor: Für den konkreten Unterricht bedeutet dies zum Beispiel, daß Schüler lernen, frei zu sprechen; die freie Rede nämlich ist eine wesentliche Voraussetzung dafür, daß sich jemand an einer Diskussion beteiligen kann. Es bedeutet auch, daß Schüler bestimmte sprachliche Ausdrucksweisen üben, weil sie so erkennen lernen, wann jemand etwa ein affektbestimmtes Sprechen als ein bewußtes Mittel der Argumentation einsetzt. Es bedeutet schließlich auch, daß Schüler lernen, selber sprachlich so zu argumentieren, daß sie verstanden werden und ihre Absicht erreichen. Solcher oder ähnlicher Deutschunterricht macht den Schülern ihre eigenen Probleme zum Gegenstand sprachlicher Betrachtung. Das ist im Sinne der Rahmenrichtlinien; doch diese wollen noch mehr: sie regeln außer der mündlichen Kommunikation auch die schriftliche.
1. Sprecher: Bisher war und ist es so, daß Übungen im schriftlichen Gebrauch von Sprache fast ausschließlich dazu dienen, stilistisch gut, normgerecht und treffend schreiben zu lernen. Bestimmte Formen werden daher in der Schule fortwährend trainiert: Erlebnisaufsatz und Bericht, Schilderung, Beschreibung, Nacherzählung oder Inhaltsangabe. Das sind freilich Muster, die Schüler in ihren späteren Berufen fast nie oder doch nur selten gebrauchen. Was sie dagegen benötigen, lernen sie nicht: etwa Korrespondenz mit Behörden, Schriftverkehr mit Betrieben, das Ausfüllen von Formularen, das Abfassen von Bewerbungsbriefen, Gutachten, Stellungnahmen. Aus der seit langem bekannten Diskrepanz zwischen dem vermittelten Schulstoff und den beruflichen Erfordernissen ziehen die Rahmenrichtlinien die Konsequenz. Sie bestimmen:
2. Sprecher: »Die bisher üblichen schriftlichen Übungsformen . . . müssen aufgegeben werden. Sie unterwerfen den Schüler sinnlosen Zwängen in Form ihrer Regeln, deren Funktion nicht einsehbar zu machen ist und deren Verwendung von keinen realen Notwendigkeiten bedingt ist.«
1. Sprecher: Ähnliches gilt für die Rechtschreibung. Die Autoren

der Deutschrichtlinien gehen davon aus, daß das grammatikalisch richtige Schreiben in Schule und Öffentlichkeit überbewertet wird, der hohe Rang sei durch nichts begründet. Ohnehin gilt: fehlerlos schreibt doch nur, wer den Duden beständig unter dem Arm trägt. Obwohl im Deutschunterricht ein sehr großer Anteil der verfügbaren Zeit auf reine Sprachthemen wie Trennung, Groß- und Kleinschreibung, Dehnung, Kommasetzung verwendet wird, beherrscht kein Schüler alle Regeln, und kaum ein Lehrer kennt sich mit allen Ausnahmen und Tricks aus. Die Regeln bewirken, daß Schüler an ihrer Muttersprache und an Deutschzensuren häufiger scheitern als an Mathematik. Etwa ein Drittel aller Fehler in Diktaten und Aufsätzen beruht allein auf der oft unsinnigen Bestimmung zur Groß- und Kleinschreibung.

2. Sprecher: Wie kompliziert die deutsche Sprache ist, läßt sich an vielen Beispielen belegen. Es ist durchaus nicht so, daß es sich dabei um spezielle Fälle oder Formulierungen handelt; die Schwierigkeiten fangen mit der ganz alltäglichen Gebrauchssprache an, etwa mit dem Satz: »Das ist das Beste, was ich dir bieten kann.« In diesem Fall wird das »Beste« groß geschrieben, denn es wird als Substantiv gebraucht, und ein Nebensatz mit »was« ist angeschlossen. Anders dagegen in dem Satz: »Es ist das beste, jetzt gleich die Schularbeiten zu machen.« Hier wird das »beste« klein geschrieben, denn es handelt sich um ein Adjektiv, für das man auch »am besten« sagen kann. Oder der Satz: »Ich spreche deutsch.« Das Wort »deutsch« muß man klein schreiben, wenn die Frage: wie spreche ich? gestellt werden kann; man muß es dagegen groß schreiben auf die Frage: was spreche ich? Oder: »Ich fahre rad« – klein; aber: »Ich fahre Auto« – groß. Frankfurter Würstchen – mit einem großen F; westfälischer Schinken – aber mit einem kleinen w. Mit Bezug auf – groß; in bezug auf – klein; zum erstenmal – klein und zusammen, aber: zum ersten Male – groß und auseinander.

1. Sprecher: Für die Groß- und Kleinschreibung gibt es 78 Regeln, für den Bindestrich existieren 50 und für das Zusammen- und Getrenntschreiben sogar 83. Und alle sind bei den Schülern ebenso unbeliebt wie gefürchtet. Dennoch gehören sie zum Schulalltag. Der grammatische Paukunterricht ist ein fester Bestandteil in jedem Stundenplan, solange der Grundsatz gilt, Schüler müßten lernen, richtig zu schreiben. Das müssen sie auch, aber nur bis zu einem gewissen Grad, Orthographie darf nicht zum Selbstzweck ausarten, wie das bei uns der Fall ist. Nicht selten dient zudem

selbst das Büffeln von trocknen Grammatikregeln der Erziehung zum Glauben an traditionelle Wertvorstellungen. Wie sehr sich beide Bereiche im Deutschunterricht miteinander verquicken können, zeigt ein kurzes offizielles Diktat für das vierte Schuljahr. Es heißt »Gottesdienst« und stammt aus dem in Schleswig-Holstein verwendeten Sprachbuch »Lebensnahe Diktate«:
2. Sprecher: »Unser Ort hat eine schöne große Kirche. Gern gehen wir dorthin zum Gottesdienst. Besonders, wenn sonntags die Glocken zum Kirchgang rufen, kommen viele Leute von allen Straßen und Plätzen im Gotteshaus zusammen. Meistens sind dann alle Bankreihen in der Kirche dicht besetzt. Die Plätze für uns Kinder sind vorn am Altar. Da stehen zu beiden Seiten des Mittelganges kleinere Bänke. Von hier aus können wir den Priester am Altar gut sehen und dem Verlauf des Gottesdienstes leicht folgen. Alle Kinder unserer Schule beten und singen fleißig mit.«
Autor: Grammatisch geht es in diesem Stück um das lange »a« wie in Altar und um die Schreibung von Tageszeiten und Tagesnamen wie »sonntags«. Inhaltlich geht es um die Ideologie einer heilen Welt im Sinne jener Erziehungsziele des Guten, Wahren und Schönen. Hier wird eine religiöse Idylle vorgespiegelt, die mit der Lebenswirklichkeit der Kinder fast nichts mehr zu tun hat. Hier werden an untauglichen Inhalten untaugliche grammatische Regeln geübt. Wie oft Schüler auch mit solchen Texten und mit der Grammatik konfrontiert werden – keiner von ihnen beherrscht am Ende die Orthographie. Und auch kein Erwachsener tut es. Selbst Germanistikstudenten und Deutschlehrer bringen Diktate mit raffinierten Schwierigkeiten nicht ohne Fehler zu Ende. Dennoch hält die Gesellschaft krampfhaft an der Fiktion des richtigen Schreibens fest. Wer dabei ertappt wird, daß er orthographisch falsch schreibt, der gibt sich eine gefährliche Blöße und wird sofort scheel angesehen. Der renommierte Aachener Linguist Hans Glinz urteilt über den hohen Statuswert der Rechtschreibung treffend:
2. Sprecher: »Ein Nicht-Beherrschen der Rechtschreibung ist für weite Kreise ein schlimmeres Vergehen als Trunkenheit am Steuer. An der Beherrschung der Rechtschreibung mißt man noch weithin die Intelligenz, die geistige Kraft eines Menschen überhaupt. Es gibt für viele Leute keine stärkere Disqualifizierung eines Menschen als den Satz ›Er kann nicht einmal einen Brief orthographisch richtig schreiben‹. Wer das nicht kann, so urteilt man, der ist überhaupt geistig nicht ernst zu nehmen.«
1. Sprecher: In Hessen soll Rechtschreibung nur noch als ein

»sekundärer Bereich« angesehen werden und mangelhafte Leistungen sind kein Grund mehr dafür, einen Schüler zu benachteiligen, wenn er im übrigen über genügende sprachliche Fähigkeiten verfügt. Dazu gehört auch der Umgang mit literarischen Texten. Das Problem Literatur im Unterricht ist eines der zentralen Anliegen der Richtlinien. Bisher ist es so, daß Lehrer im Deutschen vor allem behandeln, was als wertvolle nationale Dichtung angesehen wird. Dazu gehören zum Beispiel Schillers »Maria Stuart«, Goethes »Götz«, Lessings »Minna«, Hauptmanns »Weber«, Storms »Schimmelreiter«, Ebner-Eschenbachs »Krambambuli«. Listen mit diesen und ähnlichen Titeln gibt es seit eh und je in allen Bundesländern. Sie werden von Zeit zu Zeit überarbeitet, sind im Kern aber immer gleich geblieben.

2. Sprecher: In Hessen soll es nicht mehr ausschließlich darum gehen, Kinder mit einem solchen Kanon vertraut zu machen. Ziel ist vielmehr, so heißt es in dem neuen Lehrplan, »den Anspruch und die Bedeutung unterschiedlicher Texte im gesellschaftlichen Leben zu bestimmen«, und ausdrücklich wird hinzugefügt: »Das bedeutet nicht den Ausschluß von Literatur, sondern eine Neubestimmung ihres Stellenwertes.«

1. Sprecher: Den Schülern sollen die Stücke also nicht einfach vorgelegt werden, damit sie lesen, was schon immer gelesen wurde. Statt dessen sollen ihre Bedürfnisse und Interessen bei der Auswahl der Texte mit berücksichtigt werden. Außerdem werden neben der Dichtung auch Gebrauchs- und Funktionstexte behandelt, also Radio- und Fernsehmanuskripte, Filmbücher und Werbetexte, Zeitungsartikel, wissenschaftliche Aufsätze und ebenfalls die Sprachblasen der Comics. Das sind schriftliche Äußerungen, mit denen Schüler ständig konfrontiert werden und mit denen sie später einmal zu tun haben. So wird versucht, einen realitätsbezogenen Unterricht im Fach Deutsch zu verwirklichen. Und in ähnlicher Weise wurde auch für einen anderen sehr umstrittenen Fächerbereich eine neue Konzeption entworfen, für Geschichte, Geographie und Sozialkunde.

Autor: Die Diskussion um Funktion und Notwendigkeit dieser Disziplinen hält seit vielen Jahren an. Sie wird erbittert geführt und derart viel wurde inzwischen darüber publiziert, daß ein Überblick über die einzelnen Positionen kaum noch möglich ist. Die allgemeine Tendenz besteht darin, aus historischen, geographischen, sozialkundlichen und gegenwartsbezogenen Themen ein neues Fach zu bilden, die politische Bildung oder einfach

Politik. In Hessen wurde mit diesen Bestrebungen ernst gemacht und ein neuer Name gewählt: Gesellschaftslehre. An keinem anderen Fach wird die Absicht der hessischen Unterrichtsreform so deutlich, die Schüler auf ihre spätere gesellschaftliche Existenz in einem demokratischen und sozialen Rechtsstaat vorzubereiten. Die Richtlinien formulieren das in aller Klarheit:

2. Sprecher: »Oberstes Lernziel ist, den Schüler zur Teilnahme an der produktiven Gestaltung gesellschaftlicher Realität zu befähigen . . . Es ist die Befähigung zur Selbst- und Mitbestimmung . . ., die Bereitschaft, für eine Verwirklichung der Demokratie in allen Bereichen der Gesellschaft einzutreten . . . Es ist die Loyalität gegenüber dem Grundgesetz. Diese Loyalität wird zur kritischen Loyalität, indem sie Verfassungswirklichkeit am Grundgesetz mißt. Kritische Loyalität meint, daß sich auch eine demokratische Gesellschaft wahrscheinlich immer in einem Zustand befindet, der zu Reformen, zur kritischen Wachsamkeit gegenüber Machtmißbrauch und zur Kontrolle von Formen der Machtausübung zwingt.«

Autor: Diese Zielvorstellung hat notwendigerweise zur Folge, daß die einzelnen Elemente des Faches Gesellschaftslehre, vor allem Geschichte und Erdkunde, stark zurückgedrängt werden. Was historisch oder geographisch für gesellschaftliche Probleme der Gegenwart nicht von Bedeutung ist, hat im Unterricht nur noch selten etwas zu suchen. Trotzdem wird weder die Historie noch die Geographie aus der Schulstube vertrieben, wie einige in den Lehrplänen vorgeschlagene Unterrichtsthemen deutlich zeigen.

1. Sprecher: Es geht um Kinderarbeit, ein Thema, zu dem eigentlich jeder Schüler von der Mittelstufe an eine Beziehung hat. Es ist also ein für Jugendliche ausgesprochen angemessenes Problem. Und doch bietet sich sehr leicht die Möglichkeit, diesen Stoff auch historisch zu vertiefen, indem der Lehrer die heutige Problematik um geschichtliche Beispiele erweitert, das heißt um Themen wie Erziehung im antiken Sparta, ritterliche Erziehung im Mittelalter, Ausbildung zur Zeit der Zünfte, Kinderarbeit in der Industrialisierung im 19. Jahrhundert. Das sind Stoffe, die sich als geschichtlicher Längsschnitt anbieten und die es auch ermöglichen, geographische Aspekte zu behandeln.

2. Sprecher: Oder das Thema »Gastarbeiter in der Bundesrepublik«. Es gehört in den größeren Zusammenhang des Problems Minderheiten. Deshalb läßt es sich unschwer kombinieren mit Erscheinungen wie: Christen im Altertum, Juden im Mittelalter,

Indianer und Neger in Amerika. Oder das Thema »politische Formen des jugendlichen Protestes«. Zu den Fragen: Warum und wann kam es dazu? Was haben die Träger der Aktionen gefordert und was haben sie erreicht? Wie war der Protest organisiert? lassen sich so unterschiedliche Erscheinungen behandeln wie die Studentenrevolte, die Schülerbewegung, Kinderläden, Bürgerinitiativen und Burschenschaften, Sturm und Drang und Junges Deutschland.

Autor: Das sind einige Beispiele. Sie zeigen, wie der bisherige von keinem Lehrer zu bewältigende chronologische Durchgang durch die Geschichte von der Steinzeit bis zum Berlin-Abkommen durch exemplarische Themen abgelöst werden könnte. Diese sollen im Unterricht so organisiert werden, daß die Schüler an der Auswahl, Planung und Durchführung teilnehmen. Denn Selbst- und Mitbestimmung als oberste Lernziele beziehen sich nicht nur auf den Inhalt des zu Vermittelnden, sondern auch auf die äußere Form. Ähnliche Anliegen verfolgen die hessischen Rahmenrichtlinien in allen Fächern. Sie stellen also insgesamt das imposante Unternehmen dar, eine generelle Unterrichtsreform einzuleiten. Sie versuchen tatsächlich, den schulischen Auftrag so zu verwirklichen, wie er in der Verfassung niedergelegt ist.

1. Sprecher: An den neuen Lernplänen haben Kommissionen jahrelang gearbeitet. Im Anfang lag die Kompetenz mehr bei Lehrern und Wissenschaftlern, später hat sich das Kultusministerium immer stärker eingeschaltet, was zu beträchtlichen Spannungen geführt hat. Alle Betroffenen aber, die Lehrer, Eltern und Schüler, haben in irgendeiner Weise am Entstehen der Richtlinien mitgewirkt oder zumindest mitdiskutiert. Und alle maßgeblichen Organisationen haben dafür gestimmt, daß die Pläne mindestens ein Jahr lang freiwillig erprobt werden. Trotzdem ist es zu einem äußerst heftigen Streit über das Unterrichtswerk gekommen. Insbesondere hat sich die F.D.P., die zusammen mit der SPD in Wiesbaden regiert, nachdrücklich dagegen ausgesprochen. In die Schußlinie geraten sind vor allem die Deutschlehrpläne; sie haben inzwischen eine bundesweite Diskussion entfacht. Im wesentlichen werden drei Vorwürfe erhoben. Erstens: Die Richtlinien erziehen zur marxistischen Indoktrination und zum Klassenkampf.

2. Sprecher: Diese Anschuldigung wurde von der F.D.P. erhoben und dann öffentlich aufgegriffen. Inzwischen wird sie kaum noch ernsthaft vertreten, da es sich herausgestellt hat, daß die Richtlinien einfach keine Handhabe für einen solchen Vorwurf hergeben. Weiter wird gegen sie eingewendet:

1. Sprecher: Die Hochsprache darf nicht abgeschafft werden; sie ist ein unabdingbarer Bestandteil des nationalen und kulturellen Lebens, auf sie kann einfach nicht verzichtet werden. Und damit hängt der dritte Vorwurf eng zusammen: Die Dichtung soll aus dem Unterricht vertrieben werden. – Diese beiden Vorwürfe resultieren aus der Angst vor dem Verlust des nationalen literarischen Kulturerbes. Das ist nicht ganz unverständlich, obwohl ein derartiger Bruch mit der Tradition von den Rahmenrichtlinien nicht gewollt wird. Sie wollen lediglich eine Verlagerung der Unterrichtsschwerpunkte erreichen von den bisherigen traditionellen Elementen hin zu demokratisch gesellschaftlichen Problemen. Dennoch sind sie in einigen Punkten zu ungenau, mißverständlich und nicht vollständig genug formuliert. Die Sprache der Richtlinien wird nicht zu Unrecht als zu soziologistisch kritisiert. Radikale linke Pädagogen könnten sich durch die neuen Lehrpläne zudem veranlaßt sehen, einen systemüberwindenden marxistischen Unterricht zu geben. Diese Gefahr freilich schließen auch die Lehrpläne in keinem anderen Land aus.

Autor: Die hessische Unterrichtsreform darf also insgesamt als der Versuch gelten, die wissenschaftlichen Erkenntnisse pädagogischer und soziologischer Forschungen der letzten Jahre in die Praxis umzusetzen und dadurch eine neue Bildung einzuleiten. Das bedeutet einen weitgehenden Abschied von der Tradition, und daß dies nicht ohne lauten Protest vonstatten geht, versteht sich im Grunde von selbst. Im übrigen ist Hessen lediglich das Bundesland, in dem die Curriculumrevision am weitesten vorangetrieben wurde; es ist längst nicht das einzige, in dem neue Lehrpläne bevorstehen. In allen Bundesländern wird in vielfältiger Weise an der Unterrichtserneuerung gearbeitet. Es gibt keinen Schultyp, bei dem sich in letzter Zeit nicht etwas geändert hätte, kein Fach, dessen Inhalte nicht wenigstens partiell umgewandelt wurden. Die Reform fing damit an, daß der Deutsche Ausschuß für das Erziehungs- und Bildungswesen bereits 1954 feststellte:

2. Sprecher: »Die Bildungspläne der deutschen Höheren Schule sind den Umwälzungen nicht nachgekommen, die den Zustand und das Bewußtsein der Gesellschaft und des Staates verändert haben. Sie haben die Prägungen weithin festgehalten, die aus vergangenen geistigen, wirtschaftlichen und politischen Verfassungen stammen.«

Autor: Seitdem, also seit etwa zwanzig Jahren, wird an den Inhalten von Schule und Unterricht kuriert, werden immer neue Antworten auf die Frage versucht: Was, wie und wozu lernen unsere Kinder eigentlich? An der Diskussion beteiligen sich alle möglichen Stellen, Gremien und Personen. Die Kultusminister haben vielfache Vereinbarungen, Empfehlungen und Beschlüsse getroffen: über die Stellung der naturwissenschaftlichen Fächer, über neuen Mathematikunterricht als Mengenlehre, über eine liberalere Sexualerziehung, über ein neues Fach Arbeitslehre in der Hauptschule, über technologische Unterrichtsmethoden und über vieles andere mehr. Einzelne Schulen, und vor allem Gesamtschulen, haben neue Pläne erarbeitet, einzelne Lehrer aller Schularten experimentieren mit neuen Unterrichtsformen. Und zahlreiche Wissenschaftler in den Hochschulen haben die Curriculumforschung zu ihrem Spezialgebiet gemacht und eine unübersehbare Fülle von Einzelvorschlägen unterbreitet: Mit dem Berliner Modell des Bildungsforschers Saul Robinson fing es an. In Berlin befaßte man sich dann vor allem mit der Analyse von Lebenssituationen, um Qualifikationen herauszufinden, die zu deren Bewältigung erforderlich sind. Inzwischen gibt es mehrere Curriculum-Gruppen in der ganzen Bundesrepublik.
1. Sprecher: Die Münsteraner Gruppe beschäftigt sich insbesondere mit einzelnen Aspekten der politischen Bildung und der Pädagogik. Die Konstanzer Gruppe entwickelt spezielle Lernziel- und Orientierungstests. Die Bielefelder Gruppe um Hartmut von Hentig projektiert eine Laborschule. Hentig hat im übrigen auch den bislang umfassendsten Lernzielkatalog für die Gesamtschule entworfen. Er verfolgt dabei einen ähnlichen Ansatz wie die Hessen mit ihrer Reform. Seine Grundthese lautet: »Die Lernziele werden im Blick auf die Gesellschaft gesetzt . . . Dabei geht es selbstverständlich nicht um die bloße Erfüllung von sogenannten Bedürfnissen der Gesellschaft, sondern darum, die gesellschaftliche Existenz zugleich zu ermöglichen und sie zu kritisieren und zu verändern.«
2. Sprecher: Alles dies sind unkoordinierte, vereinzelte Maßnahmen. Keine dieser Bemühungen hat sich bisher im größeren Rahmen durchsetzen können. Die entscheidenden Anstöße zur Unterrichtsreform sind stets von staatlichen Stellen ausgegangen, und kein Politiker hat sie bislang so energisch vorangetrieben wie Hessens Kultusminister Ludwig von Friedeburg. Die heftige Kritik, die seitdem gegen ihn und die Rahmenrichtlinien vorgebracht

wird [und die zu seinem Rücktritt geführt hat], zeigt freilich deutlich, wie stark die Widerstände trotz der langjährigen und zahlreichen Einzelforschungen auf dem Gebiet der Curriculumrevision noch gegen eine generelle Unterrichtserneuerung sind.
Autor: Warum das so ist, warum moderner Unterricht nur so schleppend in die Klassenzimmer einzieht, das hängt letztlich mit der Rollenfunktion der Schule und dem Stellenwert der Bildung in dieser Gesellschaft zusammen. Erziehungs- und Bildungsprobleme werden weithin als Randthemen angesehen; Bildungspolitik galt und gilt trotz der Studenten- und Schülerrevolte nicht als das, was sie im Grunde ist: ein Zentralbereich der Innenpolitik. Man kann diesen Sachverhalt vielleicht – wie es gelegentlich geschieht – auch auf die einfache Formel bringen: Dies ist eine kind- und bildungsfeindliche Gesellschaft, die für die Schule gerade so viel tut, daß der Unterricht nicht vollständig zusammenbricht. Dennoch zeigt das Beispiel Hessen, daß eine Revision des Unterrichts und eine Veränderung der Schule möglich sind. Eine neue Bildung zeichnet sich ab. Und sie ist dringend notwendig für jeden einzelnen wie für die gesamte Gesellschaft. Ob dieser Staat demokratisch und sozial organisiert wird, das entscheidet sich vor allem auch in seinen Schulen. Welchen Sinn und welche Ordnung sich diese Gesellschaft gibt, das ist nach einem Wort von Bundespräsident Gustav Heinemann »die große Aufgabe jeder Generation aufs neue«. Die Weichen für die gesellschaftliche Entwicklung werden schon in den Schulstuben gestellt. Deshalb ist es so wichtig, was, wie und wozu unsere Kinder lernen.

(Norddeutscher Rundfunk, III. Programm, 20.4.73)

So macht das Lernen mehr Spaß

Im Wiesbadener Helene-Lange-Gymnasium werden die neuen Rahmenrichtlinien für den Deutschunterricht erprobt

Die erste Stunde in der »Helene-Lange-Schule« in Wiesbaden: In der Unterprima läuft ein Projekt in Gesellschaftslehre über Einkommen und Vermögen in der Bundesrepublik. Den Stoff liefert unter anderem ein ZEIT*magazin* über Geldanlage mit der These: »Uns geht es gegenwärtig besser als je zuvor.« Stimmt das eigentlich? fragt Studienrat Michael Wojahn; 17 Mädchen beginnen, sich über die soziale Struktur der Gesellschaft zu unterhalten, in der sie leben.

Die zweite Stunde: In der Untertertia leitet die 13jährige Dagmar den Deutschunterricht, während die Lehrerin Enja Riegel zwischen den Schülerinnen sitzt und sich meldet, wenn sie etwas sagen will. Dreißig Mädchen diskutieren völlig selbständig und diszipliniert. Sie suchen Kriterien, nach denen sie einen Zeitungsartikel beurteilen können. Sie formulieren: »Mit welcher Absicht und in wessen Interesse wurde der Beitrag geschrieben? Welche Fangwörter enthält er?«
Am Nachmittag: In einer Konferenz beschließen Lehrer für Geschichte, Geographie und Sozialkunde, daß sie jetzt Themen wie Sparen und Vermögensbildung häufiger durchnehmen wollen: Konsum, Urlaub, Wohnen, Altstadtsanierung – Probleme, die Schüler unmittelbar angehen. Ein Lehrer sagt: »Geschichte, wie ich sie auf der Uni gelernt habe, kann man ersatzlos streichen.« Deshalb wollen die Pädagogen sie nicht in dieser Form weitergeben: Im nächsten Schuljahr erhalten die Klassen vier Stunden Gesellschaftslehre pro Woche.
Scheinbar ist das schulischer Alltag; in Wirklichkeit leisteten die Lehrer und Schüler pädagogische Pionierarbeit: indem sich heranwachsende Jugendliche mit aktuellen Problemen ihres eigenen Lebensbereichs statt mit vergangener Historie beschäftigten; indem Schulkinder ihren Unterricht selber bestimmen und sich allein darauf einigen, was und wie sie lernen wollen; indem Pädagogen beschließen, junge Menschen vorrangig auf ihre spätere Existenz vorzubereiten.
So will es die Schulobrigkeit in Hessen, der Kultusminister Ludwig von Friedeburg. Wie künftig in den Schulen des Landes unterrichtet werden soll, steht in neuen Lehrplänen, die seit einigen Wochen jeder Lehrer der Primarstufe (erstes bis viertes Schuljahr) und der Sekundarstufe I (die Klassen fünf bis zehn der Haupt-, Real- und Oberschulen) für seine Fächer in der Hand hält, in den »Rahmenrichtlinien«. Äußerlich sind das 27 Loseblatt-Sammlungen für 27 Fächer (einige fehlen noch) – 2,5 Kilo papierene pädagogische Theorie, immerhin ein furchterregendes Konvolut.
Tatsächlich sind solche Unterlagen die Basis für ein neues Lernen und das Herzstück jeglicher Schulreform in der Bundesrepublik. Sie vollzieht sich in drei Bereichen: Weiterführende Haupt-, Real- und Oberschulen müssen zusammengelegt und als Gesamtschulen integriert werden – davon gibt es jetzt rund 130; zweitens: Lehrer müssen statt für die vertikal gegliederten Schularten für die horizontalen Schulstufen (Primar-, Sekundarstufe I und II) ausge-

bildet werden – das gibt es bereits in Ansätzen, und kürzlich haben sich die Kultusminister der von SPD und F.D.P. regierten Länder entschlossen, den Stufenlehrer generell einzuführen; drittens: die hoffnungslos überalterten Lehrpläne müssen ersetzt werden – das geschieht jetzt in Hessen. Es ist das erste und bisher einzige Bundesland, in dem für fast alle Fächer von der ersten bis zur zehnten Klasse neu formuliert wurde, welche Ziele und Inhalte der Unterricht haben soll und welche Methoden und Medien angewandt werden – das besagen Lehrplanrichtlinien, die sogenannten »Curricula«.

Was in Hessen geschieht, ist ein gigantisches Unternehmen: Ungefähr 27000 Lehrer müssen umlernen, etwa 600000 Schüler und damit 1,2 Millionen Eltern sind davon betroffen. Die Aufgabe, die nun geleistet werden muß, ist gewaltig: Was an theoretischen Konzepten in den vergangenen vier Jahren formuliert wurde, muß jetzt in der täglichen Schularbeit in Unterrichtspraxis umgesetzt werden.

Die Studienrätin Enja Riegel tut das. In den Richtlinien für Deutsch heißt es: ». . . daß der Unterricht nicht dem Erwerb spezieller literarischer Kenntnisse oder der Einführung in einen Kanon wertvoller Dichtung dienen soll«, sondern die Schüler befähigen muß, Texte des täglichen Umgangs »richtig zu rezipieren und zu verwenden«, um sie darauf »vorzubereiten, daß sie in ihrem privaten, beruflichen und öffentlichen Leben nicht an zur Zeit bestehenden Kommunikationsbarrieren scheitern«; dabei sollen sie möglichst selbständig arbeiten.

Die Praxis in der Untertertia 8b der »Helene-Lange-Schule«: Im »Wiesbadener Kurier« ist ein Artikel über den Plan erschienen, in unmittelbarer Nähe des Hotels Rose einen Kinderspielplatz anzulegen. Dagegen hat der Hotelier protestiert: er sei »bestimmt kein Gegner von Kinderspielplätzen, aber doch nicht hier an dieser Stelle!« Diese »Quelle des Lärms und anderer Belästigungen« würde »Gäste unseres Hauses« vertreiben, und außerdem sorge er sich um die Stadt, die alles daransetzen sollte, »ihren Ruf als Kurstadt« nicht zu verlieren. Mit diesem Artikel beschäftigt sich die Klasse in drei Abschnitten: Zunächst wurde der Text besprochen und als schriftliche Arbeit eine Inhaltsangabe geschrieben; dann wurden – in der Stunde, die ich miterlebte – Maßstäbe zur Bewertung dieser Aufsätze formuliert; schließlich korrigierten die Schülerinnen ihre Arbeiten in Gruppen selber und benoteten sie an Hand dieser Kriterien.

»Das ist der Umgang mit Texten, wie er in den Lehrplänen gefordert wird«, sagt Enja Riegel. Und dieses Verfahren kommt an: ihre Schüler haben sich die Richtlinien selber im Kultusministerium geholt und freiwillig darüber diskutiert, bevor sie danach unterrichtet wurden. Jetzt urteilen sie: Der neue Unterricht macht uns mehr Spaß als der alte; wir sagen unsere Meinung frei heraus, und wir lernen mehr und mit mehr Freude; wir werden selbständiger, weil wir oft allein beschließen und organisieren, was und wie wir lernen wollen.

Das sind symptomatische Urteile für die Schüler in Hessen. Sie haben – wie auch die Eltern und die Lehrer – intensiv an den Lehrplänen mitgewirkt, ihre Position in einer durchaus kritischen achtzigseitigen Broschüre dargelegt, die an alle Schulen versandt wurde. Und der Landesschulsprecher, der Unterprimaner Jan von Trott, sagt: »Wir begrüßen die Rahmenrichtlinien prinzipiell, obwohl aus unserer Sicht noch viele Dinge fehlen.«

Schüler und Lehrer stimmen weitgehend überein. »Die Richtlinien sind geradezu ideal für Lehrer, die Unterricht im Sinne des Grundgesetzes machen wollen«, meint die Studienrätin Enja Riegel. Die Deutschlehrer dieses Gymnasiums plädieren dafür, sie zu verwirklichen. »Insgesamt ist die Bereitschaft der Lehrer aller Schularten groß«, urteilt der Direktor der »Helene-Lange-Schule« Hubert Ivo, der seit sechs Jahren an den Lehrplänen mitarbeitet, die Fachkommission für die Deutsch-Richtlinien geleitet hat und jetzt an der Universität Frankfurt als Didaktikprofessor in der Lehrerausbildung tätig ist: »Die ist am vordringlichsten.« Dabei verschweigt Ivo nicht, daß die Schwierigkeiten an den Haupt- und Realschulen objektiv gravierender sind als in den Gymnasien: größere Klassen, weniger Unterrichtsmaterial und vor allem Schüler, die dem Lernen gegenüber ganz anders eingestellt sind.

Auch die Lehrerorganisationen sind für die Reform. »Grundsätzlich stimmen wir der jetzigen Erprobung zu«, so der Vorsitzende des – eher konservativen – Deutschen Lehrerverbandes Hessen, Josef Jung, der eine Grund- und Hauptschule in der Nähe von Limburg leitet und für rund 10000 Pädagogen spricht. Und Gustav Ludwig, der der Gewerkschaft Erziehung und Wissenschaft in Hessen vorsteht und rund 20000 Lehrer repräsentiert: »Wir bejahen die Erprobung voll, die neuen Lehrpläne sind wichtig und unerläßlich.«

Und so urteilen die Eltern: Susi Hübsch, die Geschäftsführerin des

Landeselternbeirats: »Wir sehen ganz klar, daß die Bildungspläne überarbeitet werden mußten; wir sind einstimmig dafür, daß sie jetzt erprobt werden.« Andererseits warnen sie die Verantwortlichen, nicht zu sehr vorzupreschen: »Man darf die Kinder nicht zerreißen«, sagt Frau Hübsch und meint, daß der Gegensatz zwischen dem, was sie in der Schule lernen, und dem, was sie in der Gesellschaft erleben, nicht zu groß werden darf. Und dabei bezieht sie sich vor allem auf zwei Fächer, auf Deutsch und Gesellschaftslehre.

Tatsächlich mag es manchem als zu radikaler Bruch erscheinen, was jetzt angestrebt wird, wenn er es mit dem vergleicht, was bislang gewollt wurde:

- in Deutsch ging es bisher um Dichtungsgut, perfekte Rechtschreibung, um Hochsprache und guten Stil – nun heißt es in den Richtlinien als oberstes Ziel, »die sprachliche Kommunikationsfähigkeit der Schüler ist zu fördern«; »die bisher üblichen schriftlichen Übungsformen . . . müssen aufgegeben werden, sie unterwerfen den Schüler sinnlosen Zwängen«; die Orthographie ist nur »ein sekundärer Bereich . . . mangelnde Rechtschreibeleistungen sind kein Grund für die Benachteiligung eines Schülers«;
- in Geschichte ging es bisher darum, »dem jungen Menschen zur Erkenntnis seiner innigen Verbundenheit mit dem Schicksal der Gemeinschaft, in die er gestellt ist, zu verhelfen« – nun wird aus Geschichte, Geographie und Sozialkunde das neue Fach Gesellschaftslehre, dessen »oberstes Lernziel die Befähigung zur Selbst- und Mitbestimmung ist«; die Schüler sollen erzogen werden zu einer »kritischen Loyalität gegenüber dem Grundgesetz« und befähigt werden, »im politischen und gesellschaftlichen Leben Partei zu ergreifen«.

So weit gehen andere Fächer nicht, und gegen ihre Zielsetzung hat die Mehrzahl der Eltern denn auch so gut wie nichts einzuwenden: daß die Schüler in Biologie lernen, »mit fortschreitender Höhe der Zivilisation wachsen die Gefahren für ein Überleben der Menschheit ständig«; daß sie sich in evangelischer Religionslehre etwa damit beschäftigen, »weshalb die Kirchen zeitweilig ihren Auftrag, Frieden zu schaffen, versäumten«; daß die Lernziele und der »Unterricht allgemein einen gesellschaftlichen Bezugsrahmen« haben sollen. Ähnlich hat Alexander Mitscherlich den Auftrag der Erziehung formuliert: in die Gesellschaft einüben und gegen sie immunisieren.

Vorschläge für Experimente mit Curricula wurden bereits in einer kaum überschaubaren Zahl gemacht und ausgeführt. Verlage und pädagogische Forschungsinstitute, zahlreiche Gesamtschulen und einzelne Wissenschaftler haben Pläne vorgelegt oder arbeiten daran.

Nur: Was bisher präsentiert wurde, unterscheidet sich erheblich sowohl darin, wie die Unterrichtsform institutionell organisiert wird, als auch darin, welche Ziele sie verwirklichen soll. Im Grunde geht es bei der Curriculumsdiskussion darum, daß 1945 auch die traditionellen Erziehungsideale zerschlagen waren und bis heute nichts an ihre Stelle getreten ist. Alle Versuche, hier Ersatz zu schaffen, blieben bislang Stückwerk: Wozu Lehrer ihre Schüler heute eigentlich erziehen sollen, das ist weithin eine offene Frage.

Vor diesem Hintergrund wird deutlich, welchen Sinn die Rahmenrichtlinien in Hessen haben als der erste umfassende Entwurf, eine neue Erziehung inhaltlich und formal zu begründen, »die die Schüler auf ihre künftige Rolle in der Gesellschaft vorbereiten«, wie Ludwig von Friedeburg sagt. Daß er damit an der Spitze aller Bundesländer liegt, weiß der Minister; und er weiß auch, daß die Diskussion längst noch nicht abgeschlossen ist: »Wir stehen am Anfang einer permanenten Revision der Lehrpläne.« Dennoch hofft von Friedeburg, daß »unser Beispiel andere Bundesländer ermutigt und unsere Arbeit auch für andere fruchtbar werden kann«.

(DIE ZEIT Nr. 49, 8.12.1972. – Dies war die erste Reportage über die Arbeit mit den Hessischen Rahmenrichtlinien überhaupt; am 31.1.1973 brachte die F.D.P. eine Große Anfrage im Wiesbadener Landtag ein, über die am 29.3.1973 debattiert wurde: das war der Beginn des heftigen politischen Konflikts um die Rahmenrichtlinien.)

Lehrer für Schulstufen

Die Ausbildung der Pädagogen muß reformiert werden: Stufenlehrer

Vater versetzt, Kinder sitzengeblieben. Das ist ein geflügeltes Wort, das die negative Seite des Kulturföderalismus in der Bundesrepublik aufzeigt: Von Land zu Land verschiedene Fremdsprachen, Fächerkombinationen und Versetzungsrichtlinien, unterschiedliche Lehrbücher, Lehrpläne und Leistungsmessung.

Was sich bisher vorwiegend für Schüler nachteilig auswirkte, könnte nun den Lehrern ebenfalls bevorstehen. Wahrscheinlich werden auch sie bald nicht mehr ohne weiteres von einem Land in das andere wechseln können. Denn obwohl das Grundgesetz die Regierungen in Bund und Ländern auf eine möglichst weitgehende »Einheitlichkeit der Lebensverhältnisse« festlegt, droht die Kluft im Bildungsbereich noch breiter zu werden: durch die Ausbildung der Pädagogen.

Seit 1969 bemühen sich die CDU- und SPD-Kultusminister in dieser Frage vergeblich um einen Konsens; mehr als fünfundzwanzig gemeinsame Zusammenkünfte haben keine Einigkeit erbracht. Deshalb entschlossen sich die Kultusminister der von der SPD oder von einer sozial-liberalen Koalition regierten Länder zu einer separaten Maßnahme. Sie unterzeichneten in Hamburg ein Abkommen, mit dem sie die Lehrerexamen in ihren Ländern gegenseitig anerkennen.

Hinter den Examen freilich verbergen sich »neue« Pädagogen. Statt Sonderschul- und Grundschullehrern, statt Haupt-, Real-, Ober- und Berufsschullehrern soll es nach dem Willen von SPD und F.D.P. künftig Stufenlehrer geben für die Primarstufe (Schuljahr 1 bis 4), die Sekundarstufe I (5 bis 10) und die Sekundarstufe II (11 bis 12/13). Auf jeder Stufe werden den Lehrern zwei Qualifikationen angeboten, das (einfache) Lehramt und das erweiterte Lehramt.

Das heißt (ohne alle Einzelheiten zu berücksichtigen):

- Primarstufe: für das Lehramt müssen ein Fach, ein fachübergreifender Lernbereich der Grundstufe und Erziehungswissenschaften in mindestens sechs Semestern studiert werden; für das erweiterte Lehramt: zwei Fächer, ein Lernbereich der Grundstufe, Erziehungswissenschaften, acht Semester.
- Sekundarstufe I: für das Lehramt zwei Fächer und Erziehungswissenschaften in sechs Semestern; für das erweiterte Lehramt zwei Fächer (davon eines »vertieft«) und Erziehungswissenschaften, acht Semester.
- Sekundarstufe II: für das Lehramt ein Fach »vertieft« und Erziehungswissenschaften, sechs Semester; für das erweiterte Lehramt zwei Fächer (davon eines »vertieft«) und Erziehungswissenschaften in acht Semestern.

Dies ist, verglichen mit früheren SPD-Plänen, ein Kompromiß. Es ist der überzeugendste aller bisherigen Entwürfe; der Vorwurf vom »Einheitslehrer« wird dadurch ad absurdum geführt. Das

Konzept ist die notwendige Konsequenz aus der Vereinbarung aller Kultusminister, Gesamtschulen einzuführen oder doch mit ihnen zu experimentieren. Wer Gesamtschulen befürwortet, muß auch den Stufenlehrer bejahen.

Ein wesentlicher Vorteil des Hamburger Planes besteht darin, daß er das Leistungsprinzip für Lehrer einführt. Jeder Pädagoge hat die Möglichkeit, wenigstens zwischen zwei Qualifikationen wählen zu können.

Damit wäre ein Anfang gemacht, die »Jahrhundertkämpfe« unter den Lehrern (Ralf Dahrendorf), die sich nicht zuletzt in den unterschiedlichen Gehältern ausdrücken, endlich abzubauen. Außerdem hätten auch einmal die Erkenntnisse Folgen, die besagen, daß es nicht leichter ist, einem Grundschüler das Schreiben beizubringen als mit einem Oberprimaner »Faust« zu lesen. Der Grundsatz pägagogischer Gleichwertigkeit auf allen Schulstufen würde weitgehend realisiert.

Der Hamburger Alleingang und die neue Konzeption werden von der F.D.P.-Bildungsexpertin Hildegard Hamm-Brücher ausdrücklich gutgeheißen, weil sich SPD und F.D.P. jahrelang »bis zur Selbstaufgabe« vergeblich um einen Kompromiß bemüht hätten. Die CDU dagegen kritisiert den Hamburger Vorstoß. Der rheinland-pfälzische Kultusminister Bernhard Vogel nannte das separate Vorgehen indigniert »ein einmaliges Beispiel in der bisherigen Geschichte des Kulturföderalismus« und sprach von einem »schweren Schaden« für die Reform der Lehrerbildung. Diese Aussage ist deshalb verständlich, weil die christlich-demokratische Partei ein anderes Lehrerkonzept vertritt.

Was die CDU/CSU-Länder wollen, haben sie im Bildungsgesamtplan in einem »besonderen Votum« niedergelegt:

- Lehramt der Primarstufe: ein Fach, Erziehungswissenschaften sechs Semester Mindestdauer.
- Lehramt der Sekundarstufe I: zwei Fächer, Erziehungswissenschaften, sechs Semester.
- Lehramt der Sekundarstufe II: zwei Fächer (davon eines »vertieft«), Erziehungswissenschaften in mindestens acht Semestern.

Damit würden zwei Lehrerstände mit unterschiedlichem Ansehen geschaffen. Bernhard Vogel: »Die zwei Laufbahnen sind auch besoldungsrechtlich klar und eindeutig definiert.« Die einen, die überwiegende Mehrzahl mit sechs Semestern, würden das Studienratssalär A 13 erhalten; die anderen, nur eine kleine Gruppe, würden mit A 14 entlohnt wie Oberstudienräte. Die CDU plädiert

also unter anderem für eine zahlenmäßig geringe, aber sehr angesehene und besser als alle anderen Pädagogen besoldete Oberstufen-Lehrer-Kaste.
An diesem Punkt wird besonders deutlich, weshalb die jetzigen Gymnasiallehrer im Philologenverband und im Deutschen Lehrerverband gegen das SPD/F.D.P.-Konzept stimmen und für den CDU-Plan votieren; durch ihn würde jedenfalls ein Teil ihres Standes erhalten bleiben.
Die meisten Bildungspolitiker der SPD und F.D.P. meinen, daß man mit wesentlichen Elementen der deutschen Schultradition brechen müsse, darunter auch mit den Standesunterschieden bei den Lehrern. Nach Ansicht des Hamburger Schulsenators Günter Apel (SPD) hat die CDU eine einheitliche Lehrerbildung seit Jahren »blockiert«. Deshalb sei es das Ziel des Abkommens, »diese Blockade zu durchbrechen«.

(DIE ZEIT Nr. 44, 3.11.72)

Die Fahne weht auf halbmast

Sieben Jahre Gesamtschule: Eine Bilanz von Vorzügen und Nachteilen nach einer Reise durch mehrere Bundesländer

Und das soll die Schule der Zukunft sein? Ich begleite die junge Lehrerin Margot S. zum Englischunterricht in einem siebten Schuljahr. Neben der Tür zum Klassenzimmer steht in großen roten Buchstaben: Frau S . . . ist eine elende Fickerin. Frau S. übersieht den Satz, der erkennbar schon seit längerer Zeit dort an der Wand steht.
Zerschlagene Stühle auf drei Beinen, zersplitterte Fensterscheiben, zerbrochene Garderoben; Tapeten hängen in Fetzen von den Wänden; elektrische Drähte ragen aus Steckdosen; Kaugummis sind massenweise in die Teppichfliesen der Fußböden getreten; Zigarettenkippen in Gängen und Fluren; weggeworfenes Papier direkt neben leeren Papierkörben; unerträglicher Lärm im Unterricht; Schüler, die in den Pausen auf dem Boden hocken, rauchen, Cola trinken, Skat spielen – das sind Impressionen aus Gesamtschulen, die ich in den letzten Wochen besuchte.
Sind das die Schulen, die einer begeisterten Generation von Lehrern, Eltern, Wissenschaftlern, Verwaltungsbeamten und Politikern vorschwebten, als sie Ende der sechziger Jahre darangingen,

das dreigliedrige Schulsystem durch die Gesamtschule zu ersetzen? »Die bessere Schule ist die Gesamtschule«, behauptete Erich Frister, der Vorsitzende der GEW. »Die Gesamtschule ist ohne Frage die Schule der Zukunft«, schrieb Hans Heigert, der Chefredakteur der »Süddeutschen«. »Die Gesamtschule überwindet die alte, privilegierende, schichtenspezifische Selektion«, verhieß der Frankfurter Pädagogik-Professor Erwin Schwartz – und viele, viele andere sagten dasselbe.

Die Integrierte Gesamtschule (IGS), in der die Klassen fünf bis zehn der Haupt-, Real- und Oberschulen völlig verschmelzen – und nur von dieser Form, nicht von der »additiven« Gesamtschule ist hier die Rede – wurde zum Glaubensbekenntnis für Parteien und Regierungen, für Pädagogen und Wissenschaftler, die mit ihrer Hilfe die Widersprüche zwischen den Garantien des Grundgesetzes und der gesellschaftlichen Wirklichkeit beseitigen wollten; die getrieben wurden vom moralischen Engagement für das Gute, Vernünftige und Demokratische. Allen voran trug jener Mann die Fahne des pädagogischen und gesellschaftlichen Fortschritts, der als »Vater der Gesamtschule« gilt, der Berliner Schulsenator Carl-Heinz Evers, der verkündete: Wir brauchen »eine neue Schule für eine neue Gesellschaft«.

Die gesellschaftspolitischen Postulate »Demokratisierung« und »Emanzipation« in pädagogische Praxis übertragen bedeutet, Schüler aus allen Schichten zusammen zu unterrichten, um so Gegensätze zwischen ihnen abzubauen (soziale Integration in Kerngruppen); mehr Gerechtigkeit verlangt, Kinder individuell zu fördern und sie nach ihren Lernfähigkeiten in unterschiedliche Gruppen einzuteilen (Differenzierung in Leistungskurse A, B, C und in Wahlpflichtkurse); größere Chancengleichheit ist erreichbar nur, wenn Schüler aus einem niedrigen Kurs in einen höheren aufsteigen können (Durchlässigkeit).

Dies Konzept blieb keine Theorie; wie erfolgreich es praktiziert wird, habe ich mehrfach miterlebt, zum Beispiel in der Walter-Gropius-Gesamtschule in Berlin. Der Lehrer Detlef Mittag hat für den Politikunterricht in einem Wahlpflichtkurs der 9. Klasse Zeitungen mitgebracht. Das beherrschende Thema darin ist Brandts Rücktritt und Guillaumes Rolle. Die 15 Schüler bilden vier Arbeitsgruppen, zwei Aufgaben werden gestellt, jede Gruppe kann wählen, entweder Fakten über den Kanzlerrücktritt zu sammeln oder einen Kommentar zu schreiben.

An der Ernst-Reuter-Schule I in Frankfurt macht der Lehrer

Günther Ehming Gesellschaftslehre mit 28 Schülern einer 9. Klasse. Thema: Lehrlingsausbildung. Die Schüler haben gerade ein Betriebspraktikum hinter sich; jetzt besprechen sie das Berufsbildungsgesetz und das Jugendarbeitsschutzgesetz. Begriffe wie Treuepflicht, Betriebshierarchie, Gesellschaftsordnung werden diskutiert.

An der Gesamtschule Garbsen bei Hannover testet der Lehrer Wolfgang Turban in Deutsch mit den Schülern einer 7. Klasse (Kerngruppe) Schreibwaren. Im Rundgespräch formulieren die Kinder, was sie prüfen wollen – Preis, Farbechtheit, Form, Belastbarkeit. Dann bilden sie mehrere Gruppen, jede erhält Filz-, Bunt- und Bleistifte, Kreiden, Kugelschreiber. Die Methoden ihrer Tests müssen die Schüler ebenso selbständig finden wie die Art, in der sie ihre Berichte abfassen. Am Ende der Unterrichtseinheit soll eine Tabelle stehen, aus der abzulesen ist, was wie gut ist oder wie wenig taugt – gedacht auch als Information für die herstellenden Firmen.

Eine Lehrerin redet mit Siebtkläßlern eine Stunde lang fast nur Englisch; Mittelstufenschüler vertreten frei und ohne Hemmungen gegenüber der Schulleitung ihre Interessen; ein Lehrer entschuldigt sich bei einem Schüler mit den Worten »Es tut mir leid, ich habe mich nicht richtig verhalten« – auch das Impressionen, die wiedergeben, wie es ebenfalls an Gesamtschulen aussieht.

Die erste Gesamtschule, die Gropius-Schule in Berlin, begann Ostern 1968 mit dem Unterricht. Sieben Jahre sind seitdem vergangen, Zeit genug für eine kritische Zwischenbilanz, denn in der Theorie gilt die IGS nach wie vor und eigentlich unbestritten als ideal. Im Ausland, in England, Frankreich, Schweden, der DDR ist sie zudem zur Regelschule geworden. Bei uns dagegen blieb sie mengenmäßig bisher nur eine *quantité négligeable*: Gerade 117 Integrierte Gesamtschulen mit ungefähr 70000 Schülern gibt es, davon nur zwölf in CDU/CSU-regierten Ländern. (Von der pädagogisch optimalen Gesamtschule als Ganztagsschule existieren gar nur 40.) [Die neuesten Zahlen vom Oktober 1976: 138 kooperative Gesamtschulen mit 150000, 156 integrierte mit 170000 Schülern, davon 73 integrierte Ganztags-Gesamtschulen.] Das ist fast ein Nichts gegenüber den etwa 2000 Gymnasien mit 1,7 Millionen Schülern und den rund 25000 Haupt- und Realschulen mit 3,5 Millionen Schülern.

Dennoch sind von den Gesamtschulen Impulse für das gesamte Schulsystem ausgegangen, und zweifellos haben sie beeindrukkende Erfolge aufzuweisen. Fest steht, daß in ihnen insgesamt mehr Kinder und vor allem mehr Kinder aus unteren Sozialschichten höhere Abschlüsse erreichen als im herkömmlichen Schulsystem. Der Leiter der Gropius-Schule Wolfram Flößner belegt diese Tatsache mit Zahlen, aus denen er folgert: »Eindeutig ist der Trend zur Anhebung des gesamten Ausbildungsniveaus; eine Benachteiligung unterer Sozialschichten kann nicht festgestellt werden.«

Sicher ist auch, daß sich das Klima an den IGS deutlich von dem traditioneller Schulen unterscheidet. Hierarchien werden abgebaut; Partnerschaft beginnt an die Stelle von Abhängigkeit zu treten; Angst und Überdruß nehmen erkennbar ab; Lehrer werden von Schülern häufiger positiv beurteilt; wo die Schüler mitbestimmen können, da nutzen sie diese Möglichkeit auch weitgehend. Zu diesen Ergebnissen kommt Professor Helmut Fend, der an der Universität Konstanz schulische Sozialisation erforscht und 4000 Schüler in zwölf Gesamtschulen befragen ließ. Zunächst liegen nur die Resultate einer Voruntersuchung vor, aber Fend ist überzeugt, daß die Hauptuntersuchung diese bestätigt.

Daß in Gesamtschulen täglich Kinder verschiedener sozialer Klassen miteinander lernen, wird auch von manchem Kritiker dieses Schultyps positiv bewertet. Als erwiesen darf zudem gelten, daß aus den IGS »andere« Schüler herauskommen, die nach dem Urteil des Hamburger Landesschulrats Wolfgang Neckel »offener und freier sind, die keine Arbeit scheuen, aber wissen wollen, warum sie sie machen, die Leistung bejahen, aber eine Begründung haben wollen«. Viele IGS-Lehrer habe ich ähnlich urteilen hören, und in einer Untersuchung von Schülern der Frankfurter Ernst-Reuter-Schule haben Lehrer und Soziologen »eine überdurchschnittliche Eigenständigkeit« erkannt: Die Kinder seien »sozial beweglicher, interaktionsbereiter und selbstsicherer«.

Die Untersuchung stellt weiter fest: »Es gibt Ansätze für den Abbau von Bildungsbarrieren«; »vorhandene Begabungsreserven werden vermehrt ausgeschöpft«; eine »relativ große Durchlässigkeit« ist gegeben. Hinzu kommt, daß Lehrer neue Methoden erproben; daß Schülerleistungen nicht mehr nur punktuell benotet, sondern kontinuierlich verfolgt und ausführlich beschrieben und erklärt werden; daß die IGS vielfach nicht mehr nur von einem Direktor, sondern von einer Gruppe von Lehrern kollegial geleitet werden, die auf Zeit gewählt sind; daß neue Fächer eingeführt und neue Unterrichtsmittel erarbeitet werden.

Für zahlreiche Politiker der SPD und F.D.P., für viele Lehrer und Wissenschaftler ist mit dieser positiven Bilanz die Diskussion über den Wert der IGS gelaufen. Für sie steht fest, daß diese Schule ihre Vorzüge bereits hinreichend bewiesen hat. Das Urteil des hessischen Kultusministers Ludwig von Friedeburg gilt für zahlreiche andere: »Die Zwischenbilanz der Gesamtschulentwicklung ist positiv!«

Ist sie das wirklich? Auf den ersten Blick zumindest kaum für denjenigen, der den Vandalismus der Schüler für das Hauptmerkmal der neuen Schule nimmt. Aber das ist er ja nicht; er ist beklagenswert, doch nicht charakteristisch und hoffentlich eine Übergangserscheinung. Gravierender ist, daß sich Lustlosigkeit und Widerwille auch unter Lehrern ausbreiten. Der Schwung der ersten Generation ist dahin, und dabei haben es die Gesamtschulen bisher nicht geschafft, die Isolation der Gründungsphase zu überwinden. Die Kooperation zwischen ihnen ist recht kläglich. Fast jede beginnt wieder da, wo alle einst anfingen, mit der »Urschlamm-Diskussion«, wie Insider sagen.

Die eine Gesamtschule differenziert nach einem Modell, das andere längst als überholt abgetan haben. Eine gemeinsame Plattform für Erfahrungsaustausch gibt es nicht. Das ist wohl das schwerstwiegende Versäumnis der Kultusminister, die sich nun einmal für die Erprobung der IGS entschieden haben, aber die Zusammenarbeit unter den Schulen offenbar fürchten. Auch die wissenschaftliche Begleitung, die in der Öffentlichkeit gern gerühmt wird, steht auf wackeligen Beinen und wird von manchem IGS-Lehrer verspottet.

Die Gesamtschulen haben bisher die Lehrpläne nicht generell erneuern können; die weitestreichenden Ansätze dazu, die Hessischen Rahmenrichtlinien, sind auch bei einigen IGS-Lehrern in anderen Ländern umstritten. Geschafft haben es die Gesamtschulen auch nicht, die Ausbildung der Lehrer wesentlich zu beeinflussen, was vielleicht die dringendste Aufgabe ist. Schlimmer noch: Die drei Essentials der IGS – soziale Integration, Leistungsdifferenzierung und Durchlässigkeit – funktionieren im pädagogischen Alltag längst nicht so reibungslos wie in der Theorie. Desillusionierend ist es, wenn Lehrer die tatsächlich schwachen Schüler der C-Kurse als »unser Proletariat« einstufen oder wenn sie bekennen: »Wer bis zur 8. Klasse nicht im B-Kurs ist, schafft es nie.«

Die Untersuchung an der Ernst-Reuter-Schule belegt, daß zwischen dem sozialen Status eines Schülers und seiner Leistung ein »signifikanter Zusammenhang« besteht. Mit anderen Worten und überspitzt: Die »dummen« C-Schüler kommen aus der Unterschicht, die »klugen« A-Schüler aus Mittel- und Oberschicht. Oder im Text der Untersuchung: »Von einer durchgängigen Beseitigung von Bildungsprivilegien kann kaum gesprochen werden« – mithin: die soziale Diskriminierung ist nicht aufgehoben. Die Integrierten Gesamtschulen sind also durchaus voll von ungelösten Problemen, die gern als Beweise für ihre prinzipielle Untauglichkeit benutzt werden. So steht beispielsweise für den Kölner Psychologie-Professor Josef Hitpass, der sich durch mehrere Publikationen als Gesamtschulfachmann ausgewiesen hat, fest: »Das Reformziel ›soziale Integration‹ ist bisher nicht nur nicht erreicht, es bewirkt Gegenläufiges.« Hitpass glaubt auch, daß »die beiden Hauptwesensmerkmale von integrierten Stufen ›Differenzierung und Durchlässigkeit‹ bewirken, daß die Bildungschancen der ›guten‹, meist aus der Mittel- und Oberschicht stammenden Kinder noch besser werden, daß die Bildungschancen der aus der Unterschicht stammenden Kinder aber noch schlechter werden«. Träfe das zu, dann wäre es ein vernichtendes Urteil für die Gesamtschule. Aber gegen diese Feststellung sprechen eindeutige empirische Belege ebenso wie tägliche Erfahrungen. Die Gesamtschule kann sich mit unbestreitbar positiven Leistungen legitimieren. Sie hat nicht versagt, das steht fest; aber sie hat auch nicht alle hochgespannten Erwartungen erfüllt und deshalb ihre Gegner nicht überzeugt. Die Gesamtschule bleibt umstritten; von CDU-Ministern wird sie zunehmend reglementiert, von Linksideologen wird sie als Leistungsschule des Spätkapitalismus attackiert. Dennoch wird ihr Ausbau in mehreren Bundesländern vorangetrieben. Dies Tempo sollte jedoch nicht über die Schwierigkeiten täuschen, die die Gesamtschulen haben. In Frankfurt sagten mir IGS-Lehrer: »Bei uns weht die Fahne auf halbmast« – keineswegs, weil die Gesamtschule »gestorben« sei, sondern zum Zeichen dafür, daß die naive Euphorie und der idealistische Glaube an diese Schulform vorbei sind. Den vernünftigsten Plan für die künftige Entwicklung der Gesamtschule habe ich in Hamburg von Landesschulrat Neckel gehört: »Wir brauchen ein paar Jahre Zeit, um die zahlreichen positiven Ansätze auszuwerten und für das gesamte Schulsystem fruchtbar zu machen. Gelingt uns das, dann bleibt die Gesamtschule die Schule der Zukunft.«

(DIE ZEIT Nr. 23, 31.5.74)

Statt alter Barrieren neue Schranken

Gesamtschullehrer über ihre Schulen: Eine Übersicht über die wichtigsten neuen Bücher

Zugegeben, der Fall ist recht unwahrscheinlich, aber unterstellen wir einmal, er würde eintreten: Die Kinder der Klofrau vom Hauptbahnhof in Hannover, die Söhne des Zahnarztes in Gummersbach und die Töchter des Werftdirektors aus Hamburg-Blankenese sollten in eine Klasse gehen und zusammen unterrichtet werden. Gibt es eine Schule für sie, in der jedes dieser Kinder aus den unterschiedlichen gesellschaftlichen Schichten optimal gefördert würde – gemäß seinen Anlagen und auch entsprechend den Wünschen seiner Eltern?

Zwei Antworten sind möglich. Erstens: grundsätzlich nein, denn Begabung und Interessen in den sozialen Klassen differieren so stark, daß notwendigerweise verschiedene Schultypen vorhanden sein müssen; zweitens: prinzipiell ja, denn angemessene individuelle Förderung und zugleich soziale Integration kann *eine* Schule sehr wohl leisten, die Integrierte Gesamtschule (IGS).

»In der Gesamtschule, in der Kinder aus allen Bevölkerungsschichten zusammen lernen, werden die sozialen Unterschiede auch für später abgebaut.« Dieser Ansicht stimmten 75 Prozent der Eltern und 60 Prozent der Lehrer zu, als das Münchner Institut Infratest im August 1974 im Kreis Wetzlar Mütter, Väter und Pädagogen nach ihrer Einstellung zur Gesamtschule (GS) befragte. Wetzlar bot sich an, denn nirgends sonst in der Bundesrepublik gibt es so viele Gesamtschulen wie dort, und mithin müßten die Betroffenen fundiert urteilen können.

Sie taten es so: Für das traditionelle dreigliedrige Schulsystem (Haupt-, Real-, Oberschulen) votierten nur sechs Prozent der Lehrer und 17 Prozent der Eltern, für Gesamtschulen jedoch 92 von hundert Lehrern und 81 von hundert Eltern. 73 Prozent der Eltern und 84 Prozent der Lehrer meinten, die GS vermeide, daß sich Schüler zu früh für einen späteren Ausbildungsgang entscheiden müßten, und 76 Prozent der Eltern und 70 Prozent der Pädagogen erklärten, das Leistungsniveau an der GS werde gesteigert oder bleibe doch zumindest gleich.

Kinder in Wetzlar, ihr habt es also besser! Das könnte man wirklich meinen, und die Freude müßte eigentlich groß sein. Gänzlich ungetrübt wäre sie jedoch nur, wenn die Infratest-Studie nicht vom Bildungsministerium in Bonn finanziert und die Ergebnisse nicht von der Regierung in Wiesbaden ausgerechnet wenige Wochen vor der Hessen-Wahl bekanntgegeben worden wären. So jedoch steht auch dem gutwilligen Interpreten Skepsis wohl an, und das um so mehr, weil andere punktuelle empirische Untersuchungen ebenfalls in Hessen ein anderes Bild von der GS und ihren Erfolgen zeichnen –

Margarete Bernhardt u. a.: »Soziales Lernen in der Gesamtschule – Eine empirische Untersuchung«; Juventa-Verlag, München 1974; 175 S., 14,– DM;

Gerold Dommermuth: »Eltern und Schüler in der Gesamtschule – Bericht aus der Praxis«; S. Fischer Verlag, Frankfurt, 1974; 188 S., 14,80 DM.

Frau Bernhardt und ihre pädagogischen und sozialwissenschaftlichen Kollegen haben an der Ernst-Reuter-Schule in Frankfurt, einem weit über die Grenzen Hessens hinaus bekannten integrierten System, herauszufinden versucht, wie das mit dem sozialen Lernen klappt, also mit der Partnerschaft unter den Schülern und zwischen ihnen und den Lehrern, mit dem Abbau sozio-kultureller Schranken, mit der emanzipatorischen Erziehung. Die Resultate sind differenziert, ambivalent und widersprüchlich; sie sind auch positiv, ergeben aber insgesamt unter dem Strich ein kaum überzeugendes Fazit.

Zwar ist es gelungen, Bildungsreserven zu mobilisieren; zwar *»gibt es Ansätze für den Abbau von Bildungsbarrieren«, »reflektiertes Verhalten in Konfliktsituationen«, »soziale Aktivität und Flexibilität«*; zwar zeichnen sich die Schüler der Ernst-Reuter-Schule *»durch eine überdurchschnittliche Eigenständigkeit«* aus und können auch *»als sozial beweglicher, interaktionsbereiter und selbstsicherer sowie ehrgeiziger in bezug auf die eigene Rangposition und kritischer gegenüber der Autorität gelten als gleichaltrige Schüler«* in Haupt-, Real- und Oberschulen. Aber *»eine soziale Diskriminierung«* besteht trotzdem fort; *»das Bildungsprivileg der höheren Schichten bleibt grundsätzlich erhalten«*, den schlechtesten Schülern wird im Durchschnitt auch am wenigsten Sympathie entgegengebracht; *»an die Stelle alter Barrieren sind neue diskriminierende Schranken getreten«: »Von einer durchgängigen Beseitigung von Bildungsprivilegien kann kaum gesprochen werden.«*

Daß entschiedene Befürworter der Gesamtschulidee und engagierte Praktiker der Gesamtschularbeit so viel objektive Kritik an ihrer Schule so vorbehaltlos äußern, spricht eigentlich sehr für sie, denn es gehört ja nicht viel dazu, sich auszurechnen, wie willkommen ihre schonungslose Kritik im Lager ihrer »Feinde« ist, bei denen selbstverständlich auch der Praxisbericht von Gerold Dommermuth aufmerksames Interesse findet.

Dommermuth ist Deutschlehrer an der hessischen Gesamtschule Bischofsheim und gleichfalls von großer Offenheit, obwohl seine Mitteilungen aus dem pädagogischen Alltag ebenfalls einen Mißerfolg der GS in einem entscheidenden Bereich benennen. Dazu muß man wissen: Die Schüler einer GS-Klasse werden in einigen Fächern wie Biologie, Chemie und Musik zusammen in einem Klassenverband unterrichtet; in anderen Fächern aber, in Deutsch, Mathematik, Englisch, werden sie in Neigungs- und Leistungsgruppen eingeteilt (differenziert), in A-, B-, C-Kurse, und das bedeutet grob gesagt: in die Leistungsqualität gut, mäßig und schwach.

Dies ist im Grunde der Kern und fast das ganze Geheimnis der Gesamtschulen, die alle Schüler (etwa wie in einer Grundschule) zusammenläßt (soziale Integration) und sie doch entsprechend ihren Lernmöglichkeiten und -bedürfnissen so aufteilt, daß jeder erhält, was er braucht (äußere Differenzierung). Es ist vielleicht eine geniale Idee, und in vielen Ländern funktioniert das auf dieser Idee aufgebaute Gesamtschulsystem auch gut – hierzulande aber funktioniert es nicht gut genug, wenn man Dommermuth hört: *»Die Methode der äußeren Differenzierung hat sich in der Praxis als sehr problematisch erwiesen. Sie hat die Erwartungen ihrer Planer nicht nur weitgehend nicht erfüllt, sondern sich sogar als ein entschiedenes Hemmnis auf dem Weg zur erstrebten Chancengleichheit erwiesen.«*

Mit anderen Worten: Die sozio-ökonomische Klassenstruktur der Gesellschaft setzt sich in den Niveaukursen der Gesamtschule fort. Noch anders gesagt: Die Kinder der Klofrau in Hannover, des Zahnarztes in Gummersbach und des Direktors in Blankenese finden sich in den C-, B- und A-Kursen wieder. Dommermuth: *»So schleicht sich auf dem Weg der äußeren Differenzierung das Dilemma des alten Drei-Klassen-Schulsystems in die Gesamtschule ein, und die zur Förderung jedes einzelnen Schülers gedachten Kurse bekommen eine reine Auslesefunktion.«*

Das soziale Lernen und die Differenzierung, gewissermaßen das Herzstück der Gesamtschule, befinden sich danach in einem bedenklichen Zustand. Mehr noch: GS-Schüler sind unlustig, schwänzen oft den Unterricht, schlagen gern vieles kaputt, benehmen sich aggressiv – bei Dommermuth steht einiges darüber. Einer der glühendsten Verfechter der GS-Idee, Carl-Heinz Evers, als Schulsenator in Berlin zugleich einer ihrer entschiedensten Förderer, stellt denn auch die richtige Diagnose: »Kein Zweifel – die Gesamtschulbewegung befindet sich in einer schwierigen Phase ihrer Entwicklung.«

Ein GS-Apologet wie Evers ist auch Joachim Lohmann, als Stadtschulrat in Kiel ein potenter Realisator von Gesamtschulen, als Vorsitzender der Gemeinnützigen Gesellschaft Gesamtschule (GGG) ihr eifrigster Propagandist. Er sprach auf dem GGG-Bundeskongreß in Kassel im Mai 1974 sogar von *»der kritischten Phase der Gesamtschulen«* –

»Gesamtschule 74 – Bundeskongreß Gesamtschule in Kassel – Arbeitspapiere, Berichte, Materialien«, herausgegeben von der Gemeinnützigen Gesellschaft Gesamtschule, Vertrieb: Geschäftsstelle, 463 Bochum, Im Dohlenbruch 1.

Diese Kongreßdokumentation redet an der gegenwärtigen Krisensituation der Gesamtschule nicht vorbei: Das Elterninteresse geht zurück; Lehrer arbeiten – wohl immer häufiger – widerwillig, ziehen sich in innere Emigration zurück oder hauen ab an andere Schulen; vor allem in CDU/CSU-regierten Bundesländern taktieren Behörden rigide, blockieren Bauten und Lehrpläne, verfügen Versuchsstopps, hintertreiben eine objektive wissenschaftliche Begleitung und lassen keinen Zweifel daran, daß ihnen die ganze Richtung nicht paßt. Lohmann: *»Die Gesamtschule wird in die Enge getrieben.«*

Dabei begann es hoffnungsvoll. Schon Anfang der sechziger Jahre fingen in Frankfurt Lehrer nach ausländischem, vor allem englischem Vorbild mit Versuchen an, zu Ostern 1968 gingen in Berlin die ersten Schüler in die ersten Integrierten Gesamtschulen. Dann erst erschien, im Mai 1969, die wichtigste Publikation zur GS-Bewegung, die Empfehlung des Deutschen Bildungsrates »Einrichtung von Schulversuchen mit Gesamtschulen«.

Diese Schrift brachte mit ihrem entschiedenen Postulat, »die Gesamtschule in einem breit angelegten Experimentalprogramm zu erproben«, den eigentlichen Durchbruch der GS-Idee in der Bundesrepublik, und jemand, der von Anfang an und auch danach als Assistent des Bildungsrates dabei war, hat diese Phase jetzt in einem Teil seines Buches beschrieben –

Jürgen Raschert: »Gesamtschule: ein gesellschaftliches Experiment – Möglichkeiten einer rationalen Begründung bildungspoli-

tischer Entscheidungen durch Schulversuche«, eine Veröffentlichung des Max-Planck-Instituts für Bildungsforschung; Ernst Klett Verlag, Stuttgart, 1974; 217S., 18,–DM.
Das ideologisch völlig unverdächtige, jedoch, was Wissenschaftlichkeit und Sachverstand angeht, absolut legitimierte Beratergremium Bildungsrat plädierte nachdrücklich dafür, die GS-Versuche auf keinen Fall zu politisieren – und mußte dann miterleben, wie genau dies geschah. Die Gesamtschulen entfachten in der Folgezeit einen gesellschaftspolitisch motivierten Glaubenskrieg, der auch heute noch erbittert geführt wird. In ihm sind die extremen Positionen besetzt von den Reaktionären einerseits, die in der neuen Schulform die marxistische Einheitsschule der Zukunft sehen; und von Neomarxisten andererseits, die bestehende Gesamtschulen für ein monopolkapitalistisch adäquates Bildungssystem halten. Darüber hinaus wurden die Gesamtschulen auch zu einem zentralen parteipolitischen Konfliktstoff, der die kulturpolitisch ohnehin »verfeindeten« CDU/CSU- und SPD/F.D.P.-Länder noch weiter auseinandertrieb.
Dabei waren und sind gesellschaftsideologische und parteitaktische Motive stets eng miteinander verflochten, und bei all dem seit Jahren andauernden Geschrei blieb die Gesamtschule leider auf der Strecke. Die einen, wie etwa die CDU-Regierung in Kiel, errichteten fleißig weiter Gymnasien – zwanzig in vier Jahren, aber nur zwei Integrierte Gesamtschulen; die anderen, wie die sozial-liberale Regierung in Hessen, forcierten die GS-Bewegung derart – 64 IGS gibt es bereits in Hessen –, daß ihnen die Substanz fehlte und womöglich Schaden angerichtet wurde. Bis heute ist die GS ein recht verschämtes Pflänzchen in der Schullandschaft geblieben; es gibt gerade 168 Gesamtschulversuche [1976: 294] und nicht mehr als etwa ein Prozent aller Schüler dürfte in diesem Schultyp lernen.
Die äußerlich-quantitative Entwicklung ist also durchaus bescheiden. Der inhaltlich-pädagogische Beitrag der GS zu neuen Lernplänen (Curricula) dagegen ist so umfangreich, daß Papiere und Konzepte, Entwürfe, Aufsätze und Bücher eine reichhaltige Bibliothek füllen: *»Die curricularen Reformen, die von Gesamtschulen allein oder in Kooperation entwickelt wurden, sind als Leistungen von Schulen historisch unvergleichlich«* – sagt GS-Fan und -Fachmann Lohmann, und bestimmt ist etwas dran. Viele GS-Lehrer sind unendlich fleißig und produktiv gewesen. Wolfgang Keim, der an der Pädagogischen Hochschule in Köln arbeitet,

hat einen kleinen, wenn auch sehr wichtigen Teil dieser Werkstattberichte publiziert –

Wolfgang Keim: »Gesamtschule – Bilanz ihrer Praxis«; Hoffmann und Campe Verlag, Hamburg, 1973; 590 S., 29,50 DM.

Ein Buch wie ein Bergwerk, man buddelt und buddelt und findet doch immer etwas Neues zum sozialen Lernen, zur Lehrerausbildung, zum Curriculum, auch wenn dieser Reader sich auf besonders repräsentative Schulen wie »Ernst-Reuter« in Frankfurt oder Fröndenberg in Nordrhein-Westfalen konzentriert.

Die Fröndenberger sind es, die den beachtenswertesten Versuch machen, einen Ausweg aus dem Dilemma der äußeren Differenzierung zu finden. Ihr Stichwort heißt »bewegliche Unterrichtsorganisation« (oder »flexible Differenzierung«) – ein Terminus, der sicher mehr verbirgt als erklärt. Er meint etwa folgendes: Rund hundert Schüler aller Sozialschichten und Begabungen werden zunächst in einer Großgruppe über ein Thema (ein Projekt) gemeinsam informiert. Ein anschließender diagnostischer Test zeigt, wer wieviel wovon verstanden hat. Nach diesem Resultat werden dann mehrere mittlere (30 Schüler) und kleine Gruppen (15) gebildet, die entweder mit oder ohne Lehrer oder Lehrer-Assistent, mit oder ohne Medien (Dia, Tonband, Sprachlabor) einzelne Themen des Projekts durchnehmen.

Von dieser (team-teaching-)Methode versprechen sich viele GS-Lehrer eine stärkere soziale Integration und deshalb größere Chancengerechtigkeit. Andere kritisieren negative Einflüsse auf die Schüler gerade des Fröndenberger Großraumunterrichts, und Wolfgang Keim warnt wohl zu Recht: *»Man sollte an ein flexibles Differenzierungsmodell nicht zu hohe Erwartungen stellen.«*

Also wieder nichts? Das kann heute noch niemand mit Bestimmtheit sagen. Doch etwas ganz anderes ist schon jetzt ganz sicher: Der Versuch einiger wohl als Neomarxisten einzustufender Pädagogen und Wissenschaftler, die Gesamtschule aus ihrer Krisensituation herauszuführen und mit Hilfe einer sozialistischen Strategie zu einem Mittel des politischen Kampfes umzufunktionieren, hat eigentlich nur die eine Chance – zu scheitern. Wie dieses Unternehmen angestiftet und durchgeführt werden soll, darüber haben der Dortmunder Schulpädagogik-Professer Hans-G. Rolff und einige seiner Freunde öffentlich nachgedacht –

Hans-G. Rolff u. a.: »Strategisches Lernen in der Gesamtschule – Gesellschaftliche Perspektiven der Schulreform«; Rowohlt Taschenbuchverlag, Reinbek, 1974; 285 S., 5,80 DM.

Ihre These ist deutlich genug formuliert: *»Die Gesamtschulreform leistet nur dann einen Beitrag zu antikapitalistischen Strukturreformen, wenn sie die Heranwachsenden zu strategischem Handeln befähigt.«* Aber kläglich zu lesen ist es, wie nichtssagend das Programm ausformuliert ist: *»Die Bestimmung der konkreten Qualifikationen strategischen Handelns ist aus mehrerlei Gründen schwierig und kann nur höchst vorläufig geschehen.«*
Nichts anderes im Grunde also als eine mediokre revolutionäre Gebärde, die mit Formeln des Historischen Materialismus drapiert wurde und ihre Urheber als Sektierer ausweist. Selbst wenn sie nicht ausschließen, daß sie die Schule pervertieren und für die Zwecke ihres revolutionären Kampfes mißbrauchen wollen, können sie uns doch nicht schrecken, weil sie auch innerhalb der GS-Lehrerschaft eine verschwindende Minderheit repräsentieren. Sie haben zwar ein heißes Herz, und ihr Ideal ist nichts Geringeres als eine humane Utopie; doch hier und heute befinden sie sich als Splittergruppe dort, wo auch viele andere GS-Lehrer stehen: mit dem Rücken an der Wand ihrer Gesamtschulen – ziemlich hilflos, recht hoffnungslos, fast ratlos.

(DIE ZEIT Nr. 13, 21.3.75)

Neue Untersuchungen über Gesamtschulen

Die zahlreichen kritischen und negativen Beobachtungen und Mitteilungen in der vorliegenden Gesamtschul-Literatur überraschen, da sie nicht selten von Anhängern dieser Schulform stammen. Sie scheinen auch – wenigstens zum Teil – widerlegt zu sein; denn neuere Untersuchungen zeigen, daß die Gesamtschule dem traditionellen Schulsystem zumindest partiell überlegen ist: sie verwirklicht mehr Gleichheit und steigert die Schulzufriedenheit. Die drei wichtigsten Erhebungen und ihre wesentlichsten Ergebnisse:
In Baden-Württemberg fand das Institut für Bildungsplanung und Studieninformation (Stuttgart) heraus, daß die Prüfungsangst an Gesamtschulen deutlich geringer als an Gymnasien und vor allem an Orientierungsstufen ist; daß auch die Schulunlust an Gesamtschulen nicht so ausgeprägt wie an anderen Schulformen ist; daß schließlich bei den Tests in Englisch und Deutsch die Gesamtschüler »signifikant besser« abschnitten als die Kontroll-Schüler: »Die

Leistungen der Gesamtschüler des oberen Niveaus sind überwiegend besser als in den Vergleichsgruppen der Regel- und anderen Modellgymnasien.«

Im Landkreis Wetzlar, wo es nur Gesamtschulen gibt, hat das Infratest-Institut (München) herausgefunden, daß die geschlossene Einführung der integrierten Gesamtschule sehr positiv aufgenommen wurde: Nur 18 Prozent der Eltern und 13 Prozent der Schüler würden eine andere Schule bevorzugen. Die Zahlen belegen ein beachtliches Maß an Schulzufriedenheit: 64 Prozent der Eltern sind ohne Einschränkung der Meinung, ihre Kinder fühlen sich in der Gesamtschule wohl; 53 Prozent halten das Verhältnis zwischen Lehrern und Eltern für gut; 60 Prozent der Eltern und Schüler und 66 Prozent der Lehrer befürworten nach ihren eigenen Erfahrungen die allgemeine Einführung der integrierten Gesamtschule; 70 Prozent der Lehrer, 76 Prozent der Eltern und 78 Prozent der Schüler sehen gerade durch diese Schulform das allgemeine Leistungsniveau gehalten bzw. gesteigert.

Die Forschungsgruppe »Schulische Sozialisation« an der Universität Konstanz, die einen bundesweiten Vergleich machte, teilte allen befragten Schülern die Ergebnisse ihrer Forschungen in einem Bericht mit. Kernsätze daraus: »Ganz deutlich zeigt sich, daß es in der Gesamtschule ein wesentlich höheres Maß an sozialer Gerechtigkeit und Chancengleichheit gibt als in den Schulen des alten Schulsystems.« – »In der Gesamtschule ist die Chance und die Möglichkeit, einen hohen Leistungsstand zu erreichen, für Schüler aus der Arbeiterschicht wesentlich größer als in den Schulen des herkömmlichen Schulsystems. Die Gesamtschule gewährt den sozial benachteiligten Schülern mehr Chancengleichheit.« – »Der große Abstand zwischen Schülern aus der Oberschicht und Schülern aus Arbeiterfamilien, wie er im herkömmlichen Schulsystem noch besteht, verkleinert sich in der Gesamtschule deutlich.« – »Die Ergebnisse zeigen, daß im herkömmlichen Schulsystem noch immer die Hauptschule die Schule der Arbeiterschichten ist, während das Gymnasium vorwiegend von Schülern aus besser gestellten Elternhäusern besucht wird. In der Gesamtschule sind die Verhältnisse zwar wesentlich ausgeglichener, doch ist auch hier die Chance, in den Leistungsfächern in hohe Kurse zu kommen, für die Kinder aus Arbeiterfamilien kleiner als für andere Schüler.« – »Wir können sagen, daß ein hohes Maß an Benachteiligung für die Kinder aus der Arbeiterschicht in unseren Schulen auch heute noch besteht und daß diese Chancenungleichheit durch die Gesamtschule zwar abgeschwächt, aber nicht beseitigt wird.« *(Oktober 1976)*

Imponierende Idee – erfolgreiche Versuche

Die Reform der Oberstufe: Sekundarstufe II

Bereits 1960 in der »Rahmenvereinbarung« von Saarbrücken haben die Kultusminister aller Bundesländer ihre Absicht bekundet, die Obersekunda und die beiden Primen, also die 11., 12. und 13. Klasse, zu verändern. Danach sollte die Zahl der Pflichtstunden vermindert, der Stoff konzentriert und der Unterricht vertieft werden, um »die Erziehung des Schülers zu geistiger Selbständigkeit und Verantwortung zu fördern«. Dieses ein wenig pathetisch klingende Programm wurde teilweise realisiert; seit Mitte der 60er Jahre begannen überall in den Ländern Versuche. Als neuer Name für diese gymnasialinterne Reform setzte sich weitgehend der Begriff *Studienstufe* durch.
Schon bald kam noch ein anderer Begriff auf, der jedoch nicht mit Studienstufe verwechselt werden sollte: *Kollegstufe*. 1969 äußerte sich nämlich auch das im bildungspolitischen Bereich angesehenste Beratergremium, der Deutsche Bildungsrat, zur Oberstufenreform. Der Bildungsrat erkannte die Abiturproblematik ganz klar: »Wer heute Abitur macht, dem bleibt wenig anderes und nichts Besseres zu tun übrig, als zu studieren«, stellte er fest und ging deshalb über den Vorschlag der Kultusminister hinaus. Er empfahl eine weitgehende organisatorische und inhaltliche Vereinigung von Berufsschulen und den Gymnasialklassen der letzten drei Jahre (Sekundarstufe II). Detailliert ausgeführt hat der Bildungsrat sein Konzept in der Empfehlung »Zur Neuordnung der Sekundarstufe II« im Mai dieses Jahres. Als neuer Name für dieses Modell beginnt sich der Begriff Kollegstufe durchzusetzen. Kollegs werden vor allem in Nordrhein-Westfalen aufgebaut.
Einstimmig beschloß die Kultusministerkonferenz (KMK) dann am 7. Juli 1972, die Klassen 11, 12 und 13 neu zu ordnen. Seitdem sprechen wir von KMK-Modell, Sekundarstufe II, Studien- oder reformierter Oberstufe. Sie soll den Schülern die Freiheit geben, Fächer nach persönlichem Interesse, nach Eignung und Begabung zu wählen; individuelles und differenziertes Lernen soll die Lust am Lernen steigern, eigene Entscheidungen sollen zur Selbstän-

digkeit beitragen. Wer es schafft, kann schon nach zwei Jahren Abitur machen. Das sind die Grundideen des KMK-Modells.

Durch folgende praktische Maßnahmen soll das Konzept verwirklicht werden:

- Auflösung der Jahrgangsklassen 11, 12 und 13 in ein System von Leistungs- und Grundkursen, so daß – jahrgangsübergreifend – etwa Schüler der 11. mit Schülern der 13. Klasse zusammen lernen können;
- Aufteilung des Schuljahres in zwei halbjährige Semester, so daß es insgesamt sechs Semester gibt, von denen eines als Vorsemester zur Orientierung und eines als Prüfungssemester für das Abitur dient;
- Gliederung des Unterrichtsstoffes in einen Pflichtbereich (das sogenannte sprachlich-literarisch-künstlerische Aufgabenfeld, das gesellschaftswissenschaftliche und das mathematisch-naturwissenschaftliche) und in einen Wahlbereich, in dem neue Fächer wie Soziologie, Statistik oder Datenverarbeitung angeboten werden können; das bedeutet: Jede reformierte Oberstufe kann herkömmliche Gymnasialtypen wie das neusprachliche, altsprachliche oder mathematische umfassen;
- Individualisierung: Jeder Schüler wählt selber, welches Fach er wie intensiv lernen will, stellt sich seinen Stundenplan zusammen und kann bei entsprechenden Leistungen auch früher als nach sechs Semestern Abitur machen;
- das Abitur bleibt erhalten; jeder Schüler wird in drei Fächern schriftlich und in einem mündlich geprüft;
- die Leistungen der Schüler werden nicht mehr punktuell mit Noten, sondern fortlaufend mit Punkten bewertet, die als Guthaben gespeichert werden (Credit-System); statt der Noten Eins bis Sechs werden die Zahlen von 15 bis 0 verwendet. Höchste Punktzahl sind 900, mindestens 300 müssen erreicht werden.

Mit dem Schuljahr 1976/77 wurde das KMK-Modell an allen Gymnasien eingeführt, obwohl es an den meisten Schulen nicht genügend oder keine dafür ausgebildeten Lehrer und auch keine speziellen Lernpläne (Curricula) und Bücher gibt; es fehlen Tutoren für die Beratung bei der komplizierten Fächerauswahl; es mangelt an Räumen für den Unterricht, zum Ausruhen und zum Essen, da sich viele Kollegiaten den ganzen Tag über in der Schule aufhalten müssen; neue Fächer gibt es nur an sehr wenigen Oberstufen. Die materiellen Voraussetzungen für die Reform waren und sind also ausgesprochen schlecht.

Außerdem wird die Studienstufe von Land zu Land unterschiedlich, fast von Schule zu Schule mit Varianten praktiziert – von Bundeseinheitlichkeit keine Spur; dadurch kommt ein Wechsel von einem Bundesland in ein anderes beinahe einer schulischen Katastrophe gleich. Fast alle Kultusminister haben keine berufsbezogenen und berufsqualifizierenden Bildungsgänge eingerichtet, obwohl dies ausdrücklich in ihrem Konzept steht; deshalb ist ein Abitur der Sekundarstufe II wie eh und je im Grunde nur die Voraussetzung zum Studium, aber keine Startbasis in den Beruf. Und vor allem: Die Oberstufenreform vollzieht sich im Zeichen des totalen Numerus clausus; deshalb herrscht ein ungeheurer Leistungszwang in den Studienstufen, der zum Kampf um Zehntelpunkte zwingt, zu Drückebergerei und Duckmäusertum führt, der Kameradschaft in Feindschaft verkehrt und Neid, Angst und Neurosen züchtet. Aus einer imponierenden Idee wurde so vielerorts eine ärgerliche Wirklichkeit. Es gibt allerdings auch zahlreiche erfolgversprechende Experimente.

(DIE ZEIT Nr. 49, 29.11.74 und Nr. 38, 10.9.76)

Und sie bewährt sich doch

Eine fast gelungene Oberstufenreform in Neuss – Mit dem Abitur zugleich eine berufliche Qualifikation

Gehört hatte ich schon mal davon, vorstellen konnte ich mir darunter nichts: »Neusser Modell«? Dann schrieb uns Karin Franssen, Studiendirektorin am Marie-Curie-Gymnasium in Neuss, wo dies Modell erprobt wird: Bei ihnen funktioniere nicht nur die reformierte Oberstufe, über die jetzt alle Welt schimpfe, bei ihnen erwürben Oberschüler zugleich mit dem Abitur einen Abschluß, mit dem sie einen Beruf ausüben können: ». . . allgemeine Hochschulreife und eine zusätzliche berufliche Alternative zum Studium«, ». . . Doppelqualifikation als gute Voraussetzung für Führungskräfte des mittleren Managements«, ». . . wegen seiner bildungspolitischen Relevanz äußerst interessant.« Also dann – Neuss schien eine Reise wert.

»Sie wissen doch: Die reformierte Oberstufe bietet Ihnen eine möglichst große Freiheit, Ihre Fächer nach Ihrem eigenen Interesse selber zu wählen.« 21 junge Damen der 12. Jahrgangsstufe, früher Unterprima genannt, 16 bis 18 Jahre alt, hören mir zu – noch: »Sie können selber bestimmen, was und wie schnell Sie lernen wollen, können Schwerpunkte setzen, sechsstündige Leistungskurse und dreistündige Grundkurse allein aussuchen – so soll es in der Studienstufe sein . . .« Weiter komme ich nicht mit meiner Einleitung, denn Protest wird laut, abschätziges Lächeln, Kopfschütteln, Finger in der Luft – das sei doch nur die Theorie: »Bei uns an ›Marie-Curie‹ ist das so«, und dann höre ich von den Schwierigkeiten vor Ort: Wir haben nicht einen einzigen Leistungskurs in Mathematik, obwohl sich genügend Schüler gemeldet haben; ein Leistungskurs in Französisch ist dagegen mit nur drei Teilnehmerinnen zustande gekommen; Grundkurse und Leistungskurse werden zusammengelegt; einzelne Kurse überschneiden sich; es fehlen Angebote in Biologie, Kunst, Pädagogik; in Sport gibt es nur Volleyball oder Gymnastik; unsere Wahlmöglichkeiten sind stark eingeschränkt. – Man gewöhnt sich ganz gut an das neue System, sagen die Schülerinnen auch. Nachdem sie ihre Kritik abgelassen haben, fallen ihnen zahlreiche Vorteile ein: Die Auflösung des Klassenverbands ist nicht sehr nachteilig, da wir eine kleine Oberstufe sind, man lernt sich jetzt besser kennen; es macht mehr Spaß; das Punktsystem ist besser als die Zensuren; ich lerne heute lieber, obwohl ein harter Leistungsdruck besteht, uns wird keine Note geschenkt; vor allem: das Praktikum bringt uns unheimlich zusammen.

»Die Oberstufenreform klappt bei uns«, sagt mir die Direktorin von »Marie-Curie«, Christel Weyhe. Sie ist eine erfahrene Pädagogin mit den Fächern Mathematik, Chemie, Physik. Fast zwanzigmal hat sie in Köln Abitur gemacht, 1970 kam sie nach Neuss: eine konservative, aber aufgeschlossene Industriestadt, 150000 Einwohner, die Hälfte der Arbeitsplätze in der industriellen Produktion; absolute CDU-Mehrheit im Stadtparlament. »Marie-Curie« liegt in der Nordstadt – untere Mittelschicht und darunter. »Mit den Eltern haben wir keine Probleme«, erzählt Frau Weyhe: »Sie fragen viel und kümmern sich um ihre Kinder: sie möchten etwas aus ihnen machen.« Das will auch die Schule: »Wir überlegen uns immer, was für die Kinder gut ist«, sagt Christel Weyhe, »und das versuchen wir dann zu tun.«
Genau das war ihr Motiv, als sie 1973 mit der reformierten Oberstufe begann. Das Gymnasium war im Aufbau, deshalb gab es noch keine Klassen 11 bis 13. »Wir fingen also gleich mit der

Reform an.« Warum? »Sie bietet einfach die größere Chancengerechtigkeit für alle Begabungsrichtungen. Keiner braucht widerwillig zu lernen, weil er abwählen kann, was ihm nicht liegt.« Heute, vier Jahre später, ist Christel Weyhe überzeugt: »Bei uns läuft die Reform gut.«

Wilhelm Schümchen ist Oberstudienrat. Er unterrichtet Deutsch und katholische Religion; außerdem kümmert er sich um allerlei Organisatorisches – Verwaltung aus Leidenschaft, die aber ist beträchtlich. Denn: »Die Schulverwaltung in der reformierten Oberstufe ist eine furchtbare Belastung«, bekennt der Pädagoge Schümchen. Allein für das Abitur gibt es fast drei Dutzend Formulare, zwei Drittel davon sind in jedem Fall notwendig. Schümchen rechnet vor: Jedes Abitur wird von einem »Zentralen Abiturprüfungsausschuß« überwacht, der alle Unterlagen überprüft; dazu brauchen drei Personen für zehn Abiturienten einen ganzen Tag: »Im Vergleich zu früher ist dieser Aufwand sehr groß und hat mit Pädagogik überhaupt nichts zu tun.«
Wilhelm Schümchen hat ungezählte Formulare für die »Schullaufbahn«, die »Vorwahl« von Fächern, die »Voraussichtliche Fächerwahl«, die »Verbindliche Fächerwahl« selber entworfen, ausfüllen lassen und ausgewertet; er hat Erlasse und ständig neue Verfügungen studiert, interpretiert, den Schülern verständlich umformuliert, getippt, abgezogen, verteilt, besprochen. »Das Recht in der Schule«, sagt er, »kann einen krank machen.« Aber er klagt nicht, es macht ihm offensichtlich Spaß: »Ich find' es schön, wenn es klappt.«

Es klappt – das ist auch mein Eindruck – tatsächlich am Marie-Curie-Gymnasium. Wenn man bedenkt, daß in einzelnen Städten – zum Beispiel Landstuhl in der Pfalz – 90 Prozent der Oberstufenschüler die Reform ablehnen; daß in einigen Ländern – zum Beispiel in Hamburg – eine repräsentative Schülerbefragung bedrückend negative Ergebnisse hatte, dann bietet diese Neusser Oberschule ein Gegenbeispiel für eine – fast – gelungene Oberstufenreform: Und sie bewährt sich doch. Warum gerade hier?
Es war ganz wichtig, daß noch keine Oberstufe existierte, als das Modell eingeführt wurde. Deshalb gab es keine Verkrustungen, keine Erbhöfe; im Bild: ein neues Haus wurde gebaut, ohne daß erst ein altes Gebäude eingerissen werden mußte. Alle Beteiligten kannten gar nichts anderes, insbesondere brauchten sich Lehrer

nach jahrelang eingefahrener Arbeit an stets denselben Texten in denselben Exemplaren mit denselben Bemerkungen nicht umzustellen. An »Marie-Curie« engagierte sich ein junges Kollegium für die Reform. Auch die Eltern brauchten nicht auf traditionelle Privilegien zu verzichten; es gab keine Gymnasial-Lobby, sondern viele Mütter und Väter, die einfach dankbar waren und sind, daß ihre Kinder etwas lernen.

Und dann ist dies eine kleine überschaubare Oberschule, nur etwa 150 Kinder in der Oberstufe – alles Schülerinnen, denn »Marie-Curie« war bis vor kurzem ein Mädchen-Gymnasium (jetzt besteht Koedukation), und die jungen Damen sind brav, fleißig und willig. Ausschlaggebend war wohl der persönliche Einsatz von Christel Weyhe. »Sie ist mit der Schule verheiratet«, sagte mir eine Schülerin; das meinte sie offensichtlich kritisch; positiv bedeutet es: ihr Interesse, ihre Initiative und ihre Fähigkeiten sind ein ganz wesentlicher Grund für den Erfolg. Nie hat es an dieser Schule Raum- oder Lehrermangel gegeben. Fast ein Drittel des Unterrichts wird heute von Lehrenden erteilt, die sich die Direktorin selber »organisierte«. Sie machte von Anfang an mit und achtete vor allem auf eine gute Beratung. In dem Dschungel aus Oberstufen-Bestimmungen findet sich kein Schüler allein zurecht. Die Information der Kinder und ihrer Eltern beginnt hier deshalb schon in der 10. Klasse; ein gleitender Übergang wird angestrebt. Fünf Beratungslehrer, zum Teil mit festen Sprechstunden, sind eingeplant.

Und es gibt fast keinen Nachmittagsunterricht, der an anderen Studienstufen mit Recht so unbeliebt ist, weil die erforderlichen Ruhe-, Lern- und Essensräume fehlen. Wilhelm Schümchen schafft es, die Stundentafeln so zusammenzustellen, daß die Schule um halb zwei leer ist. Das alles erfordert freiwillige Mehrarbeit, wohin man blickt, und Berge von Skripten für die Unterrichtsvorbereitung, die Lehrer anfertigen, ohne zu murren.

Trotz allem: zwei wesentliche Einschränkungen bestehen auch an diesem Gymnasium. Da ist der immense Verwaltungsaufwand – aus der Sicht der Lehrer wohl *der* Nachteil der reformierten Oberstufe überhaupt. Und da ist die zu sehr eingeschränkte Wahlfreiheit für die Schüler, weil die Oberstufe zu klein ist. Optimal sollen etwa 500 Schüler in den Klassen 11, 12 und 13 sein.

»Das Praktikum bringt uns unheimlich zusammen«, hatten die Schülerinnen mir gesagt. Das Praktikum? Was ist das? Etwas

Neues, das es nur in Neuss gibt, ein einmaliger Versuch in der ganzen Bundesrepublik. Christel Weyhe hatte die Idee; sie und Wilhelm Schümchen sind dabei, sie zu verwirklichen. Der Grundgedanke: Zusätzlich zum Abitur, zur Hochschulreife also sollte ein Schüler auch einen Abschluß erwerben, mit dem er einen Beruf ausüben kann. In Neuss fand dieser Gedanke Freunde; er begeisterte auch den Schuldezernenten Klaus-Dieter Salomon, CDU; er wurde zum administrativen Motor des »Neusser Modells«: »Wir wollen allgemeinbildende, sprich gymnasiale, und berufliche Bildungsgänge verzahnen, ohne Risiken für den Schüler. Wir machen eine Politik der kleinen Schritte – von den Inhalten zur Organisation.«

Neun Obersekundanerinnen im weißen Kittel sitzen beengt in einem bescheidenen Raum. Vor ihnen auf den Tischen Bunsenbrenner, Pipetten, Gläser. Der Lehrer: Klaus Kühn, Diplomchemiker und Doktorand an der Universität Köln; das Thema: Fällen und filtrieren von Silberchlorid.

Das Praktikum beginnt; einmal die Woche acht Stunden, insgesamt in drei Jahren fast tausend Stunden. Wer teilnimmt, muß effektiv drei Stunden pro Woche länger in der Schule zubringen als die anderen. Dazu kommen häusliche Arbeiten, vor allem Berichte. Etwa ein Drittel der Schülerinnen des 11. und 12. Jahrgangs beteiligen sich. Ihnen winkt ein verlockender Erfolg: Wer durchhält und die Prüfung besteht, ist Chemisch-technische Assistentin (CTA), eine Art Facharbeiter. Wichtig ist: Jeder kann jederzeit aussteigen und fällt dann gewissermaßen auf den Boden des Oberstufen-Modells zurück; das wird ja nie verlassen, die CTA-Ausbildung ist zusätzlich.

Klaus Kühn sagt: »Die praktischen Erfahrungen in diesen Praktika sind in einem ganzen Chemiestudium nicht aufzuholen.« Er meint auch: »Ein Markt ist ganz sicher da«, etwa in der Industrie, in wissenschaftlichen Forschungsstätten, chemischen Untersuchungsämtern. Davon ist auch Christel Weyhe überzeugt. Sie ist immer wieder unterwegs in Hochschulen, chemischen Werken, staatlichen Ämtern. So erst entsteht allmählich das Curriculum für den CTA-Beruf. Dafür gibt es eine echte Marktlücke, hört sie dann und wann – oft trifft sie aber auch auf Kritik und Ablehnung.

Im Frühjahr 1978 werden die ersten 13 Schülerinnen fertig sein; Christel Weyhe: »Angebote für sie liegen bereits vor.«

Jetzt ist dieses Modell sogar als ein Bundes-Versuch anerkannt.

Das bedeutet vor allem Geld. »Glücklicherweise haben wir zur Zeit keine finanziellen Sorgen«, sagt die Direktorin. Sie und alle Beteiligten hoffen, daß durch Umbau bald großzügige Laboratorien entstehen und der gegenwärtig unbefriedigende Zustand ein Ende hat. Freilich: Auch dann wird diese Ausbildung die Schülerinnen noch »ganz schön schlauchen«, wie sie sagen; sie stöhnen über die Mehrbelastung, aber ich habe nur eine getroffen, die gern aufhören würde.

»Der Rat der Stadt Neuss unterstützt diese richtungsweisende bildungspolitische Initiative.« Klaus-Dieter Salomon wirft sich mit diesen Worten in die Brust, zu Recht. Hier wird etwas versucht, was angesichts der geburtenstarken Jahrgänge und des Numerus clausus, arbeitsloser Jugendlicher und Akademiker ohne Job viel mehr zu werden verspricht als ein Strohhalm in den aus allen Fugen geratenden Bildungs- und Beschäftigungssystemen. Als Wirtschafts-Assistent, als Mathematisch-technischer, Ingenieur- oder Strahlenschutz-Assistent ist dieser Beruf offenbar erst im Kommen, und dieses Modell ist ausbaufähig. Was hier in Neuss für Chemie erprobt wird, kann in der Tat zu einer echten Alternative zum Studium werden, denn es ist offenbar übertragbar auf andere Bereiche, auf Sprachen, Medizin, Soziales, Wirtschaft, Rechtspflege.
Das »Neusser Modell«, so hatte die Studiendirektorin Karin Franssen geschrieben, »will die gymnasiale Bildung nicht verflachen, sondern soll ihr einen Praxisbezug vermitteln. Diese Doppelqualifikation trägt auch gesellschaftlichen Bedürfnissen Rechnung, indem sie hilft, die Hochschulen zu entlasten.« Damit hatte sich nicht zu viel versprochen. Die Reise an den Rhein hat sich gelohnt.

(DIE ZEIT Nr. 39, 17.9.76)

Kein Luftschloß der Bildung

Zur Empfehlung des Bildungsrates und zu einem Schulversuch in Recklinghausen – Theorie und Praxis der Oberstufenreform

Jürgen Girgensohn, Kultusminister von Nordrhein-Westfalen, ein leidenschaftsloser Pragmatiker, begeisterte sich: »Eine hervorragende Leistung!« Reimut Jochimsen, Professor für Wirtschafts-

wissenschaften und Staatssekretär im Bonner Bildungsministerium, ein nüchterner Analytiker, geriet ins Schwärmen: »Ein kühner Entwurf, ein Bildungsmodell von morgen!«
Was die beiden Politiker hinriß, war die Empfehlung »Zur Neuordnung der Sekundarstufe II«, die der Deutsche Bildungsrat Anfang Mai 1974 in Bonn veröffentlichte – in der Tat ein außerordentlich bedeutsames Werk. Mit ihm faßt der Bildungsrat alle Anregungen zusammen, die bislang zur Reform der Bildungsgänge für 15- bis 19jährige Jugendliche von Verbänden und Organisationen, von SPD und F.D.P., von der Bundesregierung und von sozial-liberalen Länderregierungen gemacht wurden, und entwikkelt sie konsequent weiter. Hermann Krings, der Vorsitzende der Bildungskommission des Bildungsrats: »Hier wird *das* allgemeine Modell für die neue Sekundarstufe II dargestellt.« An die Stelle des bestehenden Systems will der Bildungsrat etwas grundsätzlich anderes setzen.
Deshalb schlägt er ein umfassendes Lernangebot für alle Jugendlichen vor, für die Gymnasiasten der drei letzten Schuljahre, für Auszubildende mit einem Lehrvertrag und für Jungarbeiter ohne irgendein Ausbildungsverhältnis, für Jugendliche in einer beruflichen Vollzeitschule und für behinderte oder verhaltensgestörte junge Menschen: »Es ist das Ziel der Empfehlung, jedem Jugendlichen nach der Vollzeitschulpflicht ein Lernangebot zu machen, das geeignet ist, ihn entsprechend seinen Fähigkeiten, Neigungen und Plänen zu fördern.«
Bisher führen Bildungsgänge entweder nur zu Abschlüssen, die für einen Beruf qualifizieren, oder sie führen über Gymnasien, Fachoberschulen und Berufsfachschulen zu Abschlüssen, die ein Studium ermöglichen. Nach dem Konzept des Bildungsrats aber sollen Lernen und Ausbildung für alle Jugendlichen im Abschnitt der Sekundarstufe II integriert und statt nach Schulen und Betrieben nach Ausbildungsgängen gegliedert werden. Diese wiederum werden in inhaltlich und zeitlich begrenzte Kurse geteilt und nach unterschiedlichen Bildungsangeboten differenziert. Bei diesem System kann sich jeder Schüler sein individuelles Lernprogramm zusammenstellen und Qualifikationen erwerben, die unmittelbar zu einer Berufstätigkeit oder zu einem weiteren Bildungsgang führen (»Fachabschluß A«), er kann aber auch Qualifikationen erreichen, die außer zu einer beruflichen Tätigkeit zu einem Studium berechtigen (»Fachabschluß B«).
Neu am Konzept des Bildungsrats ist zudem, daß die Jugendlichen

an »grundsätzlich gleichwertigen«, aber räumlich und in ihrer pädagogischen Funktion unterschiedlichen Plätzen unterrichtet werden, an den vier »Lernorten« Schule (theoretisch), Betrieb (praxisnah), Lehrwerkstatt (überbetrieblich) und in dem erst noch zu schaffenden Studio für Spiel und Sport, Medien und Künste; hier sollen »humane Kompetenz«, »kreative Fähigkeiten« und »ästhetisches wie soziales Lernen« vermittelt werden. Für die Lernorte schlägt der Bildungsrat den Namen Kolleg vor.

Daß dieses Kolleg als eine noch gar nicht existierende Einheit des Bildungswesens auf Skepsis und Widerstand stößt, ist nicht verwunderlich. Es ist ja nicht nur wieder einmal ein neuer Plan, sondern es ist insbesondere ein Konzept, das man sich nur sehr schwer in der Wirklichkeit vorstellen kann. Deshalb werden vor allem drei Vorwürfe gegen das »Kolleg« erhoben.

Erstens würden die erfolgreichen Bildungsgänge der Sekundarstufe II abgeschafft und in einer Einheitsschule nivelliert, in der schließlich der spätere Akademiker neben dem späteren Hilfsarbeiter auf einer Schulbank sitzen muß. Für den Vorsitzenden des Philologenverbandes Franz Ebner ist alles klar: »Gymnasium und berufliches Schulwesen werden in gleicher Weise liquidiert.« Für Hermann Krings, der diese Empfehlung persönlich weitgehend mitgeformt hat, ist das falsch, denn: »Das generelle Ziel ist es, einem jeden Jugendlichen günstige Voraussetzungen für die Gestaltung seines Lebens, für seine berufliche Existenz sowie für seine gesellschaftlich-politischen Aufgaben zu schaffen.«

Zweitens müßten die Unternehmer fürchten, ihren dominierenden Einfluß auf die Lehrlingsausbildung im dualen System zu verlieren an eine staatlich-zentralistische Aufsicht. Auch dieser Einwand hat für Krings kein Gewicht. Er sieht in seinem Plan vielmehr das Angebot zu einem kooperativen Verbund von Staat und Wirtschaft: »Keiner will die Verstaatlichung der Ausbildung. Die Wirtschaft kann und sollte in dem neuen System eine eigenständige verantwortliche Rolle übernehmen.« Für dieses Prinzip der gemeinsamen Verantwortung will Hermann Krings jetzt in Gesprächen mit Vertretern der Wirtschaft werben.

Drittens beschreibe diese Empfehlung ein Luftschloß der Bildung, aber kein praktikables Modell. Clemens Christians, der Präsident des Deutschen Lehrerverbands, in dem viele Gymnasiallehrer organisiert sind, hat bereits den Stab gebrochen: Das Kollegkonzept sei »utopisch und deshalb für die Reform der Sekundarstufe II eher schädlich als nützlich«.

Wer so urteilt, übersieht, daß die angebliche Utopie an manchen Orten in der Bundesrepublik bereits munter verwirklicht wird. Ansätze zu einer dem Kolleg ähnlichen Form der Sekundarstufe II gibt es an der Halepaghen-Schule in Buxtehude, in Obersberg/Bad Hersfeld oder in Salzgitter. Vor allem aber gibt es sie in Nordrhein-Westfalen, so in Lüdenscheid und Opladen, in Bethel und Bergheim und zum Beispiel auch in Recklinghausen, wo der Versuch am weitesten gediehen ist.

In der Stadt der Ruhrfestspiele ist man trotzdem bescheiden. »Noch können wir Ihnen keine richtige Kollegschule zeigen«, sagt Josef Hilbrand, der Studiendirektor der Kaufmännischen Berufsschulen, »die haben wir noch nicht, aber wir sind guten Willens.« Mit ihm guten Willens sind Gert Dieter Dunke, Studiendirektor am Hittorf-Gymnasium, Willi Hagemann, Studiendirektor am Mädchengymnasium und der Stadtamtmann Günter Droste, Geschäftsführer der Kollegschule. Die vier dürfen als die Promoter des Kollegstufen-Versuchs vor Ort gelten.

Als Ende der sechziger Jahre die Gymnasien in Recklinghausen aus allen Fugen platzten, wollte die Stadt eine neue Oberschule, speziell eine neue Oberstufe bauen. Zur selben Zeit plante das Kultusministerium in Düsseldorf mit einer Gruppe von Wissenschaftlern unter Leitung des Münsteraner Philosophie- und Pädagogikprofessors Herwig Blankertz, alle Oberstufen im Lande zu reformieren. Blankertz und seine Kommission, die die Versuche seitdem wissenschaftlich betreuen, legten 1971 eine umfangreiche Beschreibung dessen vor, was an Rhein und Ruhr als Kollegstufe eingeführt werden sollte. Kultusminister Girgensohn gab grünes Licht: »Die Kollegschule wird die verschiedenen jetzt existierenden Schulformen der Sekundarstufe II aufheben. Schülern, die heute berufsbildende Schulen besuchen, wird die Kollegschule bei entsprechender Befähigung erstmalig den direkten Zugang zu Studienberechtigungen öffnen. Ich hoffe, daß uns die Kollegschulen dem bildungs- und gesellschaftspolitischen Ziel näherbringen, dem der Chancengleichheit für alle Schüler.«

Diese Konzeption übertraf jene Reformvorstellungen bei weitem, die die Kultusministerkonferenz 1972 für die Klassen 11 bis 13 machte. Danach sollen die Jahrgangsklassen der Oberstufe durch jahrgangsübergreifende Kurse, die Schuljahre durch halbjährige Semester und die Fächer durch themenorientierte Kurse ersetzt werden. Dieses KMK-Modell ist eine an das Vorlesungssystem der Universität angelehnte Studienstufe.

Auch in Recklinghausen begannen die Oberschulen mit dem KMK-Konzept. Doch zum eigentlichen »Knüller«, so sagt es Gert Dunke, wurde die Kollegschule mit der Integration von allgemeiner und beruflicher Ausbildung: »Das war ein Paukenschlag, der uns klarmachte, was auf uns zukam: die Berufsschule voll in das Gymnasium rein!« Willi Hagemann: »Unsere erste Reaktion war: Da steigen wir aus, denn das ging weit über das hinaus, was wir ursprünglich wollten.«
Die Recklinghäuser stiegen doch nicht aus, sondern Vertreter der vier Gymnasien und der drei Berufsschulen setzten sich an einen Tisch und planten die Kooperation und die Integration. 1972 wurde ein Pädagogischer Ausschuß aus Mitgliedern aller sieben Schulen, des Ministeriums, der Eltern und Schüler gegründet. Ein Planungsausschuß der Stadt für die Kapazität der Räume und Gebäude kam hinzu, und es ging los: »Wir gehen in kleinen Schritten voran«, betont Josef Hilbrand, »denn wir wollen nichts überstürzen.«
Die Reform findet also auf zwei Ebenen statt: schulformintern zwischen den Oberstufen der vier Gymnasien, die langsam einander angenähert werden; schulformübergreifend, indem die Oberstufen und die Berufsschulen mit der Kooperation beginnen. Willi Hagemann: »Wir sind allmählich in die KMK-Reform und in die Kollegschule hineingewachsen.«
In die KMK-Studienstufe: Dazu werden die Gymnasien in Recklinghausen »enttypisiert«. Erstmals haben im Februar alle 380 Schüler der 11., 12. und 13. Klassen des altsprachlichen Petrinums, des mathematisch-naturwissenschaftlichen Hittorf-Gymnasiums, des Freiherr-vom-Stein-Aufbaugymnasiums und des Mädchengymnasiums ähnlich wie Studenten an einer Hochschule Kurse gewählt. Beispiel: 57 entschieden sich für einen Leistungskurs in Deutsch, so daß drei Kurse mit je 19 Schülern eingerichtet wurden, und zwar am Petrinum; dahin kommen zu diesen Stunden nun auch die Schüler der anderen Gymnasien. Weil sich alle Oberstufenschüler nach den Kursen auf die vier Gymnasien verteilen, müssen diese mit ihrem Stundenplan und mit Terminen für Klassenarbeiten, Wanderfahrten oder Hitzefrei übereinstimmen. Für die Kurse werden von Fachkonferenzen in überregionaler Zusammenarbeit neue Curricula entwickelt.
In die Kollegschule: Zuerst unterrichteten Lehrer der Gymnasien in den Berufsschulen und umgekehrt. Dann wurden freiwillige Arbeitsgemeinschaften für Berufsschüler und Gymnasiasten ein-

gerichtet. Der jährliche Berufsschulunterricht an ein oder zwei Tagen pro Woche wird allmählich in Trimestern zusammengefaßt, weil ohne diese »Blockung« die volle Integration mit gymnasialen Kursen nicht möglich ist. Arbeitsgruppen entwerfen Kursblätter mit Angaben über Thema, Lernziel, Inhalt, Verfahren, Kontrolle, Qualifikationen der einzelnen Kurse – die erste Stufe zu einem geplanten Kurs-Vorlesungsverzeichnis. Später sollen für Gymnasiasten und Höhere Handelsschüler gemeinsame Kurse angeboten werden, so daß die Oberschüler den Höheren Handelsschulabschluß und damit den Zugang zur gehobenen Beamtenlaufbahn und die Handelsschüler die volle Hochschulreife erhalten können.

Das alles sind vielversprechende Anfänge, und zu ihnen gehört auch, daß man bemüht ist, einen »Lernort« Studio zu schaffen. In Recklinghausen experimentieren junge Leute seit vielen Jahren mit einem eigenen Kulturprogramm, mit Theater, Kabarett, Konzert, Vorträgen. Dieses Angebot möchte man erweitern, und die Jugendlichen könnten in der Aula der Kaufmännischen Berufsschule ein kulturelles Zentrum finden.

Trotzdem – das KMK-Modell der gymnasialen Studienstufe und die Kollegschule mit der Integration allgemeiner und berufsbildender Schulen bleiben Vorformen des Kollegs, das der Bildungsrat jetzt empfohlen hat. Gleichwohl zeigt der Versuch in Recklinghausen, daß auch das Kolleg keine Utopie zu sein braucht, sondern daß es sich wie die beiden anderen Formen verwirklichen läßt – in Recklinghausen ist man auf einem richtigen Weg dazu.

Davon sind die Beteiligten überzeugt. »Die Reform soll unseren Kindern nützen«, sagt Josef Hilbrand. Wie er spekulieren auch die anderen nicht darüber, wie die Kollegschule am Ende tatsächlich aussieht, sondern sehen auf die bisherigen Erfolge und schweigen am liebsten über die Probleme und Schwierigkeiten, die sie natürlich auch haben. Der *spiritus rector* des ganzen Unternehmens, Stadtschulrat Gausmann, zieht vorsichtig eine positive Bilanz: »Insgesamt können wir feststellen, daß der Schulversuch zufriedenstellend angelaufen ist.«

(DIE ZEIT Nr. 19, 3.5.74. – Auskunft der Kaufmännischen Berufsschule Ende Oktober 1976: Das Konzept werde intensiv weiterverfolgt, an der Zielsetzung habe sich nichts geändert, auch wenn sich das Tempo etwas verlangsamt habe, da große organisatorische Probleme zu lösen seien; die Planung sei im wesentlichen abgeschlossen, man befinde sich jetzt am »Übergang zur Hauptphase«.)

Die Tücken des Wunders

In Bielefeld könnte die Schule der Zukunft erfunden werden: Laborschule und Oberstufenkolleg sind eines der wichtigsten pädagogischen Experimente in Deutschland

Am 9.9.1974 um 9.19 Uhr wurden die beiden Schulen der Bielefelder Universität nach vierjähriger Planungszeit eröffnet. Es gibt kein Vorbild für sie; es sind Schulversuche, die neue Lerninhalte, Organisations- und Lehrformen wissenschaftlich erforschen, erproben, übertragbar machen und anderen Schulen zur Verfügung stellen sollen; daher die Namen Labor, Curriculum-Werkstatt, pädagogisches Klinikum.

Der *spiritus rector* dieses Unternehmens, sein Initiator und jetziger wissenschaftlicher Leiter, Hartmut von Hentig, hat die Idee dieser Schulen auf vier Prinzipien gegründet:

- pädagogisch: »Sie sollen den Kindern helfen, sich in einer unübersichtlichen Welt selbständig zu orientieren und ihre Entscheidungen am Ende selber zu verantworten«;
- gesellschaftlich: »Wir wollen die Chancenungleichheit in der Gesellschaft möglichst verringern und jedenfalls nicht vermehren«;
- wissenschaftlich: »Die Lehrenden können nicht glaubhaft zu Wissenschaft und Politik erziehen, wenn sie beides nicht selber treiben«;
- politisch: »Beide Einrichtungen sollen sich als selbstregelnde Gruppen mit relativer Autonomie konstituieren und damit Modelle für eine in der modernen Welt noch mögliche Politik sein.«

In die Schulen werden Kinder nach einem an den gesellschaftlichen Schichten orientierten Schlüssel aufgenommen: 60 Prozent aus der unteren, 34 aus der mittleren und 6 Prozent aus der oberen Sozialschicht, je zur Hälfte Mädchen und Jungen. Die Laborschule (LS) ist eine integrierte Gesamtschule für Kinder vom Vorschulalter (5 Jahre) bis zur 10. Klasse (16 Jahre). Das Oberstufenkolleg (OS) umfaßt das 11. bis 14. Ausbildungsjahr, reicht also etwa vom Ende Untersekunda bis einschließlich erstes Studienjahr, zieht damit gymnasiale Oberstufe und einige Universitätssemester zusammen, verzichtet auf das Abitur und ermöglicht den Kollegiaten den gleitenden Übergang in die Hochschule.

Beide Schulen sind ähnlich wie medizinische oder sportliche Institute Teil der Universität. Etwa 750 Schüler werden bereits unterrichtet, die doppelte Zahl ist vorgesehen. LS und OS sind Angebotsschulen – alle Kinder sind freiwillig dort. Es sind Ganztagsschulen mit Fünf-Tage-Woche, von 8.00 bis 18.00 Uhr geöffnet – alle Schüler erhalten ein Mittagessen, die Kleinen in der Mensa der Laborschule, die Kollegiaten in der Mensa der Uni. Zu den Schulen gehören naturwissenschaftliche Labors, Sport- und Gymnastikhallen, handwerkliche und mechanische Werkstätten, Schreibmaschinenraum, Tonstudio, Bibliothek, Sprachlabor.

Im Oberstufenkolleg werden nach einem universitätsähnlichen System 23 Disziplinen angeboten – auch Jura, Russisch, Soziologie, Technik. Jeder Kollegiat muß sich für zwei Wahlfächer entscheiden (zum Beispiel für Medizin und Biologie). Einschließlich dieses Wahlfachunterrichts bekommt er 24 Stunden pro Woche Ergänzungs- und Gesamtunterricht; Themenbeispiele: Entwicklung der bürgerlichen Demokratie in Deutschland; Randgruppen in der BRD; Sprachliche, literarische und kulturelle Aspekte des Großstadtlebens – London, New York, Berlin; Sprachbarrieren und Geheimsprachen; Biographien und Autobiographien als Quellen des Pädagogikstudiums; Das Grundgesetz als Leitlinie unserer Rechtsordnung.

Da die schulische Praxis in der LS und dem OS auf der pädagogischen Theorie aufbauen soll (wissenschaftliches Prinzip der Einheit von Schule und Forschung), unterrichten die Lehrenden am OS nur zwölf statt üblich 24, an der LS nur 16 statt üblich 28 Stunden pro Woche, der Rest soll der Forschung gehören. Ein Teil der Lehrer wird deshalb auch auf Hochschul-(H-)Stellen beschäftigt. Bereits nach einem Jahr liegen beachtliche Forschungsprodukte vor: Hilfen für eine Studien- und Berufsfeldwahl, Erfahrungen mit Praktika, Anregungen zur Gruppenarbeit und zur Kontrolle von Leistung, Unterlagen zur Mit- und Selbstbestimmung.

Beide Projekte haben noch keine endgültige Satzung. Verfahren wird nach einer Vorlage, die sehr vielfältige Gremien kennt und den Schulen – den Lehrenden, Lernenden, Eltern und Bediensteten – die Selbstverwaltung nahezu völlig überläßt: alle Fragen der Schulordnung, des Unterrichts, der Stellenausschreibung, Hausordnung, Curriculum-Entwicklung, Forschung, Aufnahme der Schüler, Einstellung der Lehrer, Etat.

Die Schulen sind in einem riesigen 260 Meter langen und 65 Meter breiten, nur einmal unterteilten Gebäudekomplex untergebracht. Beide sind also weite, offene, architektonisch vielfältig gegliederte

Hallen-Großraum-Schulen. Gekostet haben die Projekte bisher allen in allem rund 60 Millionen Mark – ein wesentlicher Beitrag Nordrhein-Westfalens zur Bildungsreform, speziell zum Konzept der Gesamtschule und zum Problem Abitur/Hochschulzugang.

Ein Zehnjähriger stürmt auf uns los: »Hallo, Hartmut«, ruft er, »willst du mit mir kämpfen?« Seine Augen leuchten, in der Rechten schwingt er einen Holzsäbel, als wär er ein Ritter aus fernen Tagen. Sein »Gegner« lächelt, winkt ab: Hartmut von Hentig, der hier allgemein HvH heißt und Deutschlands vielleicht bedeutendster und wohl international angesehenster Pädagogik-Professor ist.

Laborschule und Oberstufenkolleg (LS, OS) an einem Mittwochmorgen, kurz nach neun Uhr: Zwei Schüler spielen Tischtennis; ein anderer liegt mit dem Kopf auf dem Tisch und macht noch ein Nickerchen; ein Mädchen hat sich an eine Heizung zurückgezogen und strickt; dort zeichnet ein Junge Folien an einem Tageslichtprojektor; überall sind durch Stellwände Lernräume abgeteilt, in denen Gruppen sitzen und arbeiten – allein oder mit einem Lehrer; die kleine Japanerin trägt das Meerschweinchen umher und verdreht selig die Augen: »Isn't it lovely?«

Eine Lerngruppe von etwa zwanzig Kindern zwischen zehn und zwölf Jahren bildet einen Kreis; der Lehrer sitzt zwischen den Schülern. Einer ruft: »Ich möchte heute Diskussionsleiter sein«, die anderen sind einverstanden; er leitet die Debatte, alle »gehorchen« ihm, der Lehrer greift nicht ein, er meldet sich wie die anderen, die ihn wie einen der Ihren duzen – so ist es hier zwischen Lehrenden und Lernenden üblich.

Einer der Lehrenden, Wolfgang Harder, erklärt mir sein Unterrichtsprojekt »Einführung in die Linguistik«. Seine 22 Kollegiaten haben nach ihren Interessen vier Gruppen gebildet und arbeiten sechs Wochen lang völlig frei und selbständig. Harder geht mal zu den einen, dann zu den anderen und spricht meistens mit einzelnen Schülern. Die Ergebnisse der Gruppen werden später im Plenum vorgetragen. Es sind zwölf Mädchen und zehn Jungen zwischen 16 und 23 Jahren, also Schüler, die noch in der Untersekunda sitzen, aber auch schon im fünften Semester sein könnten. Einige haben nur den Hauptschulabschluß und eine Lehre hinter sich; andere waren auf der Mittelschule; wieder andere kommen vom Gymnasium. Es sind Kinder aus allen Schichten, deren Väter als ungelernte Arbeiter, als Lehrer oder als selbständige Ingenieu-

re tätig sind. Der eine kann kaum so schreiben, daß seine Mitschüler es entziffern können, macht sehr viele Fehler, ist aber redegewandt und lernwillig; ein anderer schweigt beharrlich, liefert jedoch tadellose, fehlerfreie Referate von 20 Seiten – so groß sind die Unterschiede in den einzelnen Gruppen.
Die meisten Schüler, mit denen ich mich unterhalten konnte, traten selbstbewußt auf, waren kritisch und sympathisch offen gegen sich und andere. Sie würden keinem unbesehen etwas abkaufen, kaum etwas durchgehen lassen, was sie für falsch halten. Und sie identifizieren sich fast vorbehaltlos mit ihrer Schule, den Lehrern und dem Unterricht.
Ist dies etwa eine ideale pädagogische Provinz? Auf den ersten Blick ja. Eine großartige Möglichkeit wurde hier geschaffen, um unvoreingenommen über Erziehung nachzudenken und die Ergebnisse zugleich in der Praxis zu erproben; eine kleine Welt der Selbstaufklärung, Selbstentfaltung und Selbstbestimmung, der Kommunikation und des Verständnisses – von allem wurde hier etwas verwirklicht. Die Laborschule und das Oberstufenkolleg sind einmalige Projekte – schön wie eine Orchidee in der tristen bundesdeutschen Schullandschaft.
So scheint es; tatsächlich haben die Bielefelder viele Sorgen und schwierige Probleme. Neid und Mißgunst nisten unter den Glasdächern der Schulhallen; Gerüchte und Verdächtigungen haben sich eingeschlichen: Kinder würden geschlagen; Lehrer haßten sich, und manch einer würde die Schule gern wieder verlassen. Einige sind voll Verachtung für Hartmut von Hentig und seine Pädagogik. Von den rund 80 Lehrenden dürften etwa 20 Hentig ablehnen, ohne daß sie ihn loswerden wollen: Sie möchten ihn weiterhin als Aushängeschild benutzen, weil sie wissen, daß die beiden Projekte ohne HvH kaputt wären. Aber sein Erziehungskonzept ist ihnen zuwider, weil sie sich an marxistischen, kommunistischen, jungsozialistischen und gewerkschaftlichen Idealen orientieren und eine Schule betreiben möchten, die Modelle für eine gesellschaftsverändernde Pädagogik entwickelt.
LS und OS sind als eine Einheit konzipiert, als ein durchgehender Bildungsweg von der Vor- zur Hochschule. Doch beide Schulen entwickeln sich auseinander, statt zusammenzuwachsen. Integration fehlt, und oft fehlt es leider auch an pädagogischen Fähigkeiten. »Der Unterricht ist zum Teil sauschlecht«, sagte mir ein Lehrender, und es stimmt. Ich habe zum Beispiel wenig überzeugende Stunden »Kreide-Chemie« an der Wandtafel gesehen und

Kollegiaten beobachtet, die recht lustlos, interesselos, einfallslos im OS rumsitzen.
Für sie gibt es vor allem zwei Probleme. Erstens ihre oft miese soziale Lage, denn sie bekommen – anders als Studenten – keine volle Unterstützung nach dem Bundesausbildungsförderungsgesetz (BAFöG), haben aber gleichwohl alle Ausgaben eines Hochschülers, wie teure Zimmermiete, Bücher, Kleidung, Heimfahrten. Zweitens die Ungewißheit über ihren Abschluß; obwohl nämlich der Unterricht im zweiten Jahr läuft, ist ungeklärt, mit welchem Zeugnis Kollegiaten entlassen werden: Das Abitur sollen sie nicht machen, und deshalb sind sie vom Verfahren der Zentralen Vergabestelle für Studienplätze in Dortmund (ZVS) ausgeschlossen, andererseits konnte ihnen bis heute aber noch kein Kultusminister und keine Universität versprechen, daß sie einen Studienplatz bekommen und etwa ins zweite oder dritte Semester aufgenommen werden. »Wir hängen also völlig in der Luft«, schimpft ein Kollegiat, und diese verzweifelte Lage ist einer der Gründe dafür, daß – meinem Eindruck nach – wohl etwa ein Drittel von ihnen das Oberstufenkolleg verlassen würde, wenn es nur attraktive und gleichwertige andere Berufs- und Schulmöglichkeiten gäbe.
Von all diesen Schwierigkeiten ahnte niemand etwas, als Hartmut von Hentig bei der Eröffnung 1975 von einem »Wunder« sprach. Das ist vielleicht ein angemessenes Wort für dieses Unternehmen. Die beiden Bielefelder Projekte zählen zu den wichtigsten Ergebnissen der sozial-liberalen Bildungsreform der sechziger Jahre, die von jedem zweiten Bürger gefordert, bejaht und unterstützt wurde. Ein Lieblingskind dieser Reform war HvH: eine pädagogisch-wissenschaftliche Autorität jenseits von allem parteipolitischen Gezänk; getragen vom Wohlwollen der Medien, gefördert von einem der potentesten Verlage (Klett) und geachtet von fast allen maßgeblichen Bildungspolitikern. Wie kein anderer Pädagoge hierzulande hat Hentig in seinem großangelegten Werk das Erziehungskonzept unserer Zeit formuliert: eine Pädagogik der radikalen Menschlichkeit, die jedem über soziale Barrieren hinweg seine Chance geben soll, selbst- und mitbestimmend zu sich zu finden – »ich« sagen zu können, wie Hentig es vielleicht ausdrükken würde.
Nachdem dieser Entwurf vorlag, begann HvH für seine Theorie die Möglichkeit praktischer Verwirklichung zu suchen; er fand sie in dem reichen, sozial-liberal stabil regierten und Neuerungen

gegenüber aufgeschlossenen Nordrhein-Westfalen an der Reformuniversität Bielefeld. Und darin besteht die historische Dimension dieser Schulprojekte: Sie sind der entschiedene Versuch, zum erstenmal in der deutschen Geschichte Erziehungsmodelle für eine soziale und rechtsstaatlich-demokratische Gesellschaftsordnung zu erproben und anwendbar zu machen. Was Hentig damit in Theorie und Praxis zu leisten bemüht ist, stellt ihn in eine Reihe mit Pestalozzi, Fröbel, Humboldt und Kerschensteiner, die jeder für sich in ähnlicher Weise Grundlagen der allgemeinen, der vorschulischen, der universitären und der beruflichen Bildung entworfen und in die Tat umgesetzt haben.

Und doch könnte dieser Versuch trotz seiner hervorragenden Voraussetzungen scheitern. Worte wie abwürgen, aushungern, strangulieren werden in Bielefeld geflüstert; es wird sogar von einem möglichen Verrat der sozial-liberalen Parteien und Politiker an ihren eigenen Projekten geredet. Wie es so weit kommen konnte, ist schwer zu erklären; denn es besteht ein kaum entwirrbares Knäuel von Mißverständnissen, Argwohn und Heuchelei, personalen und sachlichen Schwierigkeiten, mangelndem Vertrauen und fehlenden politischen Entscheidungen bei allen Beteiligten in den Schulen, in der Universität und in den Ministerien in Düsseldorf.

Mag sein, daß Hentig seine Schulen eines Tages als seinen pädagogischen Sündenfall erkennt. Seine theoretische Brillanz steht außer Zweifel; aber durfte sich ein solcher Mann so vorbehaltlos auf das Wagnis der pädagogischen Praxis einlassen? Er hat es getan, und einige wenige erfreuliche Ergebnisse sind zu besichtigen – der dann und wann mangelhafte Unterricht, ein zum Teil verfeindetes Kollegium, die Gefahr, daß die Schulen auseinanderbrechen. Das sind auch Folgen von Hentigs tiefer Scheu davor, den starken Mann zu spielen und Macht auszuüben. Deshalb hat er mit seiner manchmal verfehlten Personalpolitik nicht verhindern mögen oder können, daß einige Lehrer aufgenommen wurden, die es nun darauf anzulegen scheinen, die Schulen zu zerstören – schlimmer noch ist, daß er diese verbeamteten Kollegen heute fast nicht wieder loswerden kann.

Laborschule und Oberstufenkolleg sind, wollte man dem Bielefelder Uni-Rektor glauben, eine Zier »seiner« Hochschule. Tatsächlich jedoch scheint das Interesse der Universität an ihnen gering zu sein. Von zehn Ordinarien haben wohl nur vier überhaupt ein Interesse an den Schulprojekten; wie viele sich davon wirklich

aktiv für Hentigs Labore engagieren, ist nicht auszumachen – jedenfalls gibt es auch Professoren, die sie liebend gern wieder abschafften. Die Gründe dafür liegen auf der Hand: Ordinarialer Hochmut ist es, der in den Studienräten und Dozenten des OS keine gleichwertigen Gesprächspartner sieht; hinzu kommt die Überzeugung, daß mit solchen Leuten und noch dazu an einem Kolleg keinesfalls ein seriöses Grundstudium absolviert werden kann, das in der Hochschule von Professoren (richtiger: meistens nur von ihren Assistenten) abgehalten wird. Fazit: Nach einem Jahr gibt es zwischen der Alma mater und ihrem Schul-Kind erst ein oder zwei echte Kontakte, und das ist viel zuwenig.
Im zuständigen Düsseldorf dagegen kümmern sich im Kultusministerium (verantwortlich vor allem für die Laborschule) und im Wissenschaftsministerium offenbar zu viele um die beiden Schulen – Ministerialbeamte mit der Kompetenz für Personal, Baufragen, Satzung, Haushalt und manches andere, die oft nicht wissen, was der andere gerade plant, anordnet oder verbietet. Diese ministerielle Zersplitterung ist sicherlich keine optimale Organisation für die Schulen. Außerdem zittern die Pädagogen in Bielefeld vor drei »Bomben« aus Düsseldorf: vor einer neuen Satzung, die im Entwurf vorliegt und die jetzige Autonomie der Schulen total zerstörte; vor den Normbüchern, die dem abiturlosen Kolleg die Reifeprüfung aufzwingen würden; und schließlich vor dem Zudrehen des Geldhahns, so daß im nächsten Jahr keine neuen Lehrer eingestellt und damit keine weiteren Schüler aufgenommen werden könnten.
In Bielefeld werden diese Maßnahmen zu Recht als Anfang vom Untergang gedeutet; in Düsseldorf jedoch geben sich die beiden zuständigen Minister gelassen und bestreiten, daß ein Grund zur Furcht bestehen könnte. Jürgen Girgensohn: »Ich sehe keinen Anlaß, das Kriegsbeil auszugraben; ich bin ernsthaft gewillt, die Laborschule unter allen Umständen fortzuführen.« Johannes Rau: »Für mich ist das Oberstufenkolleg der interessanteste Ansatz zur Überwindung des Abitur-Hochschulzugangs-Problems; ich stehe nach wie vor ganz dahinter.«
Also: die Schulen werden bestimmt neue Lehrer bekommen. Aber damit sind die Probleme längst nicht gelöst. Denn schlimmer als die NRW-internen Finanz- und Organisationsfragen ist der rauhe Wind, den der Klimawechsel in der bildungspolitischen Großwetterlage mit sich bringt: *roll back*, Sparbeschlüsse, Hochschulzugangschaos, Länderquoten, ZVS-Computer. Die Folge davon ist,

daß das Bielefelder Reform-Kolleg heute in kein vorhandenes Kästchen der Bildungspolitik paßt. Und kaum ein Technokrat, Ministerialer oder Politiker in irgendeinem Bundesland ist willens, sich energisch für eine Sonderregelung einzusetzen. Hier, in einer bundesweit gesicherten Hochschulzugangslösung für die Bielefelder Kollegiaten, liegen die größten Schwierigkeiten, und heute kennt noch niemand ein erfolgreiches Mittel gegen sie.
Diese Ungewißheit belastet die Schulprojekte nahezu unerträglich. Lernen, aber nicht wissen, wozu – das mögen Kollegiaten und Lehrende nicht länger hinnehmen, auch wenn sie das Versprechen der Minister haben: »Wir wollen wirklich helfen.« Wenn das ein Wort sein soll, wird es Zeit. Was geschehen muß, steht fest: Die Schulen brauchen ein besseres Management; die Universität muß sich aufrichtiger um ihre pädagogischen Werkstätten kümmern; die Zusammenarbeit mit der Düsseldorfer Bürokratie muß effektiver sein, und auch die bescheidenste Möglichkeit für einen Zugang der Kollegiaten zum Studium sollte entschiedener genutzt werden. Noch ist es nicht zu spät, und es ist bestimmt auch nicht unmöglich, die Bielefelder Orchidee zu retten.

(DIE ZEIT Nr. 3, 9.1.76)

Klassenzimmer als Fernsehstudio

Hochschulen auf dem Weg in die Zukunft: Medienzentrum Hildesheim – Wie lernen unsere Kinder morgen?

Im Nordosten der Stadt, wo sie eigentlich schon zu Ende ist, auf der Marienburger Höhe, kommt dann doch noch eine Attraktion. Es ist freilich keine touristische Sehenswürdigkeit, sie gehört vielmehr in den etwas abseitigen Bereich der Wissenschaft: das Audiovisuelle Zentrum der Pädagogischen Hochschule. Hinter dieser Bezeichnung verbirgt sich ein Institut, in dem Formen und Möglichkeiten des modernen Unterrichts mit technischen Geräten erforscht werden, mit Tonband und Schallplatte, Film und Fernsehen, Diaprojektoren und Sprachlabors. Um akustische (deshalb: audire = hören) und optische (deshalb: videre = sehen) Lehr- und Lernprobleme geht es also, und es handelt sich um eine ganz junge Disziplin: Medienpädagogik.
Einer der führenden Medienpädagogen in der Bundesrepublik, Professor Heribert Heinrichs, leitet das AV-Zentrum, das einma-

lig ist zwischen Flensburg und Konstanz, zwischen dem Rhein und der Elbe. Gerade konnte nach mehrmaligem Verzögern der Betrieb jetzt voll aufgenommen werden, und schon hat sich unter Studenten die Ansicht verbreitet: Wer Medienpädagogik studieren will, tut das möglichst in Hildesheim. Die Studentenzahl schnellt nach oben. Als 1970 die erste Vorlesung gehalten wurde, hatten sich gerade 400 eingeschrieben; in diesem Wintersemester sind es dreimal so viele, die Kapazität der neuen Gebäude ist ausgelastet [Studentenzahl im Wintersemester 1976/77: 4000].
40 Millionen Mark hat die PH gekostet, etwa ein Zehntel davon wurde in den Bau des AV-Zentrums investiert. Es ist eigentlich das Herzstück dieser Hochschule, ohne daß man sagen könnte, die PH wurde um den AV-Bereich herumgebaut. So weit geht es nicht, aber so viel ist richtig: Der gesamte Gebäudekomplex ist mit dem Zentrum verbunden, es besteht eine totale Television. Der Biologieprofessor, der in seinem Labor eine Amöbe unter dem Mikroskop betrachtet, kann diese Untersuchung in Hörsäle übertragen, wo Studenten sie auf riesigen Leinwänden verfolgen können. Dasselbe gilt für jedes andere Fach, alles ist überallhin übertragbar. Gäbe es noch jenen akademischen Zopf, die feierliche Immatrikulation mit den Ordinarien in ihren farbigen Talaren, dann könnte dieses Spektakel in der Hildesheimer PH in allen Einzelheiten gefilmt, gespeichert und sogar über einen Sender *live* ausgestrahlt werden.
Das AV-Zentrum besteht aus zwei Abteilungen: erstens aus dem Film-, Fernseh- und Tonstudio, zweitens aus der Anlage zur Unterrichtsmitschau. Das FFT-Studio liegt unter der Erde und wird durch dicke Zementmauern schalldicht gegen alle Geräusche der Außenwelt abgeschirmt. Hinter den Betonwänden herrscht absolute Stille, herrschen Bedingungen, wie sie in keinem Studio einer öffentlichen Rundfunkanstalt besser sein könnten. »Technisch der letzte Weltstandard«, erklärt der Mann von Telefunken stolz, denn seine Firma ist der Hauptlieferant. Geräte für 1,6 Millionen Mark stehen hier, vom einfachen Videorecorder für 2500 Mark bis zum Zwei-Zoll-Aufzeichnungsgerät, das den hundertfachen Preis kostet. Sprachlabor und Fotolabor, mechanische und elektronische Werkstatt, Technikzentrale, Regieraum, Bildmagazin – alles ist vorhanden, und alles ist möglich: ein Hörspiel zu produzieren, einen Film zu drehen, eine komplizierte chemische Versuchsanordnung im Bild festzuhalten.
Als erstes wird jetzt eine Folge »Einführung in die Mengenlehre«

hergestellt. Mit diesem Gebiet müssen sich ja seit Beginn des Schuljahres 1972/73 alle Erstkläßler beschäftigen, und längst nicht in jedem Fall haben sie einen Lehrer, der die Materie beherrscht. Professor Heinrichs: »Hier spielen sich Tragödien ab.« Das AV-Zentrum möchte Abhilfe schaffen und seine Serie den Schulen anbieten, und zwar kostenlos. Später könnte sich Heinrichs auch eine kommerzielle Produktion denken: Das Zentrum stellt Filme für Vorschule und Unterricht her und verkauft sie an Fernsehanstalten. Dies wird jedoch immer ein Nebenaspekt bleiben, denn in der Hauptsache dienen die Anlagen den Pädagogikstudenten. Sechzig Prozent der Kapazität für das Lernen, »damit die jungen Lehrer technologisch warm werden«, so lautet Heinrichs Faustregel, zehn Prozent für teledidaktische Fragen »und der Rest vielleicht für die freie Produktion«.
Jeder der 1200 Studierenden bekommt eine technische Einweisung an allen Geräten, und ein Drittel wird technologisch besonders geschult. Bei den Studentinnen stoßen die AV-Wissenschaftler immer wieder »an eine technologische Sperre« (Heinrichs), die in der weitverbreiteten Abneigung der Frauen gegen jedwede Technik ihre Ursache hat. In Hildesheim können die angehenden Lehrerinnen ihre Scheu wirklich überwinden, denn dort gibt es genug technisches »Spielzeug«, an dem sich jede üben kann.
Das heißt: anfangs wohl noch nicht jeder so ausgiebig, wie es wünschenswert wäre, denn dem Zentrum fehlen Wissenschaftler. »Das ist meine Achillesferse«, klagt Heinrichs, der einen Medienpsychologen, einen Kybernetiker, Dramaturgen, mehrere Studienleiter und Assistenten brauchte, »um voll in Fahrt zu kommen«. Im Kultus- wie im Finanzministerium in Hannover kennt man die Wünsche – und kann sie aus Geldknappheit doch nicht erfüllen.
»Mit 300000 Mark jährlich könnten wir produzieren«, sagt Professor Heinrichs, und in dieser Summe sind nicht die Gehälter mitgerechnet. Indes wären es die Kosten für das »zweite Bein« des Zentrums, für die Unterrichtsmitschau. Das ist ein mit Fernsehkameras bestückter Klassenraum in der PH, aus dem jede Phase einer Unterrichtsstunde auf eine überdimensionale Leinwand in der Aula übertragen werden kann. Kein Student braucht sich mehr während der Stunde in der Klasse hinter dem Rücken der Kinder herumzudrücken, es bedarf keiner Begrenzung der Teilnehmerzahl an der Stundenbeobachtung mehr, es gibt die Möglichkeit, alle Mitschnitte zu speichern und zu einer beliebigen Zeit vorzu-

führen, wobei der Film natürlich an jedem Punkt angehalten werden kann. Das alles bietet die Mitschau, die totale Teilnahme beliebig vieler Lehrerstudenten zu jedem Zeitpunkt und auf jedem Schülertisch am Unterricht einer Klasse. Auch dazu gehört ein komplettes AV-Instrumentarium: Radio und Stereoanlage, Super-8- und 16-mm-Kameras, kleine Kassettenrecorder und Studio-Tonband-Maschinen.

Damit kann zum Beispiel eine Unterrichtsmethode verfolgt und aufgezeichnet werden: Verschiedene Lehrer unterrichten in parallelen Klassen dasselbe Thema – beispielsweise die Interpretation eines Gedichts – und denken sich jeder einen anderen Anfang aus. Aus den ersten Minuten der jeweiligen Unterrichtsstunde wird ein Film, der zweifellos äußerst lehrreiches Material für alle bieten würde, die das Lehrerhandwerk erlernen wollen. Aber was viel näher liegt: Lehrer können sich selber beim Unterrichten zuschauen, endlich sich selber kritisch prüfen.

Schulen für solche Experimente stehen den Hildesheimer Wissenschaftlern reichlich zur Verfügung, denn um die PH herum gibt es alles, von der Sonderschule über die Gesamtschule bis zum Gymnasium. Privatfirmen rüsteten einige bereits technologisch aus. Gut vier Millionen Mark für den Bau des AV-Zentrums, etwa zweieinhalb Millionen für die Geräte und – alles in allem – bei vollem Betrieb eine Million im Jahr für die laufenden Kosten, das ist eine aufwendige Anlage, auch wenn man bedenkt, daß es ein Modell ist, das in Hildesheim errichtet wurde. Errichtet in dem Bereich technischer Medien, die in Zukunft zweifellos zu einem Bestandteil des Unterrichts werden. Aber wie sinnvoll ihre Verwendung sein wird und in welchem Umfang sie eingesetzt werden sollten, das sind offene Fragen.

Darüber sind sich die meisten Pädagogen und Bildungspolitiker einig: Das Schulbuch wird auch weiterhin eine wesentliche und zumindest in den nächsten Jahren die Hauptrolle im Unterricht spielen. Die technologische Zukunft ist längst noch nicht in deutsche Klassenzimmer eingezogen. Gewöhnlich verfügt eine Schule nur über eine bescheidene Medien-Grundausrüstung: Tonband, Radio, Plattenspieler, Dia- und Tageslicht-(Overhead-) Projektor, Tonfilmapparat – also das, was es eigentlich schon immer gegeben hat. Wirklich moderne Technik ist noch viel seltener. Im Saarland zum Beispiel bestehen [1973] 512 Schulen, aber nur in 22 gibt es ein Sprachlabor, in 112 einen Fernsehapparat und in zwei Schulen jeweils einen Videorecorder und einen Kleincom-

puter. Ähnlich ist die Situation in den anderen Bundesländern, in den Stadtstaaten ist sie etwas besser als in den Flächenstaaten. In Hamburg kommen auf 400 Schulen 56 Labors, 40 Fernseher, vier Videorecorder, zehn Kleincomputer.
Dieser niedrige technologische Standard hat mehrere Gründe. Der simpelste ist fehlendes Geld. Während ein Schulbuch – das achtmal ausgeliehen werden kann – nur etwa sechs Mark kostet, erfordern die Medien geradezu astronomische Summen. Für eine einfache Grundausrüstung sind 10000 Mark nicht zuviel; für eine umfassende Anlage (mit Fernsehen, Sprachlabor, Computer) muß rund eine Viertelmillion aufgewandt werden. Ein einstündiger Super-8-Film kostet 150 Mark an Material, die Produktionskosten für eine Stunde Spieldauer belaufen sich immerhin auf rund 360000 Mark.
Diese Summen stehen in überhaupt keinem Verhältnis zu den Etats der Schulen für Lern- und Lehrmittel, denn das sind Minibeträge. In Hamburg gibt es pro Jahr je Volksschüler 47,70 Mark, für Gymnasiasten 101,60 Mark, für Berufsschüler 34,70 Mark. Und das ist noch viel. In Rheinland-Pfalz, wo keine Lernmittelfreiheit besteht, wendet der Staat für Grund- und Hauptschüler 2,08 Mark im Jahr auf, für Realschüler 11,61 Mark und für Gymnasiasten 16,38 Mark.
Diese Ressourcen setzen einem Technologieboom sehr enge Grenzen. Hinzu kommt: Viele Lehrer – Schätzzahlen besagen, von zehn seien es fast neun – verwenden audiovisuelle Mittel nur selten im Unterricht. Sie sind in ihrem Gebrauch ja auch nicht ausgebildet worden, haben keine Möglichkeit, sich zu schulen und scheuen vielfach die Mehrarbeit, die die Technik zumindest im Anfang erfordert. Denn – und das ist ein weiterer wesentlicher Grund – es gibt zwar ausgereifte Geräte (hardware), es fehlt aber sehr an wirklich gutem Unterrichtsmaterial (software).
Was methodisch und didaktisch brauchbar ist, darüber besteht herzlich wenig Klarheit. Die pädagogische Wissenschaft nämlich hat sich bisher kaum mit der Erforschung von Lern- und Lehrmedien befaßt. Das hat sie nie als eine ernsthafte Aufgabe angesehen, und heute stellt sich heraus, daß es ein großer Fehler war. Wie die Technik dem Kind hilft, besser zu lernen, kann kein Wissenschaftler eindeutig und schlüssig beantworten. Daß die Medienproduzenten die Schulen trotz dieser ungeklärten Probleme am liebsten mit möglichst viel Technologie vollstopfen möchten, ist vom unternehmerischen Standpunkt verständlich; für die Schulen und

die Schüler kann darin sogar eine Gefahr liegen: Die Medien könnten Kinder ablenken und abhängig machen, statt sie zu verselbständigen und dadurch zu einem humaneren Unterricht beizutragen.
Auf diesem Gebiet arbeitet Heribert Heinrichs, der zuerst Volksschullehrer und dann Volksschulrektor war, anschließend wieder studierte und mit einer Arbeit über den Schul-Hörfunk promovierte. Spätestens seit diesem Zeitpunkt hat er sich der Medienpädagogik verschrieben, obwohl auch er die Gefahren moderner Medien kennt, die Kinder immer stärker überfluten. Wie sehr Jugendliche in ihrem Denken und Handeln durch Massenkommunikationsmittel geprägt werden, hat er in wiederholten Versuchen erforscht. Und insbesondere interessiert den Wissenschaftler, wie sich Aggressivität und Brutalität im Fernsehen auf kindliche und jugendliche Verhaltensweisen auswirken.
Um eine Antwort zu bekommen, ließ Heinrichs eine Woche lang alle TV-Programme auf »Brutalitätsakte« untersuchen und fand ein wahrhaft erschreckendes Ergebnis heraus: 416 Gewaltverbrechen in einer Woche! Zwischen dem 5. und dem 15. Lebensjahr, so Heinrichs, »muß ein Kind in der Bundesrepublik etwa 12000 Totalvernichtungen auf dem Bildschirm mitansehen«. Daß dies nicht ohne Einfluß auf die kindliche Psyche bleibt, ist Heinrichs feste Überzeugung: »Meiner Meinung nach wächst eine Generation heran, die insgesamt in der Gewaltanwendung das beste Mittel zur Durchsetzung eigener Wünsche und Ziele sieht. Gewalt wird die Neurose dieser Jugend.«
Diese Meinung ist durchaus nicht unbestritten. Andere Wissenschaftler sind der Ansicht, daß Brutalität im Fernsehen für Kinder nicht gefährlich ist. Hier, in der Aufklärung der Lehrerstudenten über die möglichen Gefahren der Medien, liegt ein weiterer Ansatz für die Arbeit des Zentrums. Nicht alle Studierenden in Hildesheim jedoch beurteilen Heinrichs Tätigkeit aus dieser Sicht. Für sie wiegt die Tatsache schwer, daß der Medienpädagoge zwangsläufig auch immer zugleich für den Einsatz von Technik Propaganda macht. Das hat ihm schon den Vorwurf eingebracht, »ein Büttel der Industrie« zu sein. Und die Tatsache, daß er sein technologisches Wissen und seine pädagogischen Kenntnisse – Heinrichs ist Autor von vierzehn Büchern zur AV-Thematik – als Autor und wissenschaftlicher Beirat des Journals »Eltern« verbreitet, hat ihm den Vorwurf eingebracht, »ein Springer-Knecht« zu sein (als das Blatt noch von Axel Springer verlegt wurde).

In der Tat ist dies auf dem Gebiet der Medienpädagogik ein ernstes Problem: einerseits grundlegende Forschungen über Nutzen und Nachteil der Medien; zum anderen dadurch ein Anheizen von Bedürfnissen, da ja die meisten der technologisch ausgebildeten Lehrer später in der Schule ebenfalls moderne Geräte anschaffen werden; zum dritten die verführerische Möglichkeit, Pädagogik und Technologie journalistisch als Lebenshilfe zu vermarkten in einer Zeit, in der viele Erziehungsprinzipien fragwürdig geworden sind.

Heribert Heinrichs kennt diese für einen Wissenschaftler nicht ungefährliche Problematik; trotzdem ist er ihr nicht immer ausgewichen. In ihr erblickt er seine »persönliche Tragik: Auf der einen Seite diene ich der technologischen Entwicklung als Pädagoge, weil ich von ihren Vorteilen überzeugt bin; andererseits fördere ich dadurch den Konsum von Medien, obwohl ich von ihrer partiellen Gefährlichkeit weiß.«

(Merian, Heft Hildesheim, 1973. – Auskunft von Professor Heribert Heinrichs Ende Oktober 1976: Von 1600 Studenten in Hildesheim sei ein Viertel mit dem Schwerpunkt am AV-Zentrum tätig; dieses sei »absolut anerkannt« und könne jetzt sendereif produzieren, weil inzwischen »eine brillante Mannschaft« hinzugekommen sei – Kameramann, Cutterin, Bildingenieur, Toningenieur, zwei Betriebsingenieure. Eine neue Aufgabe sei es, eine Modell-Mediothek zusammenzustellen, um zum Beispiel entstehenden Gesamtschulen Hilfen für den Aufbau eigener AV-Zentren zu bieten.)

Auf dem Weg zur Wissenschaft

Gesamthochschule Kassel: Ein Modell für die Zukunft der Universität

Trefflich mit Worten zu loben, weiß der Minister das Werk. Für Hans Krollmann, den zuständigen Kultusminister in Wiesbaden, ist die Gesamthochschule Kassel (GhK) »ein Wirtschaftsfaktor ersten Ranges« und »ein neues geistiges Zentrum« in der ansonsten recht tristen nordhessischen Region im Zonenrandgebiet. Zudem gilt dem Politiker die Universität auch als »eine Stätte der Studienreform: in allen, buchstäblich in allen Bereichen ist man dabei, überkommene Studiengänge zu reformieren«. Kurzum und »ganz klar« ist für Krollmann, daß die Kasselaner Alma mater »die mit ihrer Errichtung verbundenen Erwartungen in hohem Maße erfüllt«.

Ist so viel Lob wirklich erlaubt? Mit einigen Abstrichen ja. Die fünfte Hohe Schule in Hessen – außer Frankfurt, Marburg, Gießen und Darmstadt – bietet nach nur fünf Jahren eine erstaunlich positive Bilanz: Ein einmaliges Experiment und zugleich ein wichtiges Modell für das bundesdeutsche Hochschulwesen der Zukunft, das viele Hoffnungen erfüllt hat und ohne größere Probleme funktioniert.

Eine neue Universität in Kassel zu gründen, setzte dreierlei voraus: einen bildungs- und gesellschaftspolitischen Reformwillen, ein Hochschul-Konzept und günstige Verhältnisse am Ort. Alles war vorhanden. Das Konzept war eine Folge des deprimierenden Zustands bundesdeutscher Hochschulen Ende der 60er Jahre. Zum Leben zu krank, zum Sterben aber immer noch zu lebendig, waren sie mit ihrem Latein am Ende. Universitäten, Technische und Pädagogische Hochschulen, Fachhochschulen und Kunstakademien – also alle Einrichtungen des sogenannten tertiären Bildungsbereichs – bestanden abgeschottet nebeneinander, so daß es kaum einen Durchlaß gab von einer Hochschule in eine andere. Alle hatten sich mehr oder weniger in den sprichwörtlichen Elfenbeinturm geflüchtet und in die Theorien ihrer Wissenschaften eingesponnen, die Praxis kam viel zu kurz. Dabei waren die Studienzeiten viel zu lang und wurden immer länger, denn an die Studienreform gingen die zumeist auf ihr Prestige bedachten Professoren, die sich oft wie in Kasten oder Ständen abkapselten, nicht heran.

Ein Beispiel: Ein Abiturient entschließt sich, an einer Universität ein Lehrerstudium mit dem Berufsziel Studienrat zu beginnen. Nach vier Semestern merkt er, daß die strenge Wissenschaft doch nicht seine Sache ist; er möchte intensiver pädagogisch arbeiten und kleinere Kinder in einer Grundschule unterrichten. Deshalb muß er an eine Pädagogische Hochschule wechseln und verliert dabei die zwei Uni-Jahre fast völlig, denn an der PH muß er praktisch von vorn anfangen. Es gibt nur Abbruch und Neubeginn, aber keine sinnvolle Fortsetzung einer einmal begonnenen Ausbildung an einer anderen Hochschule. Solche Einbahnstraßen sind auch heute noch charakteristisch für fast alle Studiengänge: entweder schafft der Student das Examensziel oder er steht als Abbrecher mit leeren Händen da.

Um diese Mißstände zu beheben, entwickelten sozialdemokratische Bildungspolitiker wie Carl-Heinz Evers und Johannes Rau das Konzept einer Gesamthochschule. Der Grundgedanke ist ganz einfach: Hochschulen des tertiären Bereichs arbeiten zusammen, sie kooperieren miteinander, behalten jedoch ihre Binnenstruktur, ihren Status und ihre herkömmlichen Studienabschlüsse bei, stimmen jedoch ihr Lehrangebot so aufeinander ab, daß zum Beispiel ein späterer Diplomingenieur einer Technischen Hochschule und ein späterer graduierter Ingenieur einer Fachhochschule etwa einige Mathematik-Vorlesungen und -Übungen zusammen besuchen können.

Oder aber die ursprünglich autonomen Institutionen verschmelzen zu einer neuen selbständigen Form; sie reformieren die Studiengänge, so daß bisher getrennte Disziplinen (interdisziplinär) zusammenarbeiten; sie konzipieren ein gemeinsames ein- bis zweijähriges Grundstudium, an dessen Ende ein Examen steht, das dem Prüfling ermöglicht, nach dieser ersten Stufe in einen Beruf zu gehen. Wer möchte, kann in einem zweijährigen Haupt-, Fach- oder Schwerpunktstudium weiterstudieren, schließt diese zweite Stufe mit dem Diplom oder Magisterexamen ab und qualifiziert sich damit für einen »besseren« Beruf. Daran kann sich – dritte Stufe – ein Aufbaustudium mit einem Promotionsexamen zum Doktor anschließen; nach einigen Berufsjahren können – vierte Stufe – die ehemaligen Gesamthochschüler in einem Kontaktstudium zusätzliche Qualifikationen erwerben.

Das sind mit wenigen Worten die Modelle der kooperativen (additiven) und der integrierten (differenzierten) Gesamthochschule. Die weitergehende integrierte Form soll also gestufte Abschlüsse mit Berufsübergängen statt Sackgassen bieten; sie soll wissenschaftliche Disziplinen zusammenführen in reformierten, praxisorientierten kurzen Studiengängen; Wissenschaftler der verschiedenen Sparten sollen zusammenwirken, so daß Studenten nicht mehr nur für einen einzigen Beruf, sondern für verschiedene benachbarte Tätigkeiten in einem Berufsfeld ausgebildet werden. Gegen dies Modell der Gesamthochschule gibt es kaum einen vernünftigen Einwand. Deshalb überrascht es auch nicht, daß sich alle Parteien, alle Länderregierungen und der Bund, alle maßgeblichen Verbände und Organisationen dafür ausgesprochen haben. Trotz dieser einhelligen Zustimmung jedoch gibt es in der Praxis bisher nur eine Handvoll dieser neuen Hochschulform: eine im Saarland und eine in Bamberg, die beide im Grunde nur dem Namen nach Gesamthochschulen sind; fünf in Nordrhein-Westfalen, in Duisburg, Essen, Paderborn, Siegen und Wuppertal und eben die integrierte Gesamthochschule Kassel.

Daß es gerade Kassel wurde, überrascht wenig. Denn erstens war es sich Hessen als traditionell sozialliberal regiertes Land einfach schuldig, das Konzept einer Gesamthochschule als Ausdruck seines fortschrittlichen bildungs- und gesellschaftspolitischen Willens zu erproben; zweitens waren regionalpolitische Gründe maßgebend, in dem industriell und bildungsmäßig vernachlässigten Norden ein Zeichen zu setzen und etwas gegen das strukturell bedingte Gefälle von Süd nach Nord im Land zu tun. Drittens schließlich war kaum ein Ort geeigneter als Kassel, wo es bereits zehn selbständige Hochschulen mit zusammen 2500 Studenten gab, darunter die Staatliche Ingenieurschule für Maschinenwesen, die Ingenieurschule für Bauwesen, die Höhere Wirtschaftsfachschule, die Höhere Fachschule für Sozialpädagogik, die Hochschule für Bildende Künste. Alle diese Einrichtungen wurden zusammengefaßt und um einen universitären Bereich vor allem für die Lehrerbildung ergänzt. Zum Wintersemester 1971/72, am 15. Oktober 1971, begann in Kassel der Hochschulbetrieb.
Heute hat Kassel bereits 5500 Studenten, und einen Personalbestand von knapp 1000 Mitarbeitern. 44 Millionen Mark betrug der Haushalt im Rechnungsjahr 1975, in dem ein Volumen von 17 Millionen investiert wurde. In der Endausbaustufe könnten in Kassel, wo einst die Brüder Grimm als Bibliothekare ihre Arbeit am Deutschen Wörterbuch begannen und ihre Kinder- und Hausmärchen sammelten und veröffentlichten, gut und gern 15000 Studierende immatrikuliert sein. Für sie wären die vielfältigen Querelen, die die Gründungsphase dieser wie jeder anderen neuen Hochschule kennzeichneten, dann nur noch Historie; sie sind auch heute schon fast vergessen, weil großenteils beigelegt.
Einen heftigen und langwierigen Streit gab es um den Standort eines Teils der Hochschule. Dazu muß man wissen, daß die GhK ohnehin über die ganze Stadt verstreut ist. Die Zentralverwaltung liegt in der Nähe des Bahnhofs, die ehemalige Hochschule für Bildende Künste an der Aue, das neue Aufbau- und Verfügungszentrum und die frühere Wirtschaftsfachschule weit abgelegen an der Peripherie. Da von Anfang an klar war, daß neue Gebäude notwendig seien, gab es zwei gegenseitige Ansichten über deren Lage. Die einen wollten sie – ähnlich wie in Bochum, Bielefeld und Bremen – an den Stadtrand und auf die grüne Wiese bauen; die anderen plädierten für die Integration in die Stadt – ähnlich wie in Essen, Hamburg und Kiel – und setzten sich durch: Mitten in der Stadt, in den Hallen der ehemaligen Lokomotiv- und Panzerfabrik

Henschel wird ein Teil der Hochschule untergebracht – ein einmaliger Vorgang in der deutschen Universitätsgeschichte.
Einen heftigen Streit gab es auch um die Nachfolge der ersten Gründungspräsidentin Vera Rüdiger, die als Staatssekretärin in das Wiesbadener Kultusministerium ging. Wie üblich konnten sich die zerstrittenen Hochschulfraktionen lange nicht einigen; schließlich gab Kultusminister Krollmann den Ausschlag, daß ein weithin bekannter, hochqualifizierter Wissenschaftler Präsident in Kassel wurde: Ernst Ulrich von Weizsäcker, ein diplomierter Physiker, promovierter Zoologe und zuletzt Professor für interdisziplinäre Biologie an der Gesamthochschule Essen. Weizsäckers Name bedeutet ein Programm, denn er hat schon vor Jahren mit einem Team aus Ökonomen, Historikern, Chemikern und Theologen ebenfalls ein Modell für eine neue integrierte Universität entworfen, die Baukasten-Gesamthochschule. Das Prinzip ist einfach: Statt in herkömmlichen Semestern studiert der Student in »Bausteinen«, das sind vier- bis sechswöchige Einheiten über relativ geschlossene Lehrgebiete, die durch Praktika, Kolloquien und Selbstbeschäftigung erschlossen werden. An diesen Einheiten wirken verschiedene Wissenschaftler interdisziplinär zusammen; mögliche Themen sind etwa Verkehr in der Großstadt, deutsche Geschichte zwischen 1918 und 1933, Wirtschaftssysteme, Umweltgefahren.
Ernst von Weizsäcker hat sein Baukasten-Modell inzwischen weiterentwickelt und spricht heute statt von »Bausteinen« lieber von Projekten. Darunter sind ebenfalls thematisch und zeitlich begrenzte, interdisziplinär angelegte, praxis- und theorieorientierte Studieneinheiten zu verstehen. Einen großen Vorteil des projektorientierten Baukasten-Modells sieht Weizsäcker darin, »daß es billiger zu sein verspricht als heutige Studiensysteme. 30 bis 50 Prozent Einsparungen gegenüber heutigen Universitäten scheinen erreichbar. Außerdem denkt der Präsident für »seine« Hochschule an ein spezielles wissenschaftliches Programm »für die Erforschung des Besonderen der historischen, einmaligen, lokalen verbesserungswürdigen Praxis« oder mit seinen anderen Worten: »Die Gesamthochschule muß es zu ihrer uneinnehmbaren ›ökologischen Nische‹ machen, das Besondere zu erforschen.« Darunter versteht Weizsäcker vor allem Themen zur Infrastrukturverbesserung, Berufsforschung, Urbanistik, Weiterbildung und zum Sozialwesen.
Gerade dieses Gebiet ist schon heute ein Schwerpunkt in Kassel, ja,

es dürfte kaum eine Hochschule in der Bundesrepublik geben, an der Sozialarbeit und Sozialpädagogik als Einheit so intensiv betrieben werden. Damit widmet sich Kassel dem überaus wichtigen und immer umfangreicher werdenden Bereich der behinderten und kranken, ausgestoßenen und obdachlosen, straffälligen und kriminellen, drogensüchtigen und alkoholabhängigen Kinder, Jugendlichen und Erwachsenen, der bisher von dieser Gesellschaft und zumal von der Hochschul-Wissenschaft so sehr vernachlässigt wurde. In Kassel bereiten sich 500 Studenten in einem Modell-Diplomstudium für das Sozialwesen vor, um später im Strafvollzug, in Jugendämtern, SOS-Kinderdörfern, Kinderläden, in der Fürsorgeerziehung, im Gesundheitswesen, in der Erwachsenenbildung tätig zu sein. An dieser Ausbildung, die aus einem Grundstudium, einem Schwerpunktstudium und einem projektorientierten Praxisblock von etwa einem Jahr besteht, wirken unterschiedliche Wissenschaften wie Soziologie und Pädagogik, Psychologie, Rechtswissenschaft, Wirtschaftswissenschaft und Psychiatrie mit. Und in der Praxis holen die Studenten sich Erfahrungen bei Einrichtungen der Arbeiterwohlfahrt, der Caritas, auf Abenteuerspielplätzen, in Strafanstalten, Kindertagesstätten, Altersheimen, Gesundheitsämtern und Krankenhäusern.
Für Ernst von Weizsäcker ist dieser Studiengang »ein ausgesprochener Pluspunkt und ein sehr wichtiger Integrationsschritt zwischen den Wissenschaften und zwischen der Theorie und der Praxis«. Auch davon ist der GhK-Präsident überzeugt: »Dieses Modell hat einen übertragbaren Charakter«; damit meint er: Was in Kassel für und über die große schweigende zurückgesetzte Minderheit in dieser Gesellschaft erforscht und entwickelt wird, kann von anderen Hochschulen übernommen werden. Gelänge allein dies, hätte Kassel ein Stück glänzender Wissenschaft vollbracht – auf dem Weg dahin ist die Gesamthochschule allemal.

(Merian, Heft Kassel, 1975)

Arzt und Ingenieur

»Modell Aachen«: eine Technische Hochschule auf neuen Wegen – Die Zusammenarbeit von Medizin und Technik

Das jüngste Kind, das siebente, könnte schon bald das berühmteste sein. Fast hundert Jahre lang, seit 1870, gab es in Aachen den klassischen Fächer-Kanon einer Technischen Hochschule, aufgegliedert in fünf Fakultäten: Mathematik und Physik, Biologie und Chemie, Bau- und Maschinenwesen, Bergbau und Hüttenwesen und später Elektronik. Dazu kam 1965 als sechstes Gebiet die Philosophie mit Wirtschaftswissenschaften, und erst im Juni 1966, also gerade vor zehn Jahren, gründete die Rheinisch-Westfälische Technische Hochschule (RWTH) als siebente jene Fakultät, die ihr vielleicht eines Tages das meiste Ansehen einbringt, die Medizin.

Vor einem flachen Pavillonbau auf dem Gelände der ehemaligen Städtischen Krankenanstalten spielen und lärmen Kinder. Drinnen in einem schmalen Zimmer sitzt der Ingenieur Dr. Reul. Er arbeitet an einem Aufsatz über seine Erfindung, die Herzklappe. Sie könnte ihn, wenn sie ein Erfolg wird, zu einem weltberühmten Mann machen. Denn obwohl jährlich bereits einige Tausend künstliche Herzklappen von Chirurgen implantiert werden – vor allem die amerikanische Kugelherzklappe –, gibt es doch noch keine absolut befriedigende Lösung: die bisher entwickelten Klappen, praktisch die Ein- und Auslaßventile für das Blut an der Pumpe Herz, sind noch nicht vollkommen. Das ist Dr. Reuls große Chance. Sein Modell aus hochelastischem Kunststoff hat bislang alle Labortests hervorragend überstanden. Noch in diesem Jahr sollen die ersten drei Exemplare in einem Berliner Klinikum an Kälbern, deren Herz weitgehend dem menschlichen entspricht, erprobt werden.

Im Herzschrittmacherzentrum: Über 600 Schrittmacher wurden hier seit 1968 überprüft und anschließend kranken Menschen eingesetzt – wiederum in Zusammenarbeit von Ärzten und Ingenieuren. Zunächst werden die Schrittmacher, die von verschiedenen Firmen kommen, elektronisch getestet. Das ist nahezu einmalig in der Bundesrepublik, nur in München wird noch ein ähnlicher, wenn auch bescheidenerer Aufwand getrieben. Die Kontrollen haben schon gute Erfolge gehabt, manches Gerät konnte dadurch wesentlich verbessert werden. Im Bedarfsfall dann übernimmt der Chirurg den einwandfreien Schrittmacher von den Ingenieuren und setzt ihn ein. Zwei Wochen in der Regel dauert dieser klinische Eingriff. Danach wechselt der Patient wieder zu den Ingenieuren und wird von ihnen überwacht; in bestimmten Abständen muß er sich im Schrittmacherzentrum einfinden. Aus den Erfahrungen dieser Kontrollen wurde in Aachen ein neues Gerät entwickelt, das es den Patienten spielend ermöglicht, ihren

Herzschrittmacher zu überprüfen. Die Ingenieure haben einen Tester erfunden, der etwa so groß ist wie eine kleine Zigarrenkiste; er braucht nur auf den implantierten Schrittmacher gehalten zu werden und zeigt auf Knopfdruck an, ob der Schrittmacher einwandfrei arbeitet oder ob er zu schnell oder zu langsam läuft.
An der RWTH haben Mediziner und Ingenieure also ein Herz für das Herz, Dr. Reuls Klappe und die Schrittmacherzentrale zeigen es. Sie sind wohl die augenfälligsten, wenn auch längst nicht die einzigen Beispiele für die fruchtbare und zukunftsweisende Zusammenarbeit von Ärzten und Technikern. Bislang war die Technik nur so etwas wie die Magd der Medizin, eine Hilfswissenschaft, die mechanische, vor allem chirurgische Werkzeuge herstellte. Seit Mitte der sechziger Jahre jedoch sind naturwissenschaftliche und technische Disziplinen immer unverzichtbarer für die Arbeit der Ärzte geworden.
»Medizin und Technik« wurde zu einem Schlagwort, aber auch zu einer Notwendigkeit und Voraussetzung für den Fortschritt: ohne sie sind weder die gesamte Raumfahrt noch die moderne Krankenhaustechnik mit ihrer Elektronik für Diagnose, Überwachung und Therapie denkbar. Nur ein Beispiel: An der Erforschung und Entwicklung des Herzschrittmachers sind jeweils fast zehn ingenieurwissenschaftliche Institute (Verfahrenstechnik, Kunststofftechnik, Materialprüfung, Theoretische und Spezielle Elektronik, Halbleitertechnik, Thermodynamik, Wärme-Kraft- und Arbeitsmaschinen) und medizinische Institute (Physiologie, Elektrophysiologie, Hämodynamik, Experimentelle Pathologie, Experimentelle Physiologie, Experimentelle Chirurgie, Medizinische Klinik) beteiligt.
Und dies alles findet in Aachen statt in den früheren Städtischen Krankenhäusern, einem weitläufigen, zum Teil noch aus dem 19. Jahrhundert stammenden, unwirtschaftlichen und in seiner Bausubstanz bedrohten Klinik-Komplex fast mitten in der Stadt. Dort allerdings hat es die längste Zeit stattgefunden. Denn draußen vor der Stadt, nur drei Kilometer von der holländischen Grenze entfernt, ragen auf der grünen Wiese bereits die Mauern und Türme eines neuen Klinikums hoch auf, einer Medizinischen Fakultät, die fast ohne Beispiel in der Bundesrepublik ist. Ein gigantischer Bau, eine imposante Silhouette – wie ein unendlich großes Schiff in einem wild bewegten Meer.
Dieses Bild kann vielleicht zweierlei vermitteln: die ungeheuren Dimensionen dieses hochmodernen Zwei-Milliarden-Bauwerks

(so viel kostet sonst eine ausgewachsene Universität), aber auch die vielen ungelösten Probleme, ja die Gefahren, die ein solcher 1500-Betten-Komplex mit sich bringt. Die eigentliche Bewährung kommt erst nach dem Umzug aus den alten Krankenhäusern des 19. Jahrhunderts in diesen Bau, der fast schon dem 21. Jahrhundert angehört. Es wird Jahre dauern, bis der Betrieb optimal läuft und dann erst wird sich zeigen, ob die bislang so beeindruckende biomedizinische Forschung auch im neuen Haus erfolgreich ist.

Mit diesem Klinikum hat sich die RWTH einen weiteren Superlativ zugelegt, einige andere zeichneten sie schon vorher aus: Sie war die erste Bildungsanstalt dieser Art in Preußen, 1870 gegründet und in ihrem ersten Verfassungsstatut bereits als »Technische Hochschule« ausgewiesen. Sie war stets eine der größten THs in Europa und ist heute mit etwa 22000 Studenten und fast 10000 Bediensteten die größte TH der Bundesrepublik, das heißt, außer Darmstadt nennt sich keine der anderen früheren THs noch so. Alle anderen haben es vorgezogen, sich als Universität oder Technische Universität zu bezeichnen. In Aachen jedoch entschied man sich, bei »Technischer Hochschule« zu bleiben – und das gerade in dem Augenblick, als in Baden-Württemberg die THs zu Universitäten »erhoben« wurden: das wollte man sich in Aachen denn doch ersparen. Schließlich noch eine Einmaligkeit: die RWTH war die erste Technische Hochschule, die sich um Geisteswissenschaften und Medizin erweiterte. Damit wurde Aachen zu einem oft zitierten »Modell« und zu einer »richtigen« Universität mit 200 Instituten und Lehrstühlen und 113 Studiengängen. Hier kann man jetzt fast alles studieren, bis auf Religion und Rechtswissenschaft, die ein bescheidenes Randdasein führen.

»Habe nun, ach! Philosophie, Juristerei und Medizin und leider auch Theologie durchaus studiert mit heißem Bemüh'n«, so klagt der Doktor Faust, und jeder, der sich ein bißchen in der Wissenschaftsgeschichte auskennt, weiß, daß der Unzufriedene an einer Universität war. Diese Hohen Schulen wurden im Deutschen Kaiserreich bereits im 14. Jahrhundert gegründet (Prag 1348, Heidelberg 1386, Köln 1388) und umfaßten stets die Gesamtheit der von der Kirche anerkannten Wissenschaften – eine *universitas literarum*, eine Welt des Geistes, der Ideen und Utopien.

Technische Hochschulen dagegen entstanden erst im 18. und 19. Jahrhundert (Braunschweig 1745, Clausthal 1775, Karlsruhe 1825, Stuttgart 1829, Hannover 1831, Darmstadt 1836, München 1868, Berlin 1879) und blieben fast hundert Jahre hindurch bei

ihren ingenieurwissenschaftlichen und mathematisch-naturwissenschaftlichen Disziplinen – eine Welt der Programme und der Programmatik. Die THs haben ihre Herkunft aus »Polytechnischen Schulen« bis auf den Tag nicht abgelegt; sie sind sich auch heute nicht zu schade, für die Praxis und für das Geldverdienen auszubilden, den Unterricht ein bißchen schulmäßig zu betreiben, und sie verbergen ihre Beziehungen zu Industrie und Wirtschaft durchaus nicht. Im Gegenteil: Viele Forscher an THs sind geradezu angewiesen und stolz auf Mittel aus privater Hand – und betonen dabei gern, daß damit keinerlei Einschränkung ihrer wissenschaftlichen Freiheit verbunden sei.
Heute freilich, mit einer 100jährigen Tradition und nach der Ausweitung der Technischen Hochschulen in die Geisteswissenschaften und in die Medizin, haben sich die Grenzen zwischen TH und Uni weitgehend verwischt. Aachen ist heute als TH eine Universität, deren größte Fakultät bereits die philosophische ist, deren Schwerpunkte aber auf technisch-naturwissenschaftlichem und medizinischem Gebiet liegen – und auf beiden hat die RWTH beispielhafte Erfolge vorzuweisen:

- gerade macht sie Schlagzeilen mit einer neuartigen Anlage, die aus Hausmüll Papier, Glas, Eisen und Kunststoff gewinnen und dadurch knapp die Hälfte des Mülls in den Produktionsprozeß zurückführen kann; damit scheint ein Durchbruch auf dem Gebiet der Abfallbeseitigung gelungen zu sein;
- im Institut für Kraftfahrzeugwesen steht ein neuartiger Automotor auf dem Prüfstand, bei dem die Kolben rund um eine Achse angeordnet sind und der bereits gute Leistungen erbracht hat (ein Mitarbeiter: »Bei den Abgaswerten sind wir Weltmeister«); außerdem wird in demselben Institut mit einem Krankenwagen experimentiert, bei dem die gesamte Federung und vor allem die Lagerung des Patienten verbessert und weniger erschütterungsempfindlich gemacht werden soll;
- aus der Kooperation zwischen dem Institut für Verfahrenstechnik und der Abteilung Urologie entstand ein neues Skalpell, das sich besonders für Kältetherapie und Chirurgie an Nieren, Leber und Muskulatur eignet: durch die Kühlung mit flüssigem Stickstoff senkt es die Gewebetemperatur bis auf maximal −140 Grad Celsius ab. »Der wichtigste Fortschritt dieser Methode«, so der erste Dekan der Medizinischen Fakultät, Professor Jakob Schoenmackers, »liegt darin, daß man, ohne die Nierendurchblutung zu unterbrechen, operieren kann«;

● Professor Helmut Zahn, dem Leiter des Deutschen Wollforschungsinstituts an der RWTH, gelang 1964 die künstliche Herstellung von Insulin, jener überaus wichtigen Substanz, die im menschlichen und tierischen Organismus alle Stoffwechselvorgänge steuert und damit eine Schlüsselfunktion für den Zuckerabbau im Körper hat. Das erstaunliche: zwischen den Molekülen der Wolle und denen des Hormons Insulin besteht in vielem eine ähnliche Struktur. Da Insulin als Mittel gegen die weitverbreitete Zuckerkrankheit unentbehrlich, aber als Produkt der Bauchspeicheldrüsen von Rindern, Schweinen, Schafen und Kälbern nur begrenzt verfügbar ist, bedeutet die synthetische Herstellung ungeheuer viel – Prof. Zahn war denn auch als Kandidat für den Nobelpreis vorgeschlagen worden.
Bei so vielen vorliegenden Erfolgen – und die Beispielsammlung könnte durchaus noch verlängert werden – ist die RWTH mit Sicherheit für manche zukünftige positive Überraschung gut. Die Hochschule zeichnet sich aus durch einen beachtlichen wissenschaftlichen Standard, der auch im Ausland anerkannt ist. Überhaupt gehören Kontakte zu außerdeutschen Hochschulen zum täglichen Ablauf: mit etwa 13 Prozent ausländischer Studenten aus hundert Nationen liegt der Ausländeranteil in Aachen weit über dem Bundesdurchschnitt; mit 14 ausländischen Universitäten und Organisationen bestehen längerfristige Partnerschaften und 1975 gab es 1078 persönliche Begegnungen mit Wissenschaftlern in 45 Ländern.
Kein Wunder, daß die RWTH das Ansehen der alten Kaiserstadt Aachen kräftig vermehrt. Dabei ist die Hochschule auch innerstädtisch von größter Bedeutung: sie ist mit Abstand der öffentliche Arbeitgeber im Stadtgebiet mit den meisten Beschäftigten. Und ebenfalls hat sie das Erscheinungsbild Aachens wesentlich mitbestimmt: zunächst durch die massigen Gebäude im städtischen Kernbereich; dann durch den ersten Erweiterungsabschnitt auf dem Königshügel; und heute durch die Superbauten draußen auf der Wiese ganz nahe an der holländischen Grenze. So sprengte die expandierende Hochschule die Grenzen der Kommune und blieb doch immer ein Teil von ihr; so wächst Wissenschaft über den Verständnisbereich des Bürgers weit hinaus und sollte doch nie vergessen, daß sie ihre Existenz vor allem ihm verdankt und daß sie ihm dafür Dienste schuldet. Die RWTH tut dies in reichlichem Maß – vor allem auch durch die Zusammenarbeit von Arzt und Ingenieur. *(Merian, Heft Aachen, 1977)*

Lernen ein Leben lang

Weiterbildung ist kein Aschenbrödel mehr: Zehn Millionen Erwachsene auf der Schulbank

Der Abend kommt, und immer mehr Bürger bedienen sich mit Bildung:

In Wuppertal, im Haus der Erwachsenenbildung, lernen sie Steuerrecht und Arbeitsrecht, Höhere Mathematik und Experimentalphysik, Ökologie und Geologie; in den Berufsschulen hören sie Betriebswirtschaftslehre und Kostenrechnung; in der Mediothek des Selbstlernzentrums gibt es Wissenschaft aktuell – Phänomen Streß.

Im bayerischen Landshut findet im Meditationszentrum eine Einführung in die Meditation nach Art des japanischen Zen statt; in der Gaststätte »Deutsche Eiche« werden bayerische Tänze geübt – Haxnschmeißer, Krebspolka, Kikeriki, Hüatamadl; Astronomie in der Sternwarte Nögel, Pannenhilfe für Autofahrer in der Autowerkstatt Franz Kaiser.

In Osterode im Harz, in der Schachtrupp-Villa, wird in die Natur- und Tierparadiese in Europa eingeführt, Musik der Romantik gehört und die Römerprovinz Helvetia behandelt.

Im holsteinischen Schleswig, in der »Brücke«, steht Buchführung und Mathematik für jedermann auf dem Programm, in der Stadtbücherei Literatur der Gegenwart, im Stenografenheim laufen Lehrgänge in Kurzschrift, Eilschrift, Maschineschreiben und Bürotechnik.

Abend für Abend, aber auch bereits am Vor- und Nachmittag, strömen Erwachsene in Scharen in die Kurse, Seminare und Vorträge, nehmen teil an Exkursionen, basteln und modellieren, malen und zeichnen, kochen und backen, turnen und tauchen, nähen und stricken, büffeln und pauken, machen Prüfungen und erwerben Zertifikate: insgesamt sind es rund acht Millionen – vor fünf Jahren waren es erst knapp sechs Millionen. Jetzt haben – nach den Schulen und nach den Universitäten – auch die Volkshochschulen wieder mit ihren Semestern begonnen, und wie schon in den letzten Jahren besteht auch diesmal wieder ein reger Bedarf an Weiterbildung. 100 000 Interessierte konnten 1975 keinen Platz in einem VHS-Kurs erhalten, denn die Nachfrage steigt weitaus schneller als das Angebot, und auch diesmal müssen viele Volkshochschulen wie die Hochschulen einen Numerus clausus einführen.

Freilich: Wer als Erwachsener lernen möchte, sei es zur Freude oder für seinen beruflichen Aufstieg, wer sich orientieren, informieren oder ein Urteil bilden möchte, wer Lebenshilfe, Entspannung oder auch nur Kontakt sucht, muß nicht unbedingt zur Volkshochschule gehen. Sie ist zwar einer der umfassendsten und am besten organisierten Weiterbildungsbereiche und bietet das mit Abstand breiteste und auch ein finanziell leicht erschwingliches Programm – Teilnahmegebühr in Hamburg zwischen 15 und 45 Mark für vier bis zwanzig Doppelstunden –, aber die Volkshochschule ist nur eine von mehreren Institutionen, die sich um die Bildung Erwachsener kümmern (siehe Kasten): da sind außerdem die Wirtschaft und die Gewerkschaften, die Bundeswehr und der kommerzielle Fernunterricht, die Kirchen und die Rundfunk- und Fernsehanstalten. Sie sind die größten, relativ überschaubaren und einigermaßen erfaßbaren Träger von Weiterbildung; neben ihnen spielt auch der Staat – bei Post, Bahn, Zoll, Bundesgrenzschutz und vor allem in der Lehrerfortbildung – eine ganz wesentliche Rolle.
Es dürften, alles in allem, mehr als zehn Millionen erwachsene Menschen sein, die im Laufe eines Jahres etwas für ihre Weiterbildung tun; damit ist dieser sogenannte quartäre Sektor – nach dem Primar-(Grundschul-)Bereich, dem Sekundar-(Schul-)Bereich und dem tertiären Hochschulbereich – nahezu das umfassendste Teilgebiet des gesamten Bildungswesens. Nahezu, denn noch sind die Schulen mit gut zwölf Millionen Kindern größer. Doch diese Priorität wird sich bald ändern. In anderen Staaten hat sich schon seit längerem die Überzeugung durchgesetzt, daß *lifelong learning, recurrent education* und *éducation permanente* eine unerläßliche Notwendigkeit ist für eine demokratisch organisierte, rohstoffarme und deshalb auf technisches *know how* und hohes Allgemeinwissen angewiesene Industrienation; auch in der Bundesrepublik dämmert allmählich – eine Folge der Bildungsreform wie der jüngsten Wirtschaftrezessionen – die Erkenntnis, daß das Lernen eine lebenslange Aufgabe bedeutet, eine Chance und eine Lust sein kann.
»Die Erwachsenenbildung«, so hat Georg Picht als einer der ersten vorausgesagt, »wird in Zukunft die dominierende Bildungsaufgabe unserer Gesellschaft sein.« Inzwischen ist die Ansicht Allgemeingut, daß die jahrhundertealte anthropologische Zweiteilung des Menschen in eine lernorientierte Jugendphase und arbeits- und erwerbsbestimmte Erwachsenenjahre abgelöst werden muß

durch das Prinzip des lebenslangen Lernens. Nur so – darauf hat keiner überzeugender hingewiesen als der Berliner Bildungsökonom Friedrich Edding – lassen sich die Bildungsaufgaben einer modernen Gesellschaft verwirklichen: die Bereitschaft, ständig hinzuzulernen; die Fähigkeit, sich Ziele zu setzen und zu erreichen; Ausdauer, Konzentration, das Ertragen harter Beanspruchung; die Möglichkeit, Körper und Seele zu entspannen und fruchtbare Muße zu betreiben; politische Verantwortung zu übernehmen; die Spannkraft und Lernfähigkeit im Alter zu bewahren.

Daß Weiterbildung jedoch auch ganz pragmatisch gesehen werden muß, hat kürzlich Winfried Schlaffke betont. Er ist der Leiter der Abteilung Bildung und Gesellschaftswissenschaft im Institut der Deutschen Wirtschaft und darf als *der* Fachmann für Bildungsprobleme aus Unternehmersicht gelten. Schlaffke hat darauf hingewiesen: die neuesten Daten der Arbeitslosenstatistik belegen, daß von Arbeitnehmern ohne abgeschlossene Berufsausbildung 6,7 Prozent, von solchen mit abgeschlossener Berufsausbildung 3 Prozent und von denen mit einer akademischen Ausbildung nur 1,5 Prozent arbeitslos waren. Daraus folgert er, »daß es produktiver ist, die Mittel der Arbeitslosenversicherung für Fort- und Weiterbildung bzw. für Umschulung einzusetzen«. Nachdem Bildungsökonomen darauf hingewiesen hätten, daß »bis zu einem Drittel des Produktivitätszuwachses der Volkswirtschaft auf den Subfaktor Bildung als Bestandteil des Faktors Arbeit« beruht, sieht Schlaffke einen »Prozeß des unaufhaltsamen Vordringens des Geisteskapitals«: »Wenn dem Geistkapital ein Vorrang vor dem Sachkapital einzuräumen ist . . . dann muß Personal- und Bildungsplanung gleichwertig neben Investitionsplanung, Produktionsplanung zu sehen sein und ist voll in die Gesamtunternehmensplanung zu integrieren.«

In den Plänen der liberalen Reformer, für die eben auch Weiter-Bildung ein Bürgerrecht ist, wie in der produktionsorientierten Kalkulation von Unternehmern, in den Programmen aller Parteien wie in den Konzepten aller maßgeblichen Gremien – Deutscher Ausschuß für das Erziehungs- und Bildungswesen, Deutscher Bildungsrat, Kultusministerkonferenz – steht der Ausbau des quartären Bereichs denn auch oben an, so zum Beispiel in dem von allen Länderregierungen abgesegneten Bildungsgesamtplan, der als Ziel formuliert: »Förderung des Auf- und Ausbaus eines Weiterbildungssystems zu einem Hauptbereich des Bildungswesens

Bund, Länder und Gemeinden sorgen für ein ausreichendes, den modernen Erkenntnissen entsprechendes Angebot an Bildungsmaßnahmen.«

Dieser phantastisch anmutende theoretische Überbau kontrastiert freilich bis heute zum Teil ganz erheblich mit den tagtäglichen Problemen und Schwierigkeiten und mit der Misere an der pädagogischen Basis der Weiterbildung. Nicht selten ist es beispielsweise in der Volkshochschularbeit ganz schlicht ein Hausmeister, an dessen Schlüsselgewalt sich der Bildungswille bricht: er braucht Kurse nicht in »seiner« Schule stattfinden zu lassen, wenn er meint, dadurch würden die Räume zu sehr verschmutzt. Oder: da müssen sich dreihundert Hörer, fast schon Patienten, in einem Kurs über Autogenes Training drängen, weil viel zu wenig Ärzte zur Mitarbeit bereit sind (und die mitmachen, fordern nicht selten weit übersteigerte Honorare). Vor allem aber fehlen den einzelnen Volkshochschulen eigene Häuser, in denen sie ihr Angebot effektiver und bürgernäher präsentieren können – Ausnahmen wie die imposanten Gebäude in Essen und Wuppertal bestätigen die Regel.

Zwar haben die Volkshochschulen heute keinen »karitativen Beigeschmack« (Picht) mehr, und sie spielen auch längst nicht mehr »die Rolle des Aschenbrödels im System des Bildungswesens« (Dieter Sauberzweig, Präsident des Deutschen Volkshochschul-Verbandes); ihr Selbstbewußtsein hat sich gewaltig gesteigert und ihr oft hochwertiges Angebot durch qualifizierte Lehrer – unter den knapp 1000 Dozenten der Kölner VHS zum Beispiel weist das Vorlesungsverzeichnis 101 promovierte Akademiker und 46 Professoren aus – haben diesem Weiterbildungsbereich insgesamt dennoch nicht das Ansehen vermittelt, das seiner tatsächlichen Bedeutung entsprechen würde.

Wie es an der Basis aussieht, verdeutlicht eine Umfrage zur Sozialstruktur der Hörer, die von der VHS Norderstedt, der viertgrößten Stadt in Schleswig-Holstein, gemacht wurde: Mehr als zwei Drittel aller Teilnehmer sind Frauen; das durchschnittliche Alter liegt bei zwei Dritteln über 30 Jahren; Volksschulabgänger sind deutlich unterrepräsentiert, denn zwei Drittel der Besucher haben Schulabschlüsse von Mittlerer Reife bis zur Hochschule; knapp die Hälfte (48 Prozent) ist nicht erwerbstätig, davon wiederum sind 76 Prozent von Beruf Hausfrau; die gute Hälfte (52 Prozent) ist erwerbstätig, davon sind 88 Prozent Angestellte, Beamte, Selbständige, nur 12 Prozent sind Arbeiter. Zusammenfassend kenn-

zeichnet die Studie den typischen VHS-Hörer in Norderstedt so: »Weiblichen Geschlechts, zwischen 30 und 40 Jahren alt, mit Mittlerer Reife (oder höherem Schulabschluß), Hausfrau oder – soweit erwerbstätig – Angestellte.«
Ähnliche Probleme wie die Volkshochschulen haben auch die anderen Organisationen der Erwachsenenbildung, vor allem die Kirchen, und insgesamt sind dies die wesentlichen gravierenden Schwierigkeiten im gesamten quartären Bereich:
Durchlässigkeit: Trotz des hervorragenden Konzepts, Weiterbildung nach dem Baukastenprinzip zu organisieren, so daß Kurse und Seminare möglichst problemlos aufeinander aufbauen und der Teilnehmer etwa einen Sprachlehrgang in einer VHS beginnen, im Fernstudium fortsetzen und in einem Abendgymnasium abschließen könnte, sind die Übergänge aus einem Sektor der Fortbildung in einen anderen kaum möglich; ähnlich gegeneinander abgeschottet nämlich wie die Schulen und die Hochschulen sind auch die verschiedenen Bereiche der Weiterbildung.
Finanzierung: Alle Träger von Fortbildungseinrichtungen verfügen über zu wenig Geld für ihre Aufgaben. Universitäten und Gymnasien vor allem haben in den letzten Jahren von den beträchtlichen Zuwachsraten der Bildungsbudgets relativ am meisten profitiert; andere Formen wie die Sonderschulen und die Erwachsenenbildung zählen in dieser Hinsicht immer noch zu den Stiefkindern. Auch die staatliche Unterstützung beruflicher Fortbildung und Umschulung nach dem Arbeitsförderungsgesetz ist immer noch unzureichend, obwohl dafür in letzter Zeit ganz beachtliche Beträge aufgewendet wurden: 1970 für rund 131 400 Teilnehmer 572 Millionen Mark, 1975 für 270 800 Teilnehmer bereits 2,53 Milliarden.
Regionale Unterschiede: In Städten und urbanen Großräumen kann jeder Interessierte unter den Programmen der verschiedenen Träger wählen, und die Lernofferten von Volkshochschulen gleichen dort vielfach den Lehrangeboten von Universitäten und können höchste Ansprüche befriedigen (Themen aus dem 405 Seiten starken Vorlesungsverzeichnis der VHS Hamburg: Zur Psychologie des Unbewußten; Einführung in die Grundfragen des Marxismus; Differential- und Integralrechnung; Netzplantechnik; Programmierung von Tisch- und Kleincomputern). In kleinen und mittleren Städten und zumal in ländlichen Gebieten sind Sprachkurse im Rundfunk und das Bildungsprogramm des Fernsehens dagegen noch allzu oft die einzigen Möglichkeiten, Lernbedürfnis-

se zu befriedigen (Themen aus dem 32 Seiten dünnen Plan der VHS Schleswig: Das Leben in einem mittelalterlichen Dorf; Vogelstimmenkunde für Schleswig-Holstein; Hilfen für aufmerksame Gastgeber – zu Besuch in Schleswig).

Fehlende Statistik: »Ein vollständiger Überblick über die Weiterbildung läßt sich nach dem derzeitigen Informationsstand nicht gewinnen«, urteilte 1970 der Bildungsrat, »über die gesamte Weiterbildung geben die vorhandenen Statistiken nur unzureichend Aufschluß.« Daran hat sich bis heute nicht viel geändert, dieser Bereich ist statistisch nach wie vor zum guten Teil eine *terra incognita,* obgleich erst genauere Kenntnisse über tatsächliche Quantitäten und Qualitäten die Voraussetzung dafür bilden könnten, daß staatliche, kommunale und private Träger sich stärker engagierten.

Stürmische Nachfrage: Das ständig steigende Interesse und die Expansion aller an der Weiterbildung beteiligten Organisationen ist erfreulich genug – freilich hat das kräftige Wachstum auch bedenkliche Folgen. Spielend könnten die meisten Volkshochschulen heute mehrere Parallelkurse über Autogenes Training, Yoga oder Zen einrichten (vor kurzem war der größte Hit noch Mengenlehre), wenn sie alle Bedürfnisse befriedigen wollten; die Gefahr: die Massenabfertigung muß notwendigerweise zu einem Qualitätsverlust führen. Und dann: Den Volkshochschulen fehlen vor allem qualifizierte Persönlichkeiten für das hauptberufliche Management.

Bildungssystem und Beschäftigungssystem: Viele Jahre lang war der quartäre Bereich ein unverbindliches Warenhaus der Bildung – Atomphysik und Weltliteratur an vier Abenden. 1960 aber hat eine Wende zu einer realistischen, lernziel- und berufsorientierten, durch Zertifikate bescheinigten Aufstiegs-Bildung eingesetzt. Dadurch wurde die Hoffnung verstärkt, daß Weiterbildung automatisch auch Weiterkommen im Beruf bedeutet. Dieses sehr verständliche Denken hat sich heute mehr und mehr als Illusion erwiesen, denn Bildungsansprüche lassen sich nicht ohne weiteres gesellschaftlich einlösen. Deshalb müssen das Weiterbildungssystem und das Beschäftigungssystem zunehmend entkoppelt, muß die an Prüfungen, Zertifikaten und beruflichem Fortkommen orientierte Aufstiegs-Bildung wahrscheinlich reduziert werden. Statt ihrer sollten kreative Bereiche wie Spiel und Sport, Geselligkeit und Muße stärker berücksichtigt werden.

An Problemen und Schwierigkeiten – die Analyse zeigt es – fehlt es also auch in der Weiterbildung nicht. Manches davon dürfte verhältnismäßig leicht zu bewältigen sein, anderes wiederum erscheint unlösbar. Was am vordringlichsten wäre, um jenem Ziel ein wenig näher zu kommen, das lebenslange Lernen zu einem Hauptbereich des Bildungssystems zu machen, läßt sich ohne weiteres benennen:

1. Die Finanzierung muß verbessert werden, denn eine – möglichst gestufte – Selbstbeteiligung reicht ebenso wenig aus wie die Bestimmungen des Arbeitsförderungsgesetzes; Steuervergünstigungen, Darlehen und ein Fondssystem, ähnlich dem in der beruflichen Bildung, sind weitere Möglichkeiten; wichtig ist, daß die Weiterbildung nicht mehr nach dem Prinzip der Bezuschussung unterhalten wird, sondern daß gesetzliche Regelungen mit Rechtsanspruch geschaffen werden.

2. Die Kooperation aller Weiterbildungsträger ist absolut notwendig, das oft planlose Nebeneinander muß durch ein sinnvolles Miteinander abgelöst werden. Das freilich setzt voraus, daß die verschiedenen Organisationen von ihrer teilweise starren Fixierung – Glaubensunterweisung, Funktionärsschulung, spezifische Berufsfortbildung – abrücken und auf ein für jeden Bürger zugängliches System hinarbeiten, das regionale Unterschiede möglichst ausgleicht. Basis und Kern eines so gestalteten quartären Bereichs können nur die Volkshochschulen sein, denn allein sie sind nicht auf eine bestimmte Richtung festgelegt, sondern sie sind offen für jedermann und deshalb am besten geeignet, zum Zentrum öffentlicher Weiterbildung zu werden.

Weiterbildung in Zahlen

Volkshochschulen

Nach Verbreitung, pädagogischer Arbeit und Organisation sind die VHS der bedeutendste und am weitesten entwickelte Zweig der Erwachsenenbildung: 1100 VHS mit 3500 Außenstellen arbeiten in der Bundesrepublik. Im letzten Jahr wurden 195000 Kurse angeboten, für die sich 3,7 Millionen Hörer einschrieben (1965: 78000 Kurse, 1,7 Millionen Belegungen). An 61000 Einzelveranstaltungen nahmen 1975 3,9 Millionen Besucher teil. 190 Millionen Mark betrug das Finanzvolumen, von dem 90 Millionen durch die Hörer selber aufgebracht wurden. 60000 nebenberufliche Kursleiter, aber nur 800 hauptamtliche pädagogische Mitarbeiter sind in den VHS tätig. Etwa 50 Prozent aller Kurse dienen der Hauptaufgabe »Hilfe leisten für das Lernen«, so die VHS-Definition; etwa 30 Prozent widmen sich der »Orientierung und Urteilsbildung«, 20 Prozent bieten Anleitung »für die Eigentätigkeit«. 14000 Hörer beteiligten sich im letzten Jahr an Prüfungen für Schulabschlüsse; 6483 erwarben ein Zertifikat, das es in 15 Stoffgebieten – Sprachen, Mathematik, Naturwissenschaften, Technik – gibt. Überdurchschnittlich zugenommen hat im letzten Jahrzehnt das Angebot bei Sprachen, Gesundheits- und Körperpflege, schulischen Abschlüssen – um mehr als 150 Prozent; unterdurchschnittlich ist dagegen der Bereich Verwaltung und kaufmännische Praxis gewachsen; eine stetige Aufwärtsentwicklung machten Erziehung, Mathematik, Technik, manuelles Arbeiten, Hauswirtschaft. Die zehn Landesverbände und die Berliner Einrichtungen haben sich auf Bundesebene zum Deutschen Volkshochschul-Verband (DVV) zusammengeschlossen (Sitz Bonn). Als Dienstleistungsbetrieb zwischen der wissenschaftlichen Hochschul-Forschung und der pädagogischen Praxis betätigt sich die Pädagogische Arbeitsstelle in Frankfurt, die Verbindung zum Fernsehen wird besonders vom Adolf Grimme-Institut in Marl gepflegt.

Wirtschaft

Jährlich wenden die Unternehmen über 2 Milliarden Mark für Fort- und Weiterbildung auf, für jeden der 21,2 Millionen Beschäftigten gut 100 Mark. Winfried Schlaffke, der Leiter der Abteilung Bildung und Gesellschaftswissenschaften im Institut der Deutschen Wirtschaft, rechnet sogar vor, »daß die Gesamtwirtschaft im Jahre 1975 17,35 Milliarden DM für die Bildungsarbeit ausgab, davon entfielen auf den Bereich der Weiterbildung 3,06 Mrd. DM«. 1971/72 erhielt die Berufsausbildung von den gesamten Kosten der Wirtschaft für Weiterbildung 80,8 Prozent, die berufliche Weiterbildung 17,2 Prozent und Praktikanten, Jungarbeiter und Umschüler 2 Prozent. Es gibt 11 überregionale Bildungswerke der Wirtschaft und 30 Weiterbildungsinstitute. Bedeutende Unternehmen verfügen über eigene überbetriebliche Bildungszentren; die Siemens-AG zum Beispiel unterscheidet Weiterbildung am Arbeitsplatz, allgemeinbildende Weiterbildung und Bildungsmaßnahmen für Führungskräfte. 61 Prozent der Teilnehmer an Fortbildungsveranstaltungen erhofften sich (1973) eine attraktivere Berufsposition, 75 Prozent gaben an, daß sie sich tatsächlich beruflich verbessert hätten. Gut die Hälfte aller Weiterbildungsplätze dient der Aufstiegsfortbildung: Industrie- und Handelskammern nehmen jährlich im Durchschnitt 100000 Prüfungen für Meister, Techniker, Bilanzbuchhalter, Fachwirte ab; etwa ein Drittel aller Maßnahmen dienen der Erneuerung von Fertigkeiten im erlernten Beruf (Anpassungsfortbildung), ungefähr ein Fünftel wird als Umschulung durchgeführt.

Gewerkschaften

Jede Einzelgewerkschaft betreibt Weiterbildung, und der DGB übertrifft sie alle: allein etwa 100000 Menschen dürften in diesem Jahr durch das DGB-Berufsfortbildungswerk – Gesellschafter: die Vermögens- und Treuhandgesellschaft, die Neue Heimat Städtebau, die Bank für Gemeinwirtschaft, die Volksfürsorge – beruflich gefördert werden, vor allem Ungelernte, ältere und ausländische Arbeitnehmer. In 48 Städten bestehen örtliche Berufsfortbildungswerke (BFW), außerdem gehören Technikerschulen, Wirtschaftsfachschulen, Datenverarbeitungsschulen, Industriemeisterschulen ebenso zum DGB-Bildungsprogramm wie ein Fortbildungszentrum für Krankenpflege, Einrichtungen für die Rehabilitation, Resozialisation und eine Umschulungsstätte für Aussiedler: »Die größte nichtöffentliche Weiterbildungsinstitution der Bundesrepublik«, so die Stellvertretende DGB-Vorsitzende Maria Weber über das BFW. Außerdem nahmen 1975 in den fünf DGB-Bundesschulen an grundbildenden und speziellen Lehrgängen knapp 5000 Besucher teil; an der Bildungsarbeit in den DGB-Kreisen machten 1974 rund 250000 an Internats- und Wochenendlehrgängen, an Seminaren und Einzelvorträgen mit. Der DGB hat ein Haus der Gewerkschaftsjugend in Oberursel (Taunus), vorwiegend zur Schulung junger Funktionäre (1975: 2150 Teilnehmer); er hat ein eigenes Programm für Studenten, die Stiftung Mitbestimmung, die im letzten Jahr 1187 Hochschüler förderte (1955: 28); er hat ein eigenes Fernlehrinstitut, die DGB-Briefschule, mit etwa 15000 Teilnehmern. – Die Deutsche Angestelltengewerkschaft DAG hat in den letzten 25 Jahren in ihren Einrichtungen für die Erwachsenenbildung – dem DAG-Bildungswerk, der Deutschen Angestellten-Akademie (Institut für Organisation und Datenverarbeitung in Düsseldorf, Institut für Industrie-Betriebswirtschaft in Nürnberg, Institut für Absatzwirtschaft in Großhansdorf bei Hamburg), der eigenen Fernschule DAG-Technikum und in Abend- und Abendrealschulen – mehr als 1,5 Millionen Menschen betreut; 1974 wurden in 3617 Veranstaltungen mit 184912 Teilnehmern berufliche Bildungsarbeit durchgeführt.

Bundeswehr
Eine der wichtigsten Weiterbildungsstätten ist die Bundeswehr. An den 30 Bundeswehrfachschulen können Zeit-Soldaten schulische Abschlüsse nachholen (Hauptschule, Mittlere Reife, Fachhochschulreife, Abitur). Bislang haben 26237 Soldaten Abschlußzeugnisse erworben, allein 11500 ihren Hauptschulabschluß nachgemacht. Außerdem können Soldaten durch den Berufsförderungsdienst der Bundeswehr eine Erstausbildung oder Umschulung erhalten – sie können Bürokaufmann oder Betonbauer, Elektroinstallateur oder Energiegeräteelektroniker, Fotograf oder Fremdsprachenkorrespondent werden, insgesamt gibt es 22 Modell-Lehrgänge. Aber auch fachliche Fortbildung wird in 33 Berufsgängen angeboten: Küchenmeister, Kfz-Mechanikermeister, Flugdienstberater, Fachkrankenpfleger (OP-Dienst, Anästhesie, Intensivpflege), Industriefachwirt, Wirtschaftstechniker. Bisher wurden 21454 Ausbildungs- und Berufsabschlüsse während der Dienstzeit und rund 200000 Abschlüsse am Ende der Dienstzeit in 550 Berufen erreicht. Hinzu kommen 21385 Fälle beruflicher Rehabilitation bei Soldaten mit gesundheitlichen Schäden. Für alles zusammen wurden 436 Millionen Mark ausgegeben. Jüngstes und anspruchsvollstes Projekt beruflicher Qualifikation in der Bundeswehr: die beiden Hochschulen in Hamburg und München mit insgesamt 3424 Offizier-Studenten.

Fernunterricht
Etwa 140 Fernlehrinstitute bieten (nach Auskunft der Staatlichen Zentralstelle für den Fernunterricht in Köln) in der Bundesrepublik rund 900 Fernlehrgänge an – das sind: ungefähr 560 berufsbildende kaufmännische, technische und Fremdsprachenkurse, von denen viele zu öffentlich-rechtlichen und zu Prüfungen vor Industrie- und Handelskammern führen; ungefähr 120 Kurse, die auf staatlich-schulische Abschlüsse vorbereiten (Mittlere Reife, Abitur) und ungefähr 220 Hobby- und Freizeitkurse. Die Aktion Bildungsinformation (ABI), eine Verbraucherschutzorganisation in Stuttgart, schätzt sogar, daß rund 200 private Firmen etwa 1400 Kurse offerieren; nach Ansicht der Stuttgarter arbeiten nur etwa 20 Fernschulen »völlig korrekt«, aber etwa 100 »völlig unkorrekt«. Bisher wurden von staatlichen Stellen erst 217 Kurse geprüft und

für geeignet erklärt. Etwa 250000 erwachsene Fernschüler haben Lehrgänge belegt.

Kirchen

Für die Evangelische Kirche bedeutet Erwachsenenbildung vor allem Glaubensunterweisung (theologische Seminare, Bibelwochen), Mitarbeiterfortbildung (Lektorenkurse, Seelsorgeausrüstung) und gesellschaftliches Engagement (Industrie- und Sozialarbeit, Familienbildungsstätten, Kindergärten). Die Tätigkeit findet statt in den örtlichen Kirchengemeinden, Akademien und Heimvolkshochschulen. In der Deutschen Evangelischen Arbeitsgemeinschaft für Erwachsenenbildung (Sitz Karlsruhe) sind 52 Einzelmitglieder zu einer Art Dachverband zusammengeschlossen. Statistiken fehlen fast völlig oder sind ziemlich alt; so wurden zum Beispiel 1970 für Bildungsmaßnahmen in Niedersachsen knapp 600000 Mark aufgewendet; in den 15 Akademien beteiligten sich 1973 an 1900 Tagungen 83000 Besucher an Themen wie Gesundheitswesen, Schule, Jugend, Entwicklungspolitik; in Bayern gab es 1974 insgesamt 5297 Arbeitskreise, Kurse, Lehrgänge und Exkursionen mit 233192 Teilnehmern. – Für die Katholische Kirche ist in der Erwachsenenbildung »der christliche Glaube das eigentliche Thema«, so der Kulturbeirat des Zentralkomitees der deutschen Katholiken. Alles in allem existieren über 3000 Einrichtungen für Weiterbildung in katholischer Trägerschaft und zahlreiche Zusammenschlüsse in den Ländern; auf Bundesebene gibt es die Katholische Bundesarbeitsgemeinschaft für Erwachsenenbildung. Schwerpunkte sind Ehe und Familienbildung, theologisch-philosophische, musisch-allgemeinkulturelle Bildung. Auch den Katholiken fehlt eine exakte Statistik, nur punktuelle Angaben sind möglich, so etwa: in 120 Bildungseinrichtungen im nordrhein-westfälischen Teil des Bistums Münster wurden 1974 in 1070 Kursen 21055, in 143 Vortragsreihen 14117 und in 1308 Einzelveranstaltungen 69917 Teilnehmer gezählt.

Funk und Fernsehen

Zu einem Schwerpunkt im Radio- und TV-Programm entwickeln sich immer stärker die Bildungssendungen: Skigymnastik, Säuglingspflege und Verbraucherberatung, Fremdsprachen, Gitarrenkurse und Elternschule, Beiträge zur Geschichte und Tanzstunde – alles wird per Lautsprecher und Bildschirm frei Haus geliefert. Und zum Teil mit erstaunlichem Erfolg. Zwar gibt es zu den meisten Einzelsendungen wie über alle Bildungsbeiträge von allen Anstalten insgesamt keine Zahlen über Zuschauerbeteiligung und Durchhaltevermögen; Stichproben zeigen jedoch ermutigende Ergebnisse: so eines der ersten Bildungsprogramme dieser Art überhaupt, das Telekolleg I. An seinem ersten Lehrgang beteiligten sich in Bayern 8840 Zuschauer; von ihnen erreichten 2176 (25 Prozent) die vorgesehene Fachschulreife; beim zweiten Lehrgang bestanden 32 Prozent die Prüfungen, beim dritten 38 Prozent, beim vierten 46 Prozent. Ein Funk-Beispiel: zu dem Kolleg Pädagogische Psychologie schrieben sich 40000 Hörer ein, 15000 erarbeiteten sich einen Schein. Andere Sendungen: Mathematik im Medienverbund vom NDR zusammen mit dem Verlag Erziehung und Wissenschaft, der das schriftliche Material lieferte; Beratung in der Erziehung, ein zweisemestriges Funkkolleg des Süddeutschen, Hessischen, Saarländischen Rundfunks, des Südwestfunks und Radio Bremens, 31 Sendungen à 60 Minuten mit schriftlichen Studienbegleitbriefen vom Deutschen Institut für Fernstudien in Tübingen (DIFF) und mit Studienbegleitzirkeln zum persönlichen Erfahrungsaustausch, die von den VHS organisiert wurden. Einer der größten Medienverbundkurse: Ausbildung der Ausbilder (AdA), eingerichtet für alle Ausbilder (etwa 250000) in Industrie, Handel und Handwerk (Gesellen, Meister, Facharbeiter), die sich in Jugendkunde, Gesetzestexten, Rechts- und Sozialfragen auskennen und dieses Wissen durch Prüfungen belegen müssen. Im Augenblick strahlt der WDR zusammen mit der Akademikergesellschaft für Erwachsenenfortbildung in Stuttgart, dem mit 28000 Teilnehmern größten Fernlehrinstitut, den Fernsehkorrespondenzkurs Deutsch gut und sicher aus; die Nordkette (NDR, RB, SFB) – und ab Januar auch der WDR – senden jeden Donnerstag das Projekt Erziehen ist nicht kinderleicht, ein Modellversuch über Hausaufgaben, Strafe, Angst, Überforderung, zu dem von VHS etwa 500 Gesprächskreise eingerichtet wurden; das ZDF schließlich strahlt gegenwärtig ein Bildungsmagazin (Kinder Kinder), ein Studienprogramm (Mathematik und Experiment) und sechs Bildungsprogramme aus.

(DIE ZEIT Nr. 46, 5.11.76)

Weiterlernen zahlt sich aus

Fernunterricht – eine Branche, der noch eine beachtliche Expansion bevorsteht

Wenn jemand einen Fernkurs bucht, dann kann er was erleben. Eckard M. aus Braunschweig, der sich beim Hamburger Fern-Lehrinstitut (HFL) weiterbilden wollte, berichtet: »Ich belegte einen Zeichenkurs, mußte 867 Mark bezahlen und erhielt dafür 20 dünne Hefte und Zeichenmaterial im Wert von höchstens 200 Mark; dazu kamen spärliche Korrekturen für die Hausaufgaben.«

Dieser Fernschüler kam noch glimpflich davon; es kann viel schlimmer kommen, wie zum Beispiel bei dem 19jährigen Herbert B. aus Berlin. Er wurde von einem HFL-Vertreter zu einem Abiturkurs überredet. Fast 600 Mark bezahlte er, dann wollte er aufhören; doch das HFL drohte mit Offenbarungseid. B.: »In meiner juristischen Hilflosigkeit habe ich insgesamt dreimal den Offenbarungseid verweigert und war sehr erstaunt, als ich von der Gerichtsvollzieherei zum Antritt der Beugehaft aufgefordert wurde.«

Beide Fälle sind bezeichnend für die unseriösen Geschäftsmethoden zahlreicher Fernlehrinstitute; sie sind jedoch nicht charakteristisch für den gesamten Fernunterricht in der Bundesrepublik. Für überzeugende Leistungen und gute Qualität einzelner Institute gibt es ebenfalls viele Beispiele: Dr. Gottfried L. holte bei der Akademikergesellschaft für Erwachsenenfortbildung in Stuttgart sein Abitur nach; heute ist er Professor für Psychologie in Berlin; Heinz Ludwig L., Realschüler mit anschließender kaufmännischer Lehre, schloß einen Fernkurs der Deutschen Angestellten-Akademie in Hamburg mit der Diplomprüfung Betriebswirt ab; heute ist er Geschäftsführer.

Weiterbildung zahlt sich also aus. Und nachdem das HFL pleite ist, wird der Fernunterrichtsmarkt hoffentlich bald solider und vertrauenswürdiger. Allerdings – manche Fakten sprechen noch dagegen. Einer der besten Kenner der Materie, Eberhard Kleinmann, Vorsitzender der Aktion Bildungsinformation in Stuttgart, einer verdienstvollen Verbraucherschutzorganisation, schätzt: Etwa 200 private Firmen bieten Lehrgänge an; in ihrem Sortiment fehlt praktisch nichts. Galvano-Techniker, Detektiv und Dolmetscher kann man ebenso per Fernkurs werden wie Klärmeister, Konstrukteur, Kontoristin oder Revisor, Optiker und Programmierer, dazu kommen alle möglichen Sprachen; mittlere und Hochschul-Reife verstehen sich von selbst.

Rund 1400 Kurse stehen zur Auswahl. Die Kosten schwanken zwischen etwa 200 Mark für ein Einzelfach wie Biologie und 4000 Mark für einen Abiturlehrgang, der etwa vier Jahre dauert. Das Angebot ist also überaus reichlich; jedoch: Kleinmann stuft nur etwa 20 Fernlehrinstitute als »völlig korrekt«, aber 100 als »völlig unkorrekt« ein, was ihr Geschäftsgebaren, die Schülerbetreuung und die Erfolgsquoten in Prüfungen betrifft. Zu den seriösen dürften die im Arbeitskreis korrektes Fernlehrwesen (AkF) zusammengeschlossenen dreizehn Institute zählen. Einige von ihnen haben bereits vor sechs Jahren von sich aus Prinzipien für einwandfreien Fernunterricht aufgestellt und sich daran gehalten. Zu diesen Grundsätzen gehören unter anderem:

- Interessenten müssen sachlich und umfassend über Inhalt, Kosten und zeitliche Dauer informiert werden.
- Kein Einsatz von Vertretern (»Studienberatern«).
- Das Lehrmaterial und die Mitarbeiter (Autoren, Korrektoren, Dozenten) müssen pädagogisch wirksam und qualifiziert sein.
- Verträge sind zum Ende jedes Studienhalbjahres kündbar.

Insbesondere ein AkF-Mitglied, die Akademikergesellschaft, mit 28000 Lernenden jetzt die größte Organisation dieser Art überhaupt, hat sich immer wieder als Schrittmacher für guten Fernunterricht engagiert; sie konnte die eigenen Grundsätze jedoch nicht für die Branche verbindlich machen. Auch der Staat bemüht sich seit langem, Ordnung in diesen Markt zu bringen. Die Länder gründeten die Staatliche Zentralstelle für Fernunterricht (ZFU) in Köln, der Bund schuf das Bundesinstitut für Berufsbildungsforschung (BBF) in Berlin. Beide Behörden überprüfen vor allem Lehrgänge auf ihre fachliche und pädagogische Eignung. Derart getestete und für gut befundene Kurse erhalten ein staatliches Gütesiegel, gewissermaßen einen Garantieschein für Qualität. Bis heute wurden allerdings erst rund 217 der 1400 Lehrgänge geprüft und gesiegelt.

Die Bundesregierung hat den Fernunterricht ebenfalls unter die Lupe genommen. Bildungsminister Helmut Rohde: »Wir mußten etwas für die Konsumenten tun, um sie vor Mißbrauch zu schützen.« Diesem Zweck dient Rohdes Fernunterrichtsgesetz. Es ist ein praktikables Verbraucherschutzgesetz, das unter anderem sogenannte Knebelverträge, schlechtes Lehrmaterial und irreführende Werbung verbietet. Allerdings hat das Gesetz, das die Regierung noch in dieser Legislaturperiode verabschieden will, auch einige Mängel. So bezieht es Hobbykurse nicht in die staatliche Prüfung ein und beschränkt sich nur auf einen Teil des Fernunterrichts, auf die Kontrolle privater Institute.

Dabei ist Fernunterricht nach einer Definition von Peter Glotz, Staatssekretär im Bildungsministerium, »*jede* Übermittlung von Kenntnissen über eine Distanz hinweg«, also auch die Teilnahme an Medienlehrgängen der öffentlich-rechtlichen Rundfunkanstalten (zum Beispiel Telekolleg oder Ausbildung der Ausbilder) und am Fernstudium. Dies wird bei uns vor allem vom Deutschen Institut für Fernstudien in Tübingen und von der Fernuniversität in Hagen betrieben. Es gibt also mindestens drei Fernunterrichtsbereiche, an denen insgesamt wohl rund eine dreiviertel Million Menschen teilnehmen, fast so viele wie es Studenten an den Hochschulen gibt.

Der Fernunterricht stellt also bereits heute einen riesigen Markt dar, und mit ziemlicher Sicherheit steht ihm noch eine beachtliche Expansion bevor. Verglichen nämlich mit anderen europäischen Ländern »sind alle Arten des Fernunterrichts in der Bundesrepublik weit unterentwickelt« (Glotz). So bilden sich in den USA 4.5 Millionen Menschen in irgendeiner Form durch Fernunterricht, in Schweden sind es zehn Prozent der Bevölkerung. Solche Margen dürften hierzulande – wenn auch nicht in naher Zukunft – ebenfalls möglich sein. Voraussetzung dafür sind jedoch außer einer weitaus breiteren Seriosität vor allem drei Dinge:

Erstens gibt es viel zuwenig Möglichkeiten für staatliche Abschlüsse und Prüfungen; fast alle Fernunterrichtskurse leiden bisher noch unter mangelnder öffentlicher Anerkennung.

Zweitens haben Fernunterrichtsteilnehmer nur geringe Chancen, staatliche Beihilfen nach dem Arbeitsförderungs- und dem Bundesausbildungsförderungs-Gesetz zu erhalten; diese Unterstützung muß dringend verbessert werden.

Drittens sollten die immer noch bestehenden Barrieren zwischen den drei Fernunterrichtsbereichen intensiv abgebaut werden, um eine größere Durchlässigkeit zu erreichen.

Ein zuversichtlich stimmendes Experiment für solche sich anbahnende Kooperation ist der im 3. Fernsehprogramm des Westdeutschen Rundfunks gesendete Medienverbund-Lehrgang »Deutsch gut und sicher«. Es ist das erste Mal, daß ein solcher Kurs von einer öffentlich-rechtlichen Anstalt ausgestrahlt und durch das schriftliche und mit einem Gütesiegel ausgezeichnete Material der Akademikergesellschaft, einer privaten Fernschule also, ergänzt wird. Allerdings: Statt eines Zeugnisses gibt es nur eine Bescheinigung über die erfolgreiche Teilnahme.

(DIE ZEIT Nr. 7, 6.2.76)

Endlich ein überfälliges Gesetz

Fernschüler sollen vor unseriösen Geschäftemachern bewahrt werden: »Gesetz zum Schutz der Teilnehmer am Fernunterricht«

Der Präsident petzte wie ein Pennäler: Hans-Joachim Rosenthal, Chef des Bundesinstituts für Berufsbildungsforschung (BBF) in Berlin, beschwerte sich »mit vorzüglicher Hochachtung« bei dem Präsidenten der Staatlichen Zentralstelle für Fernunterricht (ZFU), Siegfried Tiebel, in Köln.

Rosenthal mokierte sich über Hans Günter Haagmann, den Direktor der ZFU-Geschäftsstelle: Er habe »in vielen Pressenotizen« das BBF »schlicht« verschwiegen – ein »unverständliches Verhalten«; er habe in einem Vortrag sogar Forschungsergebnisse des BBF ignoriert – ebenfalls völlig unverständlich; und überhaupt solle Herr Haagmann sich doch bitte »so zurückhaltend verhalten wie das BBF . . .«. Nun dauerte es ein paar Monate, von Mai bis August, da antwortete auch schon Präsident Tiebel dem Präsidenten Rosenthal »mit freundlichen Grüßen« und auf fünf Seiten: Alle Vorwürfe gegen Herrn Haagmann träfen gar nicht zu, denn der habe bestimmt nichts Schlechtes mit dem BBF im Sinn, und »im übrigen sollten wir nicht dazu übergehen, einzelne Vorgänge kleinlich zu zerpflücken . . .«.

Warum müssen solche albernen Begebenheiten zwischen höchsten und hochbezahlten Beamten überhaupt einmal mitgeteilt werden? Weil sie zum unmittelbaren Anlaß wurden für das »Gesetz zum Schutz der Teilnehmer am Fernunterricht«, das vom Bonner Bildungsministerium nun endlich vorgelegt wird. »Wir mußten diesen Markt ordnen und wir mußten etwas für die Konsumenten von Fernunterricht tun«, erklärt Bundeswissenschaftsminister Helmut Rohde, »um sie vor Mißbrauch zu schützen und um den Fernunterricht gleichzeitig durch größere Seriosität attraktiver zu machen.« Deshalb haben die Bonner sich ins Zeug gelegt und präsentieren was schon vor Jahren hätte geschehen können: ein praktikables Verbraucherschutzgesetz.

Eine Nebenwirkung wird hoffentlich die sein, daß das penetrante Gezänk zwischen den Stellen aufhört, die vom Staat zur Aufsicht der Fernlehrbranche bestellt wurden. Wie kleinkariert es oft zwischen diesen Gremien zugeht, zeigt der Briefwechsel zwischen Rosenthal und Tiebel. Er wirft in seiner Absurdität allerdings auch ein Schlaglicht auf die Situation der Bildung in diesem Land. Solche Streitigkeiten sind nicht nur charakteristisch für den Fernunterricht, solch ein groteskes Hin und Her ist auch in der Bildungspolitik und Bildungsverwaltung gang und gäbe.
Jahrelang haben die Berliner BBF-Bürokraten (eine Bundesbehörde) und die Kölner ZFU-Leute (eine Einrichtung der Länder) sich gegenseitig gepiesackt. Dabei sind alle Beteiligten verpflichtet, für nichts anderes tätig zu sein als für den Schutz von knapp 300000 Menschen, die sich per Fernunterricht weiterbilden; dabei sind Rosenthal, Tiebel und Haagmann Mitglieder in SPD und F.D.P. und sollten vielleicht auch deswegen gemeinsam an einem Strang sozial-liberaler Bildungspolitik ziehen.
Die Querelen gehen freilich über den engen Kölner und Berliner Horizont hinaus. Da gibt es in Stuttgart die Aktion Bildungsinformation (ABI), einen privaten Verein, der aus studentischen Anfängen hervorgegangen ist. Er schützt seit vielen Jahren Verbraucher in oft vorbildlicher Weise. Auf über 50000 Zuschriften hat die ABI Auskunft erteilt, und gut dreißigmal hat sie erfolgreich gegen unseriöse Fernlehrinstitute prozessiert. Auch mit dem BBF haben sich die Stuttgarter Verbraucherschützer zu Recht und mit Erfolg angelegt. Die Berliner, so teilten sie allen Bundestagsabgeordneten schriftlich mit, »mißachten konsequent« ihre eigenen Richtlinien, nach denen sie Fernlehrkurse zu prüfen haben. Prompt klagte das BBF denn auch und mußte sich, bevor es zu einem außergerichtlichen Vergleich kam, vom Landgericht Stuttgart bescheinigen lassen: Die ABI-Behauptung »ist zutreffend«, das BBF habe sich »planmäßig« nicht an seine eigenen Vorschriften gehalten. Und auch das Oberlandesgericht Stuttgart erkannte, der Vorwurf sei »keine rechtswidrige Ehrverletzung«, sondern »im Kern zutreffend«.
Solchen juristischen Auseinandersetzungen und dummen Streitereien haben die verantwortlichen Kultusminister in Bund und Ländern jahrelang nahezu untätig zugesehen. Es hat sie auch wenig gestört, daß die seit eh und je gelästerte Branche immer noch versucht, Bürger mit falschen Informationen, verklausulierten Verträgen und windigen Vertretern übers Ohr zu hauen –

obwohl vieles inzwischen besser geworden ist und ganz krasse Fälle kaum noch vorkommen.
Das alles ist unerfreulicher Hintergrund; »die geradezu grotesken Verkrampfungen zwischen BBF und ZFU« – so ein Bonner Ministerialbeamter – gaben den Anstoß dazu, daß der Bund endlich aktiv wurde. Plötzlich ging es ruckzuck. In wenigen Monaten war ein Gesetzesentwurf da, das Bundeskabinett hat ihn verabschiedet, demnächst debattiert das Parlament darüber. Rohde und vor allem sein Staatssekretär Peter Glotz haben in überraschend kurzer Zeit eine solide Vorlage zustande gebracht, die Teilnehmer am Fernunterricht nachhaltig vor unzumutbaren Verträgen, vor mangelhaftem Lehrmaterial und irreführender Werbung schützen kann: Fernlehrgänge müssen in Zukunft geprüft und zugelassen werden; das Material hat vollständig zu sein; der Lernerfolg wird überwacht; schriftliche Arbeiten sind sorgfältig zu korrigieren; Einschreibgebühren, Provisionen und Vorauszahlungen gibt es nicht; jeder kann noch zwei Wochen, nachdem er das erste Material bekommen hat, kündigen; nach einem halben Jahr kann sogar jederzeit gekündigt werden; Fernschulunternehmer sind bei Ordnungswidrigkeiten mit einer Geldbuße bis zu 20000 Mark bedroht. Ein bildungspolitischer Lichtblick? In der Tat. Nur hat das Gesetz ein paar Schönheitsfehler.
Die Mängel sind rasch benannt: Hobbykurse, also alles zum Basteln, alles über Liebe und Ehe, Hypnose und geheime Mächte, brauchen nicht zugelassen, mithin nicht geprüft, sondern der staatlichen Kontrollinstanz nur angezeigt zu werden. Hier bleibt ein Feld, das Geschäftemacher bestellen werden. Dann kennt das Gesetz kein absolutes Vertreterverbot, obwohl betrügerische Bildungsverkäufer in der Vergangenheit den größten Schaden angerichtet haben. Drittens ist die Zusammenarbeit zwischen BBF und ZFU noch nicht so geregelt, daß Reibereien unmöglich wären. Zwar hat der Bund in geradezu einmaliger Weise darauf verzichtet, seine eigenen Kompetenzen wahrzunehmen, er hat sie vielmehr zur Ausübung den Ländern und damit praktisch der ZFU übertragen – und nur diese Kompromißbereitschaft hat das Gesetz überhaupt ermöglicht –; doch behält das BBF ein entscheidendes Mitsprache- und Einspruchrecht beim Begutachten der Kurse – zweifellos ein günstiger Nährboden für weitere Reibereien. Das alles ist nicht gerade schön, aber gemessen an den Vorteilen zumutbar und erträglich.

(DIE ZEIT Nr. 39, 19.9.75; das »Fernunterrichtsschutzgesetz« trat am 1. Januar 1977 in Kraft)

III. Die Programme der Parteien

Was sie alle wollen . . . Ein Gesamtüberblick

Zwischen den vier im Bundestag vertretenen Parteien besteht eine tiefe bildungspolitische Kluft. Die CDU/CSU möchte am liebsten am traditionellen dreigliedrigen Bildungssystem festhalten. Die SPD und die F.D.P. plädieren dagegen für eine gründliche Schulreform, und zwar deshalb, weil beide Parteien auch für eine Reform der Gesellschaft eintreten. Beide möchten diesen Staat in einem positiven Sinn verändern und ihn gerechter, sozialer und demokratischer machen. Der frühere SPD-Kultusminister von Berlin, Carl-Heinz Evers, hat das einmal so ausgedrückt: »Eine neue Schule für eine neue Gesellschaft, um mehr Gerechtigkeit, Selbstbestimmung und Glück für alle zu ermöglichen.« Diese neue Schule der SPD ist die Gesamtschule; die neue Hochschule heißt Gesamthochschule. Die F.D.P. strebt ganz ähnliche Formen an: Die Offene Schule und die Offene Hochschule.
Allerdings existieren zwischen den Parteien auch einige bescheidene Gemeinsamkeiten. Alle behaupten, sie wollten den vorschulischen Bereich ausbauen, den Lehrermangel mindern, mehr für die Lehrlinge tun, die Kapazität der Hochschulen erweitern und den Numerus clausus abbauen, die Erwachsenenbildung voranbringen. Doch auch bei diesen Maßnahmen gibt es schon wieder Unterschiede. Kindergärten zum Beispiel möchte die CDU auch weiterhin in der privaten Trägerschaft von Kirchen und Verbänden belassen – die SPD will sie zur ersten Stufe des öffentlichen Bildungswesens ausbauen.
Auch das 5. und 6. Schuljahr, die Orientierungs- oder Beobachtungsstufe, ist ganz unterschiedlich konzipiert. Die CDU/CSU will die gegenwärtige Trennung nach Haupt-, Real- und Oberschulen beibehalten und nur ähnliche Lehrstoffe in den 5. und 6. Klassen der drei verschiedenen Schultypen anbieten; SPD und F.D.P. wollen jedoch eine von der jeweiligen Schulform unabhängige, integrierte Bildungsstufe – praktisch eine gesamtschulähnliche Form.
Ein wesentlicher Unterschied besteht auch für die berufliche Ausbildung. Nach dem Programm der CDU/CSU soll wie bisher der theoretische Unterricht in den Berufsschulen stattfinden und das

praktische Lernen in einem Betrieb. Dieses duale System soll nach den Vorstellungen von SPD und F. D. P. abgelöst werden durch eine einheitliche Stufe; etwas vergröbert ausgedrückt: Lehrlinge und Gymnasiasten sollen gemeinsam lernen, das ist das sozialliberale Konzept einer integrierten Sekundarstufe II.
Keine Einigkeit herrscht über die zukünftige Struktur der Hochschulen. Während SPD/F. D. P. das herkömmliche Nebeneinander dieses tertiären Bildungsbereichs (Fachhochschulen, Pädagogische Hochschulen, Technische Hochschulen und Universitäten) überwinden möchten und dafür plädieren, diese unterschiedlichen Typen in Kooperation zusammenzuführen oder durch Integration völlig zu verschmelzen und eine Gesamthochschule mit gestuften Abschlüssen anstreben, wäre es der CDU/CSU am angenehmsten, die voneinander getrennten verschiedenen Hochschularten beizubehalten.
Schließlich die Lehrerbildung: Alle Parteien sind dafür, Stufenlehrer auszubilden für die Primarstufe (Schuljahr eins bis vier, bisherige Grundschule), für die Sekundarstufe I (5. bis 10. Schuljahr, bisher Hauptschule, Realschule und Mittelstufe der Gymnasien) und für die Sekundarstufe II (11. bis 13. Schuljahr der Oberschule und Berufsschulen und berufliche Vollzeitschulen). Aber: Die Sozial-Liberalen wollen für jede Stufe zwei Lehrer-»Typen«, den einen mit einem »einfachen Lehramt« in sechs Semestern Studium, den anderen mit einem »erweiterten Lehramt« in acht Semestern; damit wäre die Gleichrangigkeit aller pädagogischen Arbeit auf jedweder Stufe anerkannt. CDU/CSU jedoch wollen etwas anderes: Sie möchten für Primar- und Sekundarstufe I nur ein Sechs-Semester-Studium, ausschließlich für das Lehramt Sekundarstufe II ist ein Studium von mindestens acht Semestern vorgesehen; dadurch würden zwei unterschiedliche »Kasten« von Pädagogen entstehen.
Überhaupt konserviert das Konzept der CDU/CSU die entscheidenden Nachteile des bisherigen vertikalen Schulsystems: die üble Selektion nach dem vierten Schuljahr; die Aufteilung der Kinder in Haupt-, Real- und Oberschüler, die nur vorgeblich nach Begabungen, in Wirklichkeit jedoch weitgehend nach dem sozialen Status der Familie erfolgt; das unzulängliche duale System der Berufsausbildung. Dies Festhalten der Unions-Parteien an der traditionellen Schule resultiert letztlich aus ihrem gesellschaftspolitischen Konzept. Dies Schulwesen nämlich ist die Basis der gegenwärtigen Gesellschaftsordnung, in der die CDU/CSU immer

wieder zu politischen Machtpositionen gelangen konnte. Der ehemalige parteilose Bonner Bildungsminister Hans Leussink hat das einst so erklärt: »In unserem heutigen Bildungssystem reproduziert sich im Endeffekt die einmal bestehende soziale Schichtung der Bevölkerung immer wieder aufs neue.«
Und so haben sich die Parteien in ihren Grundsatzprogrammen und programmatischen Schriften festgelegt:
Zur Bundestagswahl am 3. Oktober 1976 haben alle Parteien der Bildungspolitik in ihren Wahlprogrammen einen wesentlichen Rang zugemessen. Wahlprogramme werden freilich – im Gegensatz zu Parteiprogrammen, die zumeist eine grundsätzliche ideologische und politische Bedeutung haben – nicht selten mit Blick auf die Wählergunst sowie den PR- und Propaganda-Effekt abgefaßt. Das kann dazu führen, daß wesentliche Aussagen vermieden und konträre Positionen glattgebügelt werden. Die mögliche Folge: Wahlprogramme gleichen einander in ihrer Einmütigkeit und Geschlossenheit.
Trotzdem sind Wahlprogramme nicht überflüssig. Was in ihnen versprochen wird, gilt manchem Bürger bei der nächsten Wahl als Richtmaß für seine Entscheidung. Auch die bildungspolitischen Konzepte der Parteien zur letzten Bundestagswahl glichen einander auffällig. Die einzige – positive – Ausnahme bildete die F. D. P., die mit zwei wesentlichen neuen Forderungen hervortrat: dem Bund eine größere Kompetenz für das Bildungswesen zu geben und das Hochschulrahmengesetz zu novellieren.

Die wichtigsten Aussagen in den Wahlprogrammen lauteten:
CDU/CSU
»Wir werden den Jugendlichen die bittere Erfahrung ersparen, daß sie an der Schwelle zum Berufsleben auf eine Gesellschaft der vergebenen Plätze und der vertanen Chancen stoßen. Diese in ihren Hoffnungen enttäuschte Generation darf nicht in Anpassung und Mutlosigkeit verfallen. Wir brauchen junge Menschen, die wach, kritisch und solidarisch zur Gemeinschaft stehen und ihr frischen Ansporn geben.
Bildung soll insbesondere unsere Jugend darauf vorbereiten, als mündige Bürger in der demokratischen Gesellschaft frei und verantwortlich zu handeln sowie zur Lösung humaner und sozialer Probleme beizutragen.
Wir werden die Schulbücher wieder von der einseitigen Beeinflussung durch sozialistische und marxistische Lehrinhalte befreien.

	CDU/CSU	SPD	F.D.P.
Zielvorstellung	Die CDU/CSU plädiert für das dreigliedrige Schulsystem: »Weiterführende Schulen sind die Hauptschule, die Realschule und das Gymnasium.« Daran hält die Partei im Grunde noch heute fest. In ihrem »Schul- und Hochschulprogramm« (1971) spricht sie zwar vom »mehrzügig gefächerten Schulsystem«; dazu aber CDU-Kultusminister Hahn: »Es gilt, die Schule von heute weiter zu verbessern.«	»Die Gesamtschule ist eine Schulform, in der die Schüler nach der gemeinsamen Grundschulzeit nicht mehr in unterschiedliche Schulformen – Haupt-, Realschule, Gymnasium – übergehen . . . Sie stimmt in ihrer Struktur mit der Struktur unserer Gesellschaft überein.« (»Modell für ein demokratisches Bildungswesen«, 1969.)	»Die Offene Schule ist eine Gesamtschule, in der Regel als Ganztagsschule konzipiert.« Die F.D.P. hält eine »umfassende Reform der gegenwärtigen gesellschaftlichen Strukturen und des eng damit verbundenen gegenwärtigen Bildungssystems für unabweisbar«. (»Leitlinien einer liberalen Bildungspolitik«, März 1972.)
Elementarbereich 3–4jährige	Kindergarten. Angebot erweitern; verstärkte Zuschüsse der öffentlichen Hand; »grundsätzlich eine Aufgabe der freien Träger und Kommunen«. Der Besuch »ist freiwillig und soll kostenlos werden«.	Kindergarten. Plätze vermehren – »insbesondere auch für behinderte Kinder«. Der Bereich soll zur ersten, kostenlosen Stufe des öffentlichen Bildungswesens ausgebaut werden.	Elementarerziehung: »Keine vorgezogene Schule.« Angebot vermehren; »spezielle Förderung der Kinder aus unterprivilegierten Schichten«; möglichst kostenlos; alle Träger sind rechtlich gleichrangig; behinderte Kinder besonders fördern.

Primarbereich 1.–4. Schuljahr	Schulbesuch mit fünf möglich; Vorschulklassen für alle Fünfjährigen. »Die Grundschule soll die elementaren Kulturtechniken vermitteln, die Sprachfähigkeit fördern und die Voraussetzung schaffen, um das mathematisch-naturwissenschaftliche sowie technische Denken zu fördern.«	Schulpflicht mit fünf Der Unterricht soll »Gefühl der Selbstsicherheit« vermitteln und an die »Schülerrolle« gewöhnen; »sprachliches Differenzierungsvermögen« fördern, leistungsschwachen Schülern besonders helfen. Kein einseitiger Leistungsdruck.	Schulpflicht: »Schuleintritt ist flexibel zu gestalten; maßgebend ist die Schulreife.« Eingangsstufe, zwei Jahre, obligatorisch für alle Fünfjährigen: »Unterschiedliche Lernvoraussetzungen ausgleichen«; »soziale Verhaltensweisen aufbauen«. Grundstufe, drei Jahre: »Kulturtechniken erlernen.« Unterricht in Kern-, Schwerpunkt- und freien Bereichen.
Sekundarbereich I 5.–10. Schuljahr 5. + 6. Schuljahr	Vertikale Gliederung in Hauptschule (fünf Jahre), Realschule (sechs), Gymnasium (neun). Orientierungsstufe mit »fachübergreifender Differenzierung und methodischer Niveaudifferenzierung«. Durchlässigkeit, Zusammenarbeit der Lehrer der drei Schularten fördern; »schulformabhängig«.	Gesamtschule: die drei weiterführenden Schulen werden zu einer neuen Form vereinigt (integriert). Orientierungsstufe: als Form der Gesamtschule mit einheitlichem Lehrangebot, keine Auslese; »schulformunabhängig«. Klassenverband und Jahrgangsklassen werden aufgelockert; Individualisierung des Lernens durch	Mittelstufe: Haupt-, Real- und Oberschule in der Offenen Schule vereinigt. Orientierungsstufe: »schulformunabhängig«, volle Integration ohne Auslese. »Die Autonomie des Schülers wird schrittweise erhöht. Er wählt Schwerpunkte und erbringt Leistungen vor allem dort, wo seine

	»Die Hauptschule schließt mit der Berufsreife«, der Schüler kann: 1. Beruf beginnen, 2. Berufsgrundschuljahr machen (zunächst fakultativ, dann obligatorisch), 3. Berufsfachschule besuchen.	Differenzierung in Kern-, Kurs- und Wahlfächer. Soziale Integration: Schüler verschiedener Schichten lernen miteinander. Ganztagsschule in 5-Tage-Form mit Anschluß von Sonderschulen für Lernbehinderte.	Interessen liegen.« Schulfächer erweitern, möglich: Medizin, Rechtskunde, Umweltschutz.
Sekundarbereich II 11.–13. Schuljahr	Sekundarstufe II. Sie soll »in qualifizierte Berufe und Wissenschaftsfelder einführen, Sach- und Methodenkenntnis vermitteln«. Sie wird »differenziert konzipiert«, der Schüler bildet Schwerpunkte. Es gibt »obligatorische Kern-/Grundfächer, Schwerpunkt- und Orientierungsfächer, fakultative Arbeitsgruppen und Praktika«.	Sekundarstufe II. Integration der gymnasialen Oberstufe mit den Berufs-, Berufsfach- und Berufsaufbauschulen in einer »gleichermaßen umfassenden wie differenzierten Sekundarschuloberstufe«. In ihr werden »studien- und berufsbezogene Ausbildungswege zusammengefaßt«. Berufliche Bildung ist möglich als 1. Vollzeitschule, 2. zur Hälfte Schule, zur Hälfte betriebliche Ausbildung.	Oberstufe: Sie »integriert die bisherigen Fachbereiche des Gymnasiums . . . und wesentliche Teile der Berufsausbildung«. Diese kann in der Oberstufe ganz oder teilweise abgeschlossen werden. Ebenso ist berufliche Ausbildung mit dem gleichzeitigen Erwerb von Qualifikationen für bestimmte Studiengänge möglich oder der Erwerb der allgemeinen Hochschulreife.
Tertiär-Bereich	Verschiedene getrennte Hochschularten	Integrierte Gesamthochschule	»Offene Hochschule – die liberale Form der integrierten Gesamthochschule.«

Die junge Generation soll sich selbst ein Urteil bilden können, um endlich wieder ein ungebrochenes Verhältnis zu Deutschland zu bekommen. Dazu gehört auch die Kenntnis der Geschichte des deutschen Ostens.
Wir wollen die humane Schule. Das Kind soll nach seiner Begabung und Leistungsfähigkeit gefördert und nicht überfordert werden. Die Kinder müssen die Anforderungen der Schule wieder ohne ständige elterliche Hilfe erfüllen können.
Allgemeine und berufliche Bildung sind gleichwertig . . . Wichtigste Aufgabe ist, die bedrückende Jugendarbeitslosigkeit zu beseitigen. Durch unsere Wirtschafts- und Arbeitsmarktpolitik werden wir dafür sorgen, daß für Berufsanfänger wieder genügend Arbeitsplätze zur Verfügung gestellt werden . . . Wir werden für ein ausreichendes Angebot an qualifizierten Ausbildungsplätzen sorgen und die dazu erforderlichen finanziellen Anreize schaffen.
Wir werden die Freiheit von Forschung und Lehre sichern, die Leistungsfähigkeit der Hochschulen gewährleisten und durch eine Reform der Studiengänge für kürzere Studienzeiten sorgen . . . Wir wollen den Hochschulzugang gerechter regeln.«

SPD

»Die Schule muß Wissen vermitteln und Leistung fordern, sie muß aber auch die Freude zur Leistung wecken, die Persönlichkeit der Kinder und Jugendlichen zur Entfaltung bringen, die schöpferischen Kräfte und soziale Verantwortung anregen. Wir sind gegen Strebertum und gegen überzogenen Leistungsdruck, der eine ganze Generation in ängstliche Anpassung treibt.
Unsere wichtigste bildungspolitische Aufgabe der nächsten Jahre ist es, qualifizierte Ausbildungsplätze in Betrieben, Schulen und Hochschulen in ausreichender Zahl zu sichern und zu schaffen. Unsere Politik für mehr qualifizierte Ausbildungsplätze muß durchgesetzt werden.
Wir bejahen das duale System und wollen die Wirtschaft nicht aus ihrer Verantwortung für das Ausbildungsplätzeangebot entlassen . . . Wir werden weiter für eine umfassende Reform eintreten, die Gleichwertigkeit zwischen allgemeiner und beruflicher Bildung schafft, die Abstimmung zwischen Inhalt der betrieblichen und der berufsschulischen Ausbildung sicherstellt . . .
Die Hochschulen sollen offen sein. Das heißt: In allen Fächern müssen die vorhandenen Plätze an den Hochschulen voll genutzt werden, damit Studienbewerber nicht mehr abgewiesen werden.

In fast allen Fächern kann und muß der Numerus clausus alsbald ausgesetzt werden.
Sozialdemokraten werden weiter dafür wirken, daß gesamtstaatliche Verantwortung in der Bildung erhalten und gestärkt wird. Wir sind gegen politischen Partikularismus.«

F.D.P.
»Die F.D.P. hält an ihrer Absicht fest, das Bildungswesen inhaltlich zu verbessern. Sie will sparen durch Reformen.
Ziel liberaler Bildungspolitik ist, im einzelnen Kind rationale sowie schöpferische Kräfte und soziales Verhalten zu entfalten und zu sozialem Engagement zu ermutigen. Darum fordern die Freien Demokraten die angstfreie Schule, in der neben Wissensvermittlung, Spiel und Lebensfreude ebenso berücksichtigt werden wie die notwendige Einübung von Hilfsbereitschaft, Rücksicht, gegenseitige Verantwortung und Anerkennung. Die Möglichkeiten demokratischer Mitwirkung von Lehrern, Eltern und Schülern sind zu verstärken.
Die F.D.P. wird ihre Reformpolitik fortsetzen und durch besondere Anstrengungen in der beruflichen Bildung die Gleichwertigkeit der Bildungsgänge herbeizuführen versuchen . . . Die generelle Einführung des Berufsgrundbildungsjahres muß angestrebt werden. Schulversuche zur Integration beruflicher und allgemeiner Bildung müssen fortgesetzt bzw. eingeleitet werden.
Der Numerus clausus muß abgeschafft werden. Jeder Studienbewerber soll Anspruch auf einen Studienplatz mit der Möglichkeit eines berufsqualifizierenden Abschlusses haben. Um dieses zu erreichen, wird sich die F.D.P. für eine bessere Auslastung der vorhandenen Hochschulkapazitäten einsetzen . . . Um eine freiheitliche und demokratische Organisation des Hochschulwesens zu garantieren, wird sich die F.D.P. für eine Novellierung des Hochschulrahmengesetzes (HRG) unter Sicherung der verfaßten Selbstorganisation der Studenten und ohne autoritäres Ordnungsrecht einsetzen.
Der Bund muß größere Gesetzgebungskompetenzen für das Bildungswesen erhalten . . . Der Bund muß die mit der Wirtschafts-, Arbeitsmarkt- und Finanzpolitik verzahnte Bildungspolitik so wahrnehmen können, daß die Verwirklichung der bildungsbezogenen Grundrechte, des Sozialstaatsgebots und einheitlicher Lebensverhältnisse gesichert sind. Deshalb muß der Bund die Gesetzgebungskompetenz unter anderem erhalten für die Struktur

des Bildungswesens, die Lehrerausbildung, Art und Dauer der Bildungspflicht, Abschlüsse von und Zugänge zu Bildungsgängen und die Förderung von Modellversuchen.«

Linke Theorie von rechts

Die Bildungspolitiker der CDU/CSU geben sich erstaunlich progressiv, aber: An ihren Werken sollt ihr sie erkennen

Was soll man davon halten, wenn Bildungspolitiker der CDU und CSU in einem fast schon »linken Jargon« über Schulen und Hochschulen reden? Etwa der Stuttgarter Kultusminister Wilhelm Hahn: »Die Hochschule der Zukunft hat Dienstleistungscharakter für die Gesellschaft.« Oder der Mainzer Bernhard Vogel: Die Schule habe »es unmittelbar mit der gegebenen Wirklichkeit zu tun«. Oder der Münchner Hans Maier: Schule müsse »auch systematische Kritikerziehung betreiben«, und zwar durch »Informationskritik, Medienkritik, Pressekritik, Sprachkritik«.

Dergleichen war man von Unionspolitikern bislang nicht zu hören gewohnt, wenn es darum ging, Funktionen und Aufgaben der Bildung zu benennen. Jetzt äußern sie sich nahezu so, wie es SPD- und F.D.P.-Politiker vor drei oder vier Jahren taten: »Bildungspolitik ist Gesellschaftspolitik« – diese These stellte 1969 als einer der ersten Carl-Heinz Evers, der SPD-Schulsenator von Berlin, auf. »Für die CDU und CSU ist Bildungspolitik zentraler Bestandteil einer zukunftsorientierten Gesellschaftspolitik« – so formulierten es 1972 Berhard Vogel und Berthold Martin, Bundestagsabgeordneter der CDU und Wortführer im Bundeskulturausschuß seiner Partei.

Wie sich die Worte gleichen – aber gleichen sich auch die Inhalte? Kündigt sich mit solchen Formulierungen bei CDU und CSU eine metaphysische Wendung zur Gesamtschule (und auch Gesamthochschule) an, wie sie Evers – wiederum als einer der ersten – dann auch bewirkt hat? Oder handelt es sich nur um schönen sprachlichen Schein, hinter dem sich längst bekannte konservative Positionen verbergen?

Jetzt haben sich alle geäußert, die im christlich-demokratischen Bildungslager gegenwärtig Töne angeben: Werner Scherer aus Saarbrücken, Walter Braun aus Kiel, Hanna-Renate Laurin, die Kultus-Staatssekretärin in Mainz, mehrere Bundestagsabgeord-

nete und auch wissenschaftliche Referenten – sie alle sind als Autoren eines Sammelbandes vereint –
Berthold Martin, Bernhard Vogel (Hrsg.): »Bildungspolitik. Plädoyer für ein realistisches Konzept«; Nicolaische Verlagsbuchhandlung, Herford 1972; 218 S., 14,80 DM.
In diesem Kompendium werden die meisten bildungspolitischen Probleme von der Vorschule bis zur Erwachsenenbildung aufgeführt. Jeder Autor beschäftigt sich mit einem Teilgebiet – wie Berufsbildung, Bildungsplanung, Bildungstechnologie – und beschreibt, was die CDU über diesen Bereich denkt und wie sie ihn fördern will. Natürlich sind auch Hans Maier und Wilhelm Hahn vertreten.
Wenn man absieht von der unerläßlichen Polemik (Berthold Martin: »Bisher hat die Bundesregierung keine Vorstellungen von einem leistungsfähigen Bildungswesen entwickelt, das jedem seine Chance gibt«), von der etwas peinlichen Rechthaberei (Hans Maier: er habe »fast wörtlich gleiche Feststellungen« wie das Bundesverfassungsgericht unlängst in Sachen Numerus clausus »anderthalb Jahre zuvor als Präsident der Ständigen Konferenz der Kultusminister (KMK) getroffen«), von dem penetranten Eigenlob (Martin und Vogel: »Die CDU und die CSU haben unter Beweis gestellt, daß die eigentlich reformerischen Kräfte bei ihr beheimatet sind«), überliest man diese gängigen Zutaten parteipolitisch eingefärbter Publikationen, dann fällt vor allem eines auf: das geradezu unheimliche Engagement der CDU für die berufliche Ausbildung.
Bislang ist die Partei gerade diesem Thema stets gern ausgewichen; jetzt konzentriert sie sich darauf und macht es zu einem Hauptanliegen. Hans Maier: »Mit welchem Recht bietet der Staat Studenten Stipendien an, jungen Handwerkern dagegen nicht?« Walter Braun: »Es heißt, ernst zu machen mit der beruflichen Bildung.« Wilhelm Hahn: »Die Förderung der beruflichen Bildung muß gleichrangig neben dem Bemühen um die Hochschulen stehen.«
Lehrlinge gleich Studenten – das sind starke Worte, mit denen sich die CDU/CSU ein außerordentlich progressives Image gibt. Überhaupt können sich die Politiker dieser Parteien gar nicht moderner »verkaufen«, als sie es in diesem Buch tun.
Zum Beispiel definiert der Mainzer Vogel den Erziehungsauftrag der Schule mit Worten, die auch in Wiesbaden vertraut klingen werden: ». . . der Heranwachsende muß fähig werden, diese Ge-

sellschaft kritisch, verantwortlich und schöpferisch selbst mitzugestalten und fortzuentwickeln.« Das ist eine Formulierung, die durchaus an die Hessischen Rahmenrichtlinien für Gesellschaftslehre anklingt, gegen welche die hessische CDU so heftig polemisiert. Dort wird das Ziel des Unterrichts angegeben: die »optimale Teilnahme an gesellschaftlichen Entscheidungsprozessen« und die »Bereitschaft ..., für eine Verwirklichung der Demokratie in allen Bereichen der Gesellschaft einzutreten«.
Auch Hans Maier schreibt hin und wieder, als formuliere er entsprechend dem Text der Hessischen Rahmenrichtlinien für Deutsch, nach dem »die Analyse der gesellschaftlichen Situation« und die »bewußte und verantwortliche Parteinahme« für die Entwicklungsziele des Grundgesetzes Aufgabe des Unterrichts sein sollen. Ähnliches oder vielleicht gar dasselbe will anscheinend auch Maier, denn er fordert, daß man dem Schüler »die konkrete verfassungsmäßige Demokratie erschließt« und den jungen Menschen durch »Schulen für die Demokratie« in die »Mündigkeit und Verantwortlichkeit hineinführt«.
Das sind überraschende Parallelen. Höchst erstaunlich finde ich es auch, daß ein zentraler Begriff liberaler und linker Reformpädagogik der letzten Jahre jetzt die CDU-Publikationen wie ein (roter) Faden durchzieht: das Wort Gesellschaft. Es kehrt fast in allen Beiträgen wieder: Der Mensch »hat Anspruch auf Freiheit und Entwicklung seiner Person für sich und für die Gesellschaft« – Schule soll erziehen »für das Zurechtfinden in der Gesellschaft« – Das Wissenschaftsverständnis soll »gesellschaftsbezogen und praxisnah« sein – Hochschulpolitik ist »ein Schwerpunkt der Gesellschaftspolitik« – Die Universität müsse sich »zur demokratischen Gesellschaft hin« öffnen.
Diese Formulierungen einfach als Propaganda abzutun, fällt schwer allein schon aus der naheliegenden Überlegung, daß die christlich-demokratischen Bildungspolitiker eines womöglich sehr nahen Tages total unglaubwürdig dastehen würden, wenn sie ihren forschen Worten nicht auch schnelle Taten folgen ließen.
Anderseits freilich gilt: Betrachtet man die gegenwärtige bildungspolitische Praxis der CDU/CSU – wie Hahn das liberale Konstanz abwürgt, wie Maier einen wahrhaft schlimmen Hochschulgesetzentwurf lanciert, wie unter Braun die schulische Not im Norden kaum geringer wird –, dann sind die vorliegenden Versprechungen eigentlich keinen Heller wert: Die Wirklichkeit widerlegt die linke Theorie von rechts nachdrücklich. Darum: An

ihren Werken sollt ihr sie erkennen. Solange sich diese nicht ändern, stimmt noch, was Carl-Heinz Evers schon vor Jahren sagte: »Wer das Grundrecht auf Bildung anerkennt, aber gleichzeitig das dreigliedrige Schulwesen als Mittel seiner Verwirklichung anpreist, der handelt ideologisch, er verschleiert bewußt oder unbewußt.«

(DIE ZEIT Nr. 16, 13.4.73)

Die Neinsager von der Union

Die Christlichen Demokraten und die Lehrlinge: Es soll alles beim alten bleiben, aber dennoch verbessert werden

Nun ist sogar die Union auf die Revolution gekommen. Knapp 200 Jahre, nachdem in Paris die Menschen- und Bürgerrechte proklamiert wurden, bekennt sich die CDU zu den Idealen des Pariser Aufstands. Freiheit, Gleichheit und Solidarität formuliert Helmut Kohl als die »wichtigsten Grundwerte für die Christlichen Demokraten«. Da nach Kohl das Ziel seiner Partei eine humane und sozial gerechte Gesellschaft ist, muß vor allem auch die Erziehung der Jugend diesen Grundsätzen verpflichtet sein. Kritisch fragt er deshalb: »Wie steht es konkret mit der Verwirklichung von Freiheit, Solidarität und Gleichheit in der Bildung?«
Schul- und Hochschulpolitik also als Gesellschaftspolitik. Die wichtigsten Elemente dieses Konzepts sind: Aus- und Weiterbildung als »die sicherste Investition zugunsten der geistigen und wirtschaftlichen Zukunft unseres Volkes«; der mündige, selbstverantwortliche Bürger; Möglichkeiten der individuellen Entfaltung; Chancengerechtigkeit für alle Kinder; Selbstbestimmung, kritische Urteilsfähigkeit, Fairneß und Toleranz – so jedenfalls steht es geschrieben –
Bernhard Vogel (Hrsg.): »Neue Bildungspolitik. Plädoyer für ein realistisches Konzept«; Nicolaische Verlagsbuchhandlung, Herford und Berlin 1975; 196 S., 18,– DM.
In diesem jüngsten von dem Mainzer Kultusminister edierten Sammelwerk sind alle potenten Bildungspolitiker der CDU/CSU aus Bund und Ländern vertreten. So viel Konsens darf durchaus eine respektable Leistung genannt werden. Nur etwas entfernt vergleichbares als Zeichen ihrer gemeinsamen bildungspolitischen Grundüberzeugungen haben die Sozial-Liberalen nicht zu bieten.

Gerade jetzt ist das ein klägliches Versäumnis, weil sich alle Bildungspolitiker – gleich welcher Couleur – bei ihren gegenwärtigen Rückzugsgefechten auf eine letzte Linie einigen müßten, wenn ihre Niederlage nicht total sein soll.
Bis hierher und nicht weiter – zu solchen Widerstands-Versuchen machen die CDU/CSU-Autoren immerhin einen nicht zu übersehenden Ansatz. Dabei hat der Kieler Kultusminister Walter Braun den vielleicht undankbarsten Part übernommen. Er setzt sich mit dem wohl wichtigsten, dem finanziellen Problem auseinander und legt sich trotzig-tapfer mit der Fronde der Finanzminister an: »Der Bildungsbereich muß weiterhin hohe Priorität haben« – ein solcher Satz löst heutzutage bei den Buchhaltern dieses Staates bereits nachhaltige Indignation aus.
Im Interesse der Bildungspolitik, und das bedeutet vor allem für die Interessen der Kindergartenkinder, der Schüler, Lehrlinge und Studenten, läge im Augenblick nichts näher als eine große Koalition aller bildungspolitisch Verantwortlichen, aus welchem Lager sie immer kommen. Das um so mehr, als das neue Konzept der Union mit den Plänen von SPD und F.D.P. verblüffend übereinstimmt. Das von der CDU/CSU formulierte Grundkonzept könnte wörtlich aus frühen liberalen und sozialdemokratischen Programmen stammen; neu an ihm ist im Grunde nur, daß die Unionsparteien sich nun auch so vorbehaltlos bekennen. Es besteht also eine weitgehende Kongruenz in den formulierten Erziehungsidealen.
Daß die Bildungspolitiker trotzdem nicht zusammenfinden, sondern sich insgeheim und öffentlich erbittert bekriegen, liegt nicht nur an macht- und parteipolitischer Taktik, das liegt vor allem auch daran, daß ein fast absoluter Dissenz in den Erziehungsmitteln besteht. Die Schlagworte der Sozial-Liberalen lauten: integrierte Orientierungsstufe, also praktisch die Fortsetzung der Grundschule in den Klassen fünf und sechs; Gesamtschulen, an die Sonderschulen angelehnt werden könnten; Sekundarstufe II (die Schuljahre 11 bis 13) mit Integrationsversuchen zwischen Gymnasien und berufsbildenden Schulen; Gesamthochschulen, also Zusammenschluß von Fach- und Pädagogischen Hochschulen mit Universitäten.
Diesem Bildungssystem, das nach breiter sozial-liberaler Ansicht am besten geeignet ist, jedem Schüler seine individuelle Chance zu bieten, stimmt die Union nicht in einem einzigen Punkt voll zu, in jedem ist ihre Antwort ein – manchmal moderiertes – Nein. Die

Alternative der CDU/CSU zu dem auf Integration zielenden Zukunftsentwurf von SPD und F. D. P. besteht fast ausschließlich in dem Vorschlag, das herkömmliche auf Trennung und Selektion ausgerichtete Drei-Klassen-System mit Haupt-, Real- und Oberschulen und mit Fach-, Pädagogischen Hochschulen und Universitäten auszubauen und effizienter zu machen. Besonders deutlich wird diese der Vergangenheit verpflichtete Bildungspolitik an dem im Augenblick aktuellsten Problem, der beruflichen Bildung, also der Lage von 1,4 Millionen Lehrlingen, für die vielleicht schon die meiste Reformarbeit dadurch geleistet wurde, daß sie jetzt Auszubildende heißen.

Ihr Los soll nach Ansicht der Politiker in dieser Programmschrift »vorrangig«, »mit besonderem Vorrang« und als »Schwerpunkt« behandelt und gebessert werden. Trotzdem wollen die Unionsautoren fast alles beim alten lassen.

Erstens: Zum bestehenden dualen System mit der praktischen Ausbildung im Betrieb und der theoretischen in der Schule und den nahezu absoluten Kompetenzen der Kammern »gibt es keine Alternative«.

Zweitens: Die Finanzierung ist für Georg Gölter, Mitglied des Bundestages und bildungspolitischer Sprecher der CDU-Fraktion, von »nur sekundärer oder gar tertiärer Bedeutung« – eine absolut groteske Ansicht, da sich gegenwärtig alles nicht nur in der Bildungspolitik um die leeren Kassen dreht. Walter Braun hat die richtige Dimension bereits vor drei Jahren öffentlich benannt: Für die Lehrlingsreform seien »Investitionskosten in Höhe von etwa 2,2 Milliarden Mark« erforderlich.

Drittens: Über die beiden wichtigsten, weil gefährdetsten Schulreformen, die Sonder- und Hauptschulen, aus denen die große Masse der Lehrlinge und jährlich rund 80000 Schüler ohne Abschlußzeugnis, mithin ohne die Voraussetzung für ein Lehrverhältnis kommen, gibt es in dem ganzen Buch nur wenige belanglose Zeilen.

Viertens: Die Jugendarbeitslosigkeit, eines der bedrohlichsten innenpolitischen Probleme, wird mit keinem Wort erwähnt.

Fünftens: Zu Ausbildungsordnungen, Berufsgrundbildungsjahr, Blockunterricht, Berufsbildungsstatistik, Ausbildungsberatung, Qualität der Ausbilder wird ebenfalls nichts oder nur etwas am Rande gesagt.

Trotz dieser eklatanten Mängel versucht die Union ihr verbales Engagement für die Auszubildenden als bildungs- und gesellschaftspolitische Großtat zu verkaufen. Dabei sind die Unierten noch kaum zu konkreten Vorschlägen gekommen, und was sie jüngst zur Frage der Finanzierung äußerten, wurde ihnen prompt von den Spitzenverbänden der Wirtschaft als »nicht akzeptabel« und als »verkehrter Ansatz« um die Ohren geschlagen. Welch ein Schauspiel: Die CDU/CSU, die sich selber als Retter der Lehrlinge feiert, bezieht öffentlich Watschen von der ihr doch zumindest nicht fernstehenden Wirtschaft, obwohl sie mit der Berufsbildung noch gar nicht begonnen hat!

(DIE ZEIT Nr. 29, 11.7.75)

Der weiße Riese

Richtlinien zur Bildungspolitik aus Bayern: Wie Kultusminister Hans Maier, CSU, Verantwortung praktiziert – Achtung: Ironie!

Welch ein Mann! Da hat die »Münchner katholische Kirchenzeitung« schon recht – Hans Maier ist »etwas Besonderes«: Stets ein Primus in der Schule, angesehener Ordinarius für Politikwissenschaft mit rund zweihundert Publikationen und als Staatsminister für Unterricht und Kultus am Münchner Salvatorplatz einer der Besten weit und breit im ganzen Land.
Als Parteiloser trat er vor fünf Jahren das Amt an, das sein gescheiterter Vorgänger einen »elektrischen Stuhl« nannte, war, wie Auguren wissen wollen, nur Goppels fünfzehnte Wahl – und ist heute, nächst seinem Parteivorsitzenden, des Freistaats populärster Exportartikel. Ihn schmückt der Bayerische Verdienstorden; seine Eloquenz fasziniert allgemein; er handelt aus tiefer Religiosität und spielt hinreißend die Orgel und das Cembalo. Er ist mutig genug, selbst gegen Strauß erfolgreich zu opponieren, und so unentbehrlich, daß seine Rücktrittsdrohung ein politisches Erdbeben bewirkt. Sein Name wird an der Gerüchtebörse gehandelt – als möglicher Nachfolger auf dem bayerischen Ministerpräsidenten-Sessel ebenso wie als Bundesbildungsminister in Bonn: ein Homo novus aus dem Schwarzwald auf dem Weg zum Gipfel des Ruhms.
Gerade hat er sich mit dem Entwurf zu einer deutschen Erziehungsideologie neuerlich profiliert, mit einem Konzept, das sich, wie er sagt, an Immanuel Kant orientiert und die Begriffe »diszipliniert«, »kultiviert« und »zivilisiert« endlich wieder zu zentralen

Werten der Erziehung macht. So wünscht sich der Staatsminister die Jugend, und so sieht er sich mit anderen selber: »Wir, die wir reformieren, aber nicht destruieren wollen, die wir liberal sind, aber nicht naiv . . .« – er schrieb es unlängst in der »Welt«. Hans Maier lebt der Pflicht, »für alle Schüler eine optimale Ausbildung zu ermöglichen; ich stehe mit dieser Aufgabe in der Verantwortung den Schülern gegenüber . . .«. Dort steht er, anders mag er nicht, und so praktiziert er bildungspolitische Neigung und Verantwortung.

Kürzlich trieb ihn die Sorge, dem Präsidenten der Bundesanstalt für Arbeit (BfA) in Nürnberg, seinem Parteifreund Josef Stingl, einen Brief zu schreiben. Es geht um die Zeitschrift »aspekte«, die sich »das deutsche studienmagazin« nennt, ein Blatt der Berufsberatung, von der BfA in elf Nummern zu je 270000 Stück für rund zwei Millionen Mark im Jahr herausgegeben. Es ist eine bieder umbrochene und wenig attraktiv geschriebene Drucksache, die jedoch eine Fülle handfester Informationen über alle möglichen beruflichen Probleme für Abiturienten enthält, eine Vademecum für den Schritt zwischen Schule, Studium und Beruf, mit sachlichen Analysen, soliden Ratschlägen, Anschriften, Literaturlisten, Kommentaren von Prominenten.

In der Märznummer hat jüngst Ralf Dahrendorf in einem Interview Liberalismus und dessen Konsequenzen für die Bildungspolitik erläutert: »Ich möchte jedem Jugendlichen Gutscheine für eine weiterführende Bildung geben.« Kurz, »aspekte« ist ein aktuelles, ausgewogenes, liberal-offenes Blatt, dessen singuläre Bedeutung darin liegt, daß es kostenlos an jeden Primaner in der ganzen Bundesrepublik verteilt wird, und seit erdenklichen Zeiten ist es überall wohl gelitten.

Nicht aber in Bayern. Hans Maier hat »grundsätzliche Einwände gegen Teile der redaktionellen Konzeption« und »Bedenken gegen eine teilweise einseitige, tendenziöse Betrachtungsweise«. Der Minister fand Anstößiges in vielen Nummern. Was »aspekte« zu Lehrerbildung und -besoldung, zu Mitbestimmung, Studieneinführungen und einzelnen Hochschulen (Bremen) veröffentlichte, erhielt Maiers Beifall nicht.

Im Gegenteil, der Minister fertigte ein langes Sündenregister und rügte gegenüber Stingl: ». . . massive Angriffe auf die geltende Rechtsordnung«; »verallgemeinert und überspitzt«; »Propaganda«; ». . . nur die Auffassung der Gewerkschaft Erziehung und Wissenschaft wiedergegeben«; »ideologische Zielsetzungen«;

». . . kann Berufsanfänger sehr leicht zu einer einseitigen, durch Vorurteile bestimmten Ausrichtung verführen«. Aus diesen Exempeln folgert der Minister: ». . . scheint mir, ist die notwendige Objektivität der Darstellung hinter dem Interesse an der Förderung gewisser gesellschaftspolitischer Ziele zurückgetreten.«
In seiner persönlichen Auffassung wird er »bestärkt durch kritische Äußerungen aus Kreisen der Lehrerschaft«, wie er Stingl schreibt, und: »Eine objektive Information . . . wird auch von den Eltern gefordert.« Hans Maier macht dem Parteifreund deutlich, daß er die Bedenken aller wie die Belange der Jugend ernst nimmt, und schließt deshalb mit der Bitte, »dafür Sorge zu tragen, daß unser gemeinsames Anliegen einer möglichst umfassenden Beratung der Schüler in der Schule . . . nicht durch Mißachtung der notwendigen Objektivität in Mißkredit gebracht und damit gefährdet wird«. Das Schlimmste immerhin könnte er verhindern; denn zum Glück ist das Verteilen von »aspekte« – so läßt er Stingl wissen – in Bayern nur »bis auf weiteres . . . genehmigt«. Würden einseitige und tendenziöse Artikel zu zahlreich, könnte der Vertrieb kurzerhand verboten werden, wie es schon einmal, Anfang 1969, für ein halbes Jahr wegen eines Aufsatzes über katholische Aufklärungsbroschüren geschehen mußte. Ein solches Verbot wäre unumgänglich, auch wenn es die Zeitschrift und damit die Arbeit der BfA hart träfe. Gelangen die »aspekte« nämlich nicht mehr in die Hand aller Schüler, könnte das rasch zum Exitus des Blattes führen, weil, bei kostenloser Abgabe, die Millionenausgaben nur durch tatsächliche Lektüre zu rechtfertigen sind. Also: Schule dicht, »aspekte« tot – darauf läuft es hinaus, wenn erst einmal ein Bundesland die Zensur ausspricht.
Wie ein Damoklesschwert hängt das Vertriebsverbot also über der Zeitschrift, und die Redaktion, die um diese Automatik weiß, »übt von vornherein eine gewisse Selbstzensur«, wie der Redaktionsleiter Gerhard Hirschfeld einräumt: Bestimmte Themen werden eh schon ausgeklammert.
Sollte den Minister Maier seine Pflicht nötigen einzuschreiten, wäre das für »aspekte« zwar bedauerlich, aber gerade in Bayern nicht weiter schlimm, publiziert doch das Staatsministerium für Unterricht und Kultus selber zwei eigene, nicht ganz unähnliche Schriften: »schule & wir«, ein Blatt, das »Eltern berät« (Untertitel), erscheint fünfmal pro Jahr in einer Auflage von 1,8 Millionen Exemplaren je Nummer, kostete 1,7 Millionen Mark 1974 und wird an jeden Schüler kostenlos verteilt; »schulreport« erscheint

sechsmal im Jahr mit 130000 Auflage je Nummer, kostete 1974 knapp eine halbe Million Mark (ohne Redaktionskosten, da »schulreport« kostensparend von Maiers Presseabteilung gemacht wird) und wird ebenfalls kostenlos an Erzieher und Lehrer vom Kindergarten bis zur Uni abgegeben.

Für Ersatz wäre also bestens gesorgt, und positiv dürfte zu bewerten sein, daß all die Millionen Leser dieser Hefte eben aus erster Hand darüber informiert werden, was in den freistaatlichen Schulen und Hochschulen alles geschieht, und zwar so, wie es das Staatsministerium als Herausgeber der beiden Organe für angemessen hält. Dabei brauchen die Redaktionen nicht zurückhaltend zu sein. Weder in dem erfrischend poppig und knallig als Massenzeitschrift rausgeputzten »s & w« noch in dem sachlich und seriös mehr als Fachzeitschrift moderierten »schulreport« mangelt es ihnen an Gelegenheit, ein Thema beständig zu variieren: die Erfolge des Hauses Maier. »s & w« sagt, wie es ist: In manchem »steht der Freistaat erheblich . . . besser da« als andere Bundesländer.

Bayern also vorn: »Einsamer Spitzenreiter der Republik.« Das Land »gehört zu den aktivsten und aufgeschlossensten Ländern der Bundesrepublik bei der Weiterentwicklung des Bildungswesens«, die »bayerischen Schulen gehören zu den wettkampffreudigsten der Bundesrepublik«, urteilt »schulreport«, wo sich auch der Minister persönlich mit Beträgen oder in Zitaten seinen Beamten mitteilt. »s & w« berichtet, daß Viert- und Fünftkläßler, was Leistung angeht, selbst in abgelegenen Dörfern zur »Weltspitzenklasse« zählen: »Der Bayerische Löwe hat Grund, sich aufs Podest zu stellen. Was Kenner schon immer behaupteten, jetzt ist es wissenschaftliche Tatsache: Im Löwen-Freistaat lernt man mehr als anderswo.« Deshalb wohl auch sind »die Eltern in Bayern am meisten, in Hessen am wenigsten mit der Schule zufrieden«.

Zu diesem schönen Ergebnis mag beigetragen haben, daß in den Ministeriumsschriften die bayerische Heimat gebührend berücksichtigt wird: »Nur in der Heimat wächst der Sinn fürs Schöne, die Liebe zu jenen Details, die unser Leben menschlich machen«, heißt es in » s & w«. Erziehung »kommt heute am Ja zur Heimat nicht vorbei«, »Lehrer sind Wegweiser zu den Schätzen der Heimat«, sollten »im guten Heimatsinn unterrichten« und können daher im Studium auch (»als bisher einziges Bundesland«) statt Politikwissenschaft und Soziologie Landes- und Volkskunde wählen: »Weil Kinder heimatkundige Lehrer brauchen.«

Insbesondere »s & w« trägt Grundwerte des »katholischen Milieus« (Carl Amery) an die Eltern heran, weist hin auf Leistung und Pflichtgefühl, Führung und Autorität, Fleiß und Ausdauer und problematisiert nicht unnötig, indem es zum Beispiel klarstellt: »Hausaufgaben müssen sein, sind notwendig und durch nichts zu ersetzen«, ohne erst jene Wissenschaftler zu Wort kommen zu lassen, die nachgewiesen haben, wie ungewiß die Erfolge von Hausaufgaben sind und daß sie durchaus nicht leistungssteigernd sein müssen.
Andererseits weiß die »s & w«-Redaktion sehr wohl um die Gefährdung unseres Staates und plädiert deshalb für eine »wehrhafte Demokratie«. Denn, so heißt es etwa in einem Kommentar zu einer Illustration wilder halbstarker Krakeeler: »Böse Saat im Staat . . . Wir haben heute fast dreimal soviel Linksradikale im Land wie Rechtsradikale . . . Politikradikale gehören nicht an die Schalthebel in unserem Staat. Ein einziger Regierungsrat Hitler war schon zuviel.« Um die derart bedrohte Freiheit zu schützen, fordert »s & w«: »Beamter darf nur werden, wer bereit ist, den Gegnern der Demokratie aktiv Widerstand zu leisten. Im Dienst und nach Büroschluß.«
Doch erstaunlich: Solch aufrechte vaterländische Gesinnung wird nicht von jedem honoriert. Ein Leser empörte sich in einem Brief an die Redaktion: »Sie, meine sehr verehrten Herren, erziehen potentielle Faschisten« – eine Anklage, die die journalistischen Beamten und das herausgebende Staatsministerium natürlich nur entschieden zurückweisen können. Sie tun, was dem Staat nützt, und auch Hans Maier selber, ihr Dienstherr, hat in seinem politischen Werden etwas anderes nie bezweckt: nicht, als er zum Beispiel der Reformthese »Bildung ist Bürgerrecht« widersprach, gegen den »pädagogischen Nulltarif« antrat und forderte: »Wir werden vom Anspruchsrecht auf Bildung herunterkommen müssen«; nicht, als er zum Beispiel – wie Kenner der Szene behaupten – Hans Leussink und das erste Hochschulrahmengesetz ebenso scheitern ließ wie die liberale Bonner CDU-Abgeordnete Hanna Walz mit ihrem Entwurf für ein Rahmengesetz zum Schutz von Fernschülern gegen unseriöse Geschäftemacher.
Weil er in der Verantwortung gegenüber der Jugend steht, hat Hans Maier mit seinem Hochschulgesetz den Professoren Bayerns in den Gremien Mehrheiten gegeben, ein scharfes Ordnungsrecht eingeführt, die verfaßte Studentenschaft (AStA) beseitigt und die etatistische und dirigistische Staatsaufsicht vervollkommnet; hat

er sich im letzten Jahr der Änderung des Konkordats nicht versagt, nach welchem an allen bayerischen Universitäten in erziehungswissenschaftlichen Fachbereichen philosophische, gesellschaftswissenschaftliche und pädagogische Lehrstühle unterhalten werden müssen, »gegen deren Inhaber hinsichtlich ihres katholisch-kirchlichen Standpunktes keine Erinnerung zu erheben ist« (Vertragstext); hat er mit seinem Schulgesetz die Mitbestimmung von Schülern und Eltern auf eine bescheidene Mitwirkung reduziert, Schülern jegliche politische Werbung und parteipolitische Tätigkeit in der Schule verboten (ohne freilich verhindern zu können, daß gerade Schülerarbeitskreise der Jungen Union Bayerns aufblühen) und so etwas wie Sippenhaft verhängt, indem ein Schüler für das Fehlverhalten seiner Eltern von der Schule relegiert werden kann; ist Hans Maier jetzt dabei, mit neuen Richtlinien, die gegenwärtig erprobt werden, im Elementarbereich zwischen Familie/Kindergarten und Grundschule eine ganz intensive Glaubenserziehung der Fünf- und Sechsjährigen zu ermöglichen: »Von besonderer Bedeutung in dieser Phase ist das Glaubenszeugnis des Erziehers«, heißt es in den Richtlinien: »Indem der Erzieher seinen eignen Glauben transparent macht, öffnet er den Weg, daß das Kind um ›Einen‹ weiß, dem es Freude, Leid, Schuld und Bitte sagen kann.«
So steht Hans Maier von der Vorschule bis zur Hochschule für eine Politik ein, die nur das Beste für die Kinder will: ein liberaler, doch keineswegs naiver Reformer, wie er sich selber einstuft, ein Mann, der Schaden von der Jugend wendet. Das kleine Beispiel der »aspekte« zeigt, wie wachsam er ist, die Beispiele »schule & wir« und »schulreport« zeigen, wie fürsorglich: Er zwingt aus Schulen Schlechtes raus und Gutes rein – der weiße Riese für Bayerns Bildung.

(DIE ZEIT Nr. 22, 23.5.75)

(DIE ZEIT Nr. 22, 23.5.75. – Aus einer Presseerklärung des aspekte-Verlages vom 1. September 1976: »Aspekte-Verlag gibt ab 1977 seine Zeitschriften ›aspekte‹ und ›analysen‹ ohne die Bundesanstalt für Arbeit heraus. Als ein versteckter Versuch, den aspekte-Verlag publizistisch mundtot zu machen, ist die Entscheidung der Bundesanstalt für Arbeit zu werten, sich ab Januar 1977 von den Zeitschriften ›aspekte‹ und ›analysen‹ zu trennen. Damit soll eine Redaktionspolitik beendet werden, die . . . zu unbequem geworden ist.«)

Helmut Rohde, SPD – neuer Mann für die Bildung

Ein Geheimtip war er bisher eigentlich nur unter den Eingeweihten der Bonner Szene; in der Öffentlichkeit kannte man ihn kaum, obwohl Helmut Rohde ganz und gar kein unbeschriebenes Blatt ist. Als Parlamentarischer Staatssekretär im Bundesministerium für Arbeit und Sozialordnung gehörte der gebürtige Hannoveraner und gelernte Journalist den beiden Kabinetten Brandt seit Oktober 1969 an, und in diesen Jahren wies er sich immer deutlicher als ein Sozialpolitiker von Rang aus.

Helmut Rohde ist der eigentliche Chefplaner all jener Gesetze, die das anfangs fast verächtlich betrachtete Arendt-Ministerium zu dem erfolgreichsten der beiden sozial-liberalen Regierungen machte: vermehrte Rechte am Arbeitsplatz für Millionen Arbeitnehmer, dynamisierte Renten für Kriegsopfer, Angestelltenversicherung auch für Selbständige, Unfallversicherungsschutz für zehn Millionen Kinder, Schüler und Studenten, Einführung der flexiblen Altersgrenze – das sind die Meilensteine in den goldenen Jahren Bonner Sozialpolitik, und Helmut Rohde hat entscheidend an ihnen mitgearbeitet.

Wenn Arendt ihm auf die Schulter klopft: »Ja, der Helmut, der ist gut«, dann hat das mit dem Kumpelklima zwischen zwei Gewerkschaftlern wenig zu tun, sondern darf als Anerkennung dafür gelten, daß Rohde es verstanden hat, seine bisweilen idealistischen Vorstellungen auch tatsächlich in praktische Politik umzusetzen.

Dabei blieb er, obwohl schon mit 32 Jahren im Bundestag, immer bescheiden und stets im Hintergrund der politischen Bühne. Trotzdem ist er ein blendender Redner, ein temperamentvoller Debattierer, und vor allem ist er ein Politiker, auf den unbedingt Verlaß ist. Rohde ist deshalb stets gut informiert über Interna der Politik wie der Partei, der er seit 1945 angehört und für die er den Wahlkreis Erich Ollenhauers in Hannover vertritt. Seine Hausmacht ist die Arbeitsgemeinschaft für Arbeitnehmerfragen in der SPD, als deren Vorsitzender er sich mit »einer Generalstrategie zur Humanisierung des Arbeitslebens« für eine Verbesserung der sozialen Situation am Arbeitsplatz stark macht.

Seine künftige Generalstrategie muß jetzt darauf abzielen, Bildung und Wissenschaft nicht völlig unter die Räder kommen zu lassen. Das Hochschulrahmengesetz geht ohne substantielle Zugeständnisse an die Unionsländer nicht durch; der Bildungsge-

samtplan von Bund und Ländern wird von den Finanzministern torpediert; die Mitfinanzierung pädagogischer und bildungspolitischer Modelle von der Vorschule bis zur Erwachsenenbildung ist bedroht, weil Helmut Schmidt 13 Milliarden Mark aus dem Haushalt streichen muß und Schulen und Hochschulen dabei empfindlich gerupft werden; und schließlich wird die Reform der Berufsbildung, die einst im Arendt-Ministerium ressortierte und für die Rohde in hervorragendem Maße kompetent ist, von einem Teil der F.D.P. ebenso abgeblockt wie von Industrie, Handel und Handwerk.
Das sind die Hauptprobleme für den neuen Mann, der sie vielleicht mit glücklicherer Hand als seine Vorgänger anpackt. Eines ist dabei sicher, aber das weiß Helmut Rohde selber: »Abstrakte Formeln bringen keine Hoffnung.« Erfolg verspreche nur »eine Strategie der realen Reformen«.

(DIE ZEIT Nr. 21, 17.5.74)

Helmut Rohde – die letzte Chance

Nach dem parteilosen Professor Hans Leussink und dem Adeligen Klaus von Dohnanyi versucht es in Bonn ein SPD-Mann mit dem richtigen »Stallgeruch«

Am ersten Tag im neuen Amt nahm der Minister eine Nachhilfestunde. Wer ihm denn bitte erklären könne, so wollte Helmut Rohde von seinen Mitarbeitern wissen, »warum wir eigentlich ein Hochschulrahmengesetz brauchen«?
Das war 1974 im Mai. Inzwischen hat der Sozialpolitiker Rohde seine bildungspolitischen Lektionen gelernt, und er hat die ihm gestellten Aufgaben bravourös bewältigt: Der dritte Bonner Bildungsminister darf als der erfolgreichste auf diesem Posten gelten. Denn Rohde hat geschafft, woran seine beiden Vorgänger Hans Leussink und Klaus von Dohnanyi scheiterten. Er hat in nur zwölf Monaten drei Gesetze vorgelegt:
Das *Hochschulrahmengesetz* (HRG) war eigentlich schon 1969 als ein großes innenpolitisches Reformvorhaben geplant. Willy Brandt holte sich dafür den Karlsruher Boden- und Felsmechanik-Ordinarius Leussink ins Kabinett, also einen Spezialisten für den Hochschulbereich. Heute ist klar, daß dies eine verhängnisvolle Fehlbesetzung war, denn Leussink machte nahezu alles falsch und

versagte ebenso gründlich wie sein Nachfolger Dohnanyi, der das HRG zwar weiter vorantrieb, sich aber vorwiegend auf ein zweites Vorhaben stürzte, das Berufsbildungsgesetz. Das HRG blieb ein Torso, und in der Koalition bildete sich eine breite Abneigung gegen diese schwierige und komplizierte Materie. Inzwischen hat Rohde diese Aversion weitgehend abgebaut, er hat das Gesetz inhaltlich verändert, vor allem die beiden aktuellsten Probleme, den Hochschulzugang und die Studienreform.

Das *Berufsbildungsgesetz* (BBiG) soll die Ausbildungs- und Arbeitsverhältnisse von etwa 1,4 Millionen Jugendlichen verbessern. Dohnanyi begann die Arbeit daran überaus hektisch und blieb schon bald in den eigenen Reihen hängen. Er verscherzte sich durch seine hochfahrende Besserwisserei auch den letzten Kredit in Partei und Fraktion und brachte die Industrie gegen die Koalition auf. Zuletzt wurde er in Hochschulen verspottet, bei Wirtschaftsverbänden belächelt und von seinen SPD/F. D. P.-Kultuskollegen in den Ländern als »unser Kläuschen in Bonn« – wie einige ihn nannten – übersehen. Seine »Markierungspunkte«, eine Vorstufe des BBiG, blieben zerfetzt auf der Strecke. Da Helmut Schmidt die Lehrlingsreform zu einem Schwerpunkt seiner Tätigkeit machen wollte, holte er sich aus dem Sozialministerium den Staatssekretär Rohde, der dort unter Walter Arendt überaus erfolgreich gearbeitet hatte. Rohde entwickelte eine neue Strategie für die Berufsbildungsreform, baute neue Elemente in das Gesetz ein – insbesondere ein Finanzierungsmodell und einen Statistikteil – und überstand heftigste Attacken des F. D. P.-Wirtschaftsministers Friderichs.

Das *Fernunterrichtsgesetz* hätten schon Leussink und Dohnanyi anpacken können, ja müssen, denn vor Jahren waren die schäbigen Verkaufsmethoden dieser Branche noch weitaus skandalöser als heute. Die knapp 300000 Fernschüler bei ihrem Selbststudium vor dubiosen Praktiken zu schützen und das für die Weiterbildung insgesamt wichtige Fernlehrgewerbe seriöser zu machen, fiel jedoch keinem der Rohde-Vorgänger ein. Erst dieser und vor allem sein Staatssekretär Peter Glotz haben das Problem aufgegriffen und erstaunlich rasch einen Entwurf für ein Verbraucherschutzgesetz präsentiert.

Mit diesen drei Gesetzen hat Rohde in dem Bereich, in dem er Kompetenzen besitzt und wirken kann – also in Partei, Fraktion, Koalition und Kabinett – im Grunde das ihm mögliche geleistet. Er hat drei gute Angebote gemacht, auch wenn alle drei Vorlagen

deutlich vom Kompromiß gekennzeichnet sind. Rohde mußte nämlich beim HRG der CDU/CSU, bei der beruflichen Bildung aber der F.D.P. und deren Rücksichten auf Wirtschaftsinteressen entgegenkommen. Trotzdem sind die jetzigen Fassungen akzeptabel, weil sie in den wesentlichen Punkten immer noch liberale Positionen vertreten, obwohl sie sich, gemessen an Reformidealen von vor fünf Jahren, bescheiden ausnehmen. Eindeutiger jedoch können Gesetze bei den gegenwärtigen Mehrheiten nicht formuliert werden, weil die Interessen der Beteiligten – Bund und Länder, SPD/F.D.P. und CDU/CSU, Wirtschaft und Gewerkschaften, Professoren und Studenten – zu gegensätzlich sind.
Mit dem dritten Bildungsminister wird auf der Bonner Bühne zugleich eine dritte Möglichkeit erprobt, in diesem Land Bildungspolitik zu machen. Die erste Rolle spielte der parteilose Leussink, ohne Bundestagsmandat und ohne parlamentarische Erfahrung, aber als Professor und Hochschulrektor und als Präsident der Westdeutschen Rektorenkonferenz und als Vorsitzender des Wissenschaftsrates mit den höchsten Weihen der Wissenschaft versehen – sein Auftritt war trotzdem kläglich.
Der Schnelldenker Dohnanyi, ein Mann von Adel auch in übertragenem Sinn, verkörperte die zweite Spielform: ein intellektueller Vorturner am Hochreck, verliebt in seine Küren, smart, quick, alert und geradezu besessen von seiner Aufgabe, für die er nicht selten sechzehn Stunden am Tag arbeitete; er war zwar Parlaments- und Parteimitglied, blieb aber stets ein Außenseiter unter seinen Genossen und machte mit seiner fruchtlosen Hektik eine Bauchlandung.
Die dritte Spezies nun Rohde: SPD-Mann aus einem Arbeiterviertel in Hannover, mit dem »richtigen« Stallgeruch also, Parteifunktionär mit starker Hausmacht, Parlamentsfuchs und Gesetzestaktiker, der im Sozialministerium an etwa 90 Gesetzen mitgewirkt hat; kooperativ bis kumpelhaft, loyal bis zur Selbstverleugnung, ließ er sich für und von seinem Kanzler so prügeln und schinden, daß in der Öffentlichkeit fast der üble Eindruck von Charakterlosigkeit aufgekommen wäre; ein Leistungsethiker, der Pflicht allemal vor Neigung setzt, die Bildungspolitik insgesamt wieder etwas solide gemacht hat und selber wohl auch bei seinen Gesprächspartnern aus der Wirtschaft ständig ein wenig mehr geachtet wird: ein Mann, der in der gegenwärtigen Situation offenbar die letzte Chance verkörpert, ohne deswegen gleich ein großer Politiker zu sein.

Wenn nun auch Rohde nichts zustande bringt, was dann? Dann müßte wohl darüber diskutiert werden, das Grundgesetz zu ändern, um dem Bund im Bildungsbereich mehr Zuständigkeiten zu geben. Denn dann ist klar, daß der kooperative Föderalismus und die sogenannte Solidarität der bildungspolitischen Demokraten unzulänglich sind, die Polarität der Parteien, die Konfrontation zwischen Bund und Ländern und den zum Teil brutalen Egoismus gesellschaftlicher Gruppen zu überwinden, die ihre Eigeninteressen so gern höher stellen als das Wohl des Staates. Wenn Rohde scheitert, dann ist wahrscheinlich bewiesen: nichts geht mehr.

(DIE ZEIT Nr. 27, 27.6.75 – Helmut Rohde ist nicht gescheitert, er hat erreicht, daß alle drei Gesetze verabschiedet wurden, wenn auch aus der Vorlage zur Berufsbildung nur ein Rumpfgesetz wurde, das genügend Ausbildungsplätze für Jugendliche sichern soll.)

Alle mußten Kröten schlucken

Nach sechsjährigem Streit wurde das Hochschulrahmengesetz verabschiedet

Die sechsjährige Odyssee ist zu Ende: der Bundesrat hat das Hochschulrahmengesetz verabschiedet.
Das Votum der Länderkammer beschließt eines der umstrittensten und langwierigsten Bonner Verfahren, bei dem alle Beteiligten – die Länder, der Bund, Hochschulverbände, Gewerkschaften – jahrelang ihre eigenen partikularen Interessen weit über die gemeinsame Sache stellten. Dieser Gruppenegoismus machte eine Einigung unmöglich.
Auch jetzt hat nicht die bildungspolitische Vernunft gesiegt; vielmehr fürchten sich Politiker aller Parteien vor den massiven Angriffen der vom Hochschulzugangschaos aufgeschreckten Bevölkerung. Deswegen nun der Kompromiß, den freilich Helmut Rohde mit taktischem Geschick beträchtlich förderte.
Die Hochschulzulassung wird statt nach dem verfassungswidrigen Bonus-Malus-System nach Länderquoten geregelt, wobei jedes Bundesland sein Kontingent zu zwei Dritteln nach dem Bevölkerungs- und zu einem Drittel nach dem Bewerberanteil erhält. Beispiel für einen Flächenstaat: Es gibt rund 865000 junge Menschen zwischen 18 und 21 Jahren; unterstellt, davon leben in Bayern 160000, gleich 18,4 Prozent. Angenommen, für ein Seme-

ster melden sich 20000 Medizin-Bewerber, davon 4000, gleich 20 Prozent, aus Bayern. Danach ergibt sich folgende Rechnung: Zweimal den Bevölkerungs- plus einmal den Bewerberanteil geteilt durch drei, macht für den Freistaat 18,9 Prozent der Medizinkapazität.

Vergeben werden diese Plätze auch weiterhin vor allem nach Leistungskriterien, also vorwiegend nach den Abiturnoten. Für die harten Numerus-clausus-Fächer sollen mit Nachdruck Tests entwickelt werden. Bund und Länder haben sich auf einen gemeinsamen Modellversuch mit mehreren Wissenschaftlern und Testinstituten geeinigt, für den bereits Zusagen über 4,3 Millionen Mark erteilt wurden und der von einer speziellen Lenkungsgruppe koordiniert wird.

Für die Studienreform werden gemischte Kommissionen mit Vertretern der Hochschulen, der Verwaltung und aus der Berufspraxis gebildet. Bei der Mitbestimmung verlangt die CDU/CSU eine überwältigende Mehrheit vor allem bei Fragen der Forschung und Berufung für die Professoren, obwohl nach dem Karlsruher Urteil nur ein 51-Prozent-Anteil erforderlich wäre. Beim Ordnungsrecht haben die CDU/CSU-Länder ihr Konzept voll durchgesetzt. Danach ist die Relegation eines Studenten von einer und sogar der bundesweite Ausschluß von allen Hochschulen nach Anwendung von Gewalt – also auch bei psychischem Terror – möglich.

Das sind Kompromisse, die nur spärliche Zustimmung finden werden. Worauf man sich einigen konnte, ist – gemessen an den Reformidealen von 1969 – in der Tat wenig genug. Alle Beteiligten mußten Kröten schlucken, deshalb dürfte sich kaum jemand zum Jubeln gedrängt fühlen. Die Alternative jedoch wäre schlimmer gewesen; sie hätte gelautet: eine Agonie der Hochschulreform ohne Ende, wobei die Bildungspolitiker wohl auch den letzten Kredit verspielt hätten.

Da ist dies Ende mit beträchtlichem Schrecken – Ordnungsrecht! – allemal besser, deutet es doch wenigstens an, daß so etwas wie ein Wille zur Bundeseinheitlichkeit im Bildungswesen noch besteht. Freilich ist ungewiß, ob nicht Karlsruhe in der einen oder anderen Frage überraschend ein »So nicht!« gebietet. Außerdem wird es ohnehin lange dauern, bis alle Bundesbestimmungen sich konkret im Hörsaal auswirken. Mit guten Tests zum Beispiel ist kaum vor 1980 zu rechnen; wann die Studienreform wirklich auf breiter Basis beginnt, mögen die Uni-Götter wissen, die dies Problem ja sowieso bereits seit zehn Jahren lösen wollen. Auch mit diesem

Rahmengesetz bleiben die Hochschulen also zunächst noch so gefährdet und selbstherrlich, so fragwürdig und unkontrollierbar wie eh und je.

(DIE ZEIT Nr. 51, 12. 12. 75)

Die große Chance der Liberalen

Die F. D. P. aktiviert die Bildungspolitik, die stets eine Domäne gerade dieser Partei war

Peter von Oertzen war immerhin wer: Sozialdemokrat, Sozialist und wohl auch irgendwo Marxist. Zusammen mit dem ehemaligen Berliner Schulsenator Carl-Heinz Evers und dem hessischen Kultusminister Ludwig von Friedeburg gehörte er zu den Galionsfiguren progressiver sozialdemokratischer Bildungspolitik. Jetzt tritt der »rote Baron«, wie seine Gegner ihn nicht ohne Absicht nennen, ab. Vier Jahre als verantwortlicher Minister in Hannover reichen ihm.

Ein heftig umstrittener, aber dennoch erfolgreicher Bildungspolitiker zieht sich zurück, weil er sich mehr davon verspricht, für seine Partei zu arbeiten, als sich für Schulen und Hochschulen zu plagen. Für den Wert, den Bildungspolitik bei Sozialdemokraten besitzt, ist das kein überraschender Vorgang. Zwar ist es noch nicht so, daß es geradezu als Makel gilt, sich mit bildungspolitischen Problemen zu beschäftigen, aber viel fehlt daran nicht, seitdem Helmut Schmidt öffentlich bekundet hat, daß es ihm nicht schwerfallen würde, die Bildungsreformen kurzerhand unter den Teppich zu kehren.

Je mehr sich freilich die Sozialdemokraten von dem Bereich absetzen, der für sie noch vor kurzem die Spitze der inneren Reformen dargestellt hat, desto heftiger scheinen die Liberalen gerade hier anpacken zu wollen. Ohnehin ist die Bildungspolitik seit eh und je eine Domäne der F. D. P. und Hildegard Hamm-Brücher, Stellvertretende Vorsitzende und bildungspolitische Sprecherin ihrer Partei, die dazu maßgeblich beigetragen hat, reklamiert nicht zu Unrecht: »Freie Demokraten waren es, die die ländliche Zwergschul-Idylle entzaubert, Schulbücher entrümpelt, die krasse Chancenungleichheit unseres Schulsystems, das elffache Bildungsgefälle und die elffache Bildungsmisere nachgewiesen und das Bürgerrecht auf Bildung ins öffentliche Bewußtsein getragen haben.« Seit die streitbare F.D.P.-Politikerin als Staatssekretärin aus dem Bonner Bildungsministerium ausgeschieden ist, sind die Liberalen bildungspolitisch auf Bundesebene nicht mehr so stark. Statt dessen engagieren sie sich sichtbar und erfolgreich in den Ländern, wo es sich wegen der kulturpolitischen Zuständigkeit der Landesregierungen zweifellos lohnt.

Im Frühjahr [1974] führte die F.D.P. in Hamburg den Wahlkampf mit dem Versprechen: »Der Bildungspolitik als einem der wichtigsten Teile der Gesellschaftspolitik und dem wichtigsten Bestandteil in den Kompetenzen der Landespolitik kommt auch in der neuen Legislaturperiode so herausragende Bedeutung zu, daß das Schwergewicht neuer Aufgaben auf diesem Gebiet liegen muß.«

Als sie in der Hansestadt die Wahl gewonnen hatten und das Koalitionsprogramm mit den arg gebeutelten Sozialdemokraten aushandelten, blieben die Freien Demokraten konsequent. Sie machten ihren Spitzenkandidaten, den Hochschullehrer Dieter Biallas, zum Wissenschaftssenator und Zweiten Bürgermeister (Ministerpräsident), und sie einigten sich mit der SPD darauf, daß der Bildungsbereich weiterhin Priorität haben soll. Das erste gewichtige bildungspolitische Votum, das Biallas abgab, war ein pointierter und bundesweit registrierter Angriff auf das, was SPD-Politiker gegenwärtig in Bonn mit dem Hochschulrahmengesetz machen und was darauf hinauszulaufen scheint, daß die SPD das beste CDU-Gesetz macht, das es je gab. »Statt eines solchen Gesetzes sollte man besser überhaupt kein Gesetz verabschieden«, erklärte Biallas.

Auch in Niedersachsen hat die F.D.P. im Wahlkampf vor allem mit bildungspolitischen Argumenten gestritten und insbesondere Oertzens Schulgesetz angegriffen. Einstimmig forderten die Liberalen, »die Rechte von Eltern, Lehrern und Schülern gegenüber der Schulbürokratie zu erweitern«, »größere Chancengerechtigkeit« und »mehr Demokratie im Schulbereich«. Gerade das aber wird ihrer Meinung nach durch das neue Schulgesetz nicht garantiert.

Nach ihrem Einsatz hätte die F.D.P. im Grunde gar nicht anders gekonnt, als ihre Forderungen durch einen eigenen Minister realisieren zu lassen, zumal das Kultusministerium in Hannover jetzt sinnvoll – wie bereits in Berlin, Hamburg und Nordrhein-Westfalen – geteilt wird in einen Schul- und einen Hochschulbereich. Doch statt dessen entschieden sich die Liberalen an der Leine für das Wirtschafts- und Innenressort. Daß sie sich nur mit einem Staatssekretär im Schulministerium begnügen, deutet zumindest die personell prekäre Situation der F.D.P. an, qualifizierte Bewerber für die politisch-parlamentarische Arbeit zu präsentieren, auch wenn der F.D.P.-Vorsitzende Rötger Groß behauptet: »In unserer Fraktion ist keiner, der Bildungspolitik für eine Spinnerei hält.«

Klar ist auch, daß bei den nächsten Landtagswahlen in Hessen und Bayern die Bildungspolitik von den Freien Demokraten zum zentralen Thema gemacht wird. In Hessen hat sich die F.D.P. im Streit um die Rahmenrichtlinien profiliert und der SPD beachtliche Zugeständnisse abgerungen. Aus diesen Erfolgen will sie im Wahlkampf Kapital schlagen, und der bildungspolitische Sprecher der Landtagsfraktion Werner Brans bekennt: »Die F.D.P. in Hessen hält trotz finanzieller Schwierigkeiten und trotz der Ankündigung der Bundesregierung, daß sogar das kulturpolitische Minimalprogramm des Bildungsgesamtplanes nicht voll verwirklicht werden könne, an ihren wesentlichen Zielvorstellungen fest. Zum Beispiel besteht sie darauf, daß die Gesamtschule zur Regelschule wird.«

Was für Hessen gilt, trifft auch für Bayern zu. »Die landespolitisch wichtigsten Initiativen hat die F.D.P. im Bereich der Bildungspolitik ergriffen«, so die Fraktionsvorsitzende Hildegard Hamm-Brücher. Sie kanzelte die Politik von Hans Maier als »Gegenreform« und als »antiliberale Kreuzzugsideologie« ab, bei der »mehr und ausschließlicher denn je eine reaktionäre Kultusbürokratie das Sagen hat«, und qualifizierte Maiers neue Schulordnung als »Magna Charta zur Verhinderung einer demokratischen Schule«. Daß auch die bayerischen Liberalen es ernst meinen, wenn sie mehr Freiheit gerade für junge Menschen fordern, haben sie in der vergangenen Legislaturperiode hinreichend bewiesen: Sie haben respektable Reformgesetze vorgelegt zur Erwachsenenbildung, zur Mitbestimmung in der Schule und zur Lehrerbildung und außerdem 29 Abänderungsvorschläge zum Bayerischen Hochschulgesetz.

So viel Aktivität dokumentiert eindrucksvoll die These, daß die F.D.P. auch weiterhin für Schulen und Hochschulen streiten wird. Dort zuzugreifen, wo andere gern heiße Eisen fallen lassen, ist stets ein Kennzeichen liberaler Politiker gewesen. Veränderungen zu verlangen trotz einer breiten Aversion gegen jeglichen Wandel und Experimente zu propagieren, obwohl Keine-Experimente-Pa-

rolen auch einstigen Progressiven immer leichter von den Lippen gehen, das scheint zu Kennzeichen der F. D. P.-Bildungspolitik zu werden.
Freilich wird dieser Bereich noch aus einem anderen Grund zu einer Chance für die Liberalen. Wenn die SPD unter Helmut Schmidt weiter nach rechts treibt und einen erbitterten Kampf gegen die CDU um die Wähler der Mitte führen muß, droht die F. D. P. als klassische Partei der Mitte zwischen die Mühlsteine zu geraten. In dieser Situation ist ein innenpolitisches Programm mit klaren Konturen zweifellos ein guter Garant fürs Überleben. Was könnte sich dazu besser anbieten als eine profilierte Bildungspolitik?

(DIE ZEIT Nr. 27, 28.6.74)

Bildung ist kein Luxus

Hildegard Hamm-Brüchers Plädoyer gegen die Resignation in der Bildungspolitik

So viel scheint gewiß: Wie es in Kindergärten und Schulen zugeht, was in Betrieben und Hörsälen geschieht, sich in Forschungsinstituten und Einrichtungen der Erwachsenenbildung ereignet, wird auch weiterhin eine zentrale Rolle spielen.
Leistungszwang, Numerus clausus und Notenkrieg; Abiturienten- und Akademiker-»Schwemme«; die Ausbildungskatastrophe und Tausende arbeitslose Lehrer, obwohl in Schulen stellenweise die blanke Not herrscht – das sind nur einige der aktuellen Schwierigkeiten. Die SPD denkt an eine Hochschul-Eingangsprüfung, die den Zensurendruck von den Schulen nehmen könnte; sie will neue Berufswege für Abiturienten außerhalb der Universität einrichten; ihr wichtigstes bildungspolitisches Ziel aber sind genügend Ausbildungs- und Arbeitsplätze für Jugendliche. Grundsätzlich glauben die Sozialdemokraten: Die Reform soll weitergehen.
Die Kultusminister der CDU/CSU präsentieren als Gemeinschaftsarbeit ein spezielles »Kulturpolitisches Programm '76«, das zum ersten Mal außer zum Bildungsbereich auch Aussagen zur Kunst, Musik, Theater, Film enthält. In ihrem »Grundsatzprogramm« legt sich die CDU außerdem auf eine expansive Schul- und Hochschulpolitik fest.
So viel Engagement in Sachen Bildung wird nur von den Liberalen

übertroffen, bei denen die Bildungspolitik schon immer hoch im Kurs stand. Jetzt fordert die F. D. P. »die bildungspolitische Grundsatzkompetenz des Bundes«, also ein Bundeskultusministerium. Das ist ihre Antwort auf »das eklatante Versagen der Kultusministerkonferenz« und auf »Opas Kulturförderalismus«, den die führende Bildungspolitikerin der Partei und Stellvertretende Bundesvorsitzende Hildegard Hamm-Brücher immer wieder scharf kritisiert hat. Ihr bisheriges privates Votum für eine gesamtstaatliche Verantwortung des Bundes für das Bildungswesen wurde zu einer Grundforderung der F. D. P.

Das ist auch ein beachtlicher persönlicher Erfolg für Hildegard Hamm-Brücher, die seit zehn Jahren unermüdlich gegen die Not in Schulen und Universitäten kämpft. Mitte der 60er Jahre hat sie die Bildungsreform mit initiiert; sie hat als Staatssekretärin in Wiesbaden und Bonn wesentlichen Anteil an der Formulierung und Realisierung wichtiger Programme; sie hat sich in zahlreichen Büchern und Aufsätzen immer wieder für die Reform engagiert und ist zweifellos von allen Politikern die beständigste und eine der erfolgreichsten auf der bildungspolitischen Bühne. Von Spöttern und Neidern oft geschmäht und totgesagt, präsentiert sie sich heute überzeugend als jemand, dem die Sache der Jugend wirklich ernst ist und der es vermochte, sich in seiner Partei durchzusetzen.

Ludwig von Friedeburg und Carl-Heinz Evers – mit ihnen begann Frau Hamm-Brücher die sozialliberale Reform. Seit längerem schon sind diese Vorkämpfer einer progressiven SPD-Bildungspolitik von ihrer Partei ausrangiert und in die Ecke gestellt – ganz zu schweigen von Klaus von Dohnanyi, der zusammen mit Hildegard Hamm-Brücher Staatssekretär in Bonn war, bevor er Minister wurde und dann rasch darauf in die politische Anonymität stürzte. So ging die SPD mit ihren führenden Bildungspolitikern um: ex und hopp.

Anders die F.D.P. Mit einem überzeugenden persönlichen Wahlerfolg kehrte Frau Hamm-Brücher nach Bonn und in den Bundestag zurück. Bereits im Dezember 1975 organisierte sie maßgeblich das »Symposium« in Stuttgart, den bildungspolitischen Parteitag der F.D.P., der mit einer Sensation aufwartete. Dort erfuhr eine überraschte und erschrockene Öffentlichkeit zum ersten Mal, daß eine gigantische Ausbildungskatastrophe bevorsteht, weil nach heutigen Arbeitsmarkt-Verhältnissen in den nächsten zehn Jahren für 1,2 Millionen Jugendliche keine Ausbildungsplätze vor-

handen sind. Die F.D.P. veröffentlichte als erste die genauen Zahlen.
Sie stehen in einer »Dokumentation zur Bildungspolitik 1965–1975 mit Prognosen bis 1985«, die Hildegard Hamm-Brücher in Stuttgart vorlegte. Es ist die seit Jahren beste und übersichtlichste Zusammenstellung von Fakten, ein solides Nachschlagewerk, von dem der GEW-Vorsitzende Erich Frister »neidvoll bekannte, daß wir es gern gemacht hätten«. Auch zu dem anderen beherrschenden Thema der gegenwärtigen Bildungsdiskussion, zur Schulangst, gab Hildegard Hamm-Brücher eine Dokumentation (»Macht die Schule unsere Kinder krank und die freiheitliche Gesellschaft kaputt?«) mit Stellungnahme von Wissenschaftlern, Ärzten, Lehrern und Eltern heraus. Damit ist sie von den Bildungspolitikern aller Parteien die einzige, die wirklich substantielle Beiträge leistete, und selbst die so überaus zahlreichen Organisationen, Verbände, Institutionen, Gruppen und Interessenklüngel im Bereich von Bildung und Wissenschaft haben nichts Vergleichbares anzubieten.
Das jüngste Werk von Hildegard Hamm-Brücher ist ein engagiertes Plädoyer gegen die Resignation in der Bildungspolitik, ein Buch mit dem programmatischen Titel »Bildung ist kein Luxus« (Paul List Verlag, München, 214 S., 16,80 DM). Es ist eine der wichtigsten Neuerscheinungen zum Thema Schulen und Hochschulen, Ausbildung und Weiterbildung. Denn dieses Buch enthält glücklicherweise kein neues Programm. Hildegard Hamm-Brücher weiß, daß die Zeit der großen Pläne vorbei ist. Das Grundkonzept liegt fest: Bildungschancen können dem Bürger nicht nur einmal im Alter der Unmündigkeit angeboten, sie müssen ihm als lebenslange Möglichkeit immer wieder neu gemacht werden: von der Vorschule, am besten in Gesamtschulen und Gesamthochschulen, in den Bildungseinrichtungen für Erwachsene.
Statt einer neuen Theorie bietet dieses Buch vor allem Tatsachen über die gegenwärtige Misere und über Erfolge und Versäumnisse der letzten zehn Jahre. Die vielen Zahlen, Graphiken und Statistiken machen diesen Band zu einem aktuellen Handbuch der Bildungspolitik. Und noch etwas gibt diesem Werk Gewicht: der Blick über die nationalen Grenzen durch die Berichte aus dem Ausland. Kein Bildungspolitiker hat so viele Länder bereist wie Frau Hamm-Brücher. Sie hat sich in Israel und Japan, China, Kanada, Norwegen und in der Sowjetunion informiert und darüber geschrieben. Diese Aufsätze sind hier zusammengefaßt und

ermutigen den deutschen Leser ebenso, wie sie ihn entmutigen können. Denn sie belegen, daß es das ideale Bildungssystem nirgendwo gibt; sie beweisen aber auch, daß in anderen Ländern die Reformbereitschaft und die materiellen Anstrengungen größer sind als bei uns und daß die Bundesrepublik »trotz aller Bemühungen den Anschluß an internationale Entwicklungen nicht gefunden hat«.

Einzigartig ist dieses Buch jedoch dadurch, daß die Autorin immer wieder ihre Überzeugung ausspricht: eine demokratische Erziehung der Jugend zu Mündigkeit und Selbstbestimmung, Verantwortung und Solidarität, Mut und Demut ist eine unverzichtbare Grundlage für diesen Staat. Hildegard Hamm-Brüchers unerschütterlicher Glaube an die Notwendigkeit und den Wert der Bildung sind gegenwärtig ein singuläres Zeugnis. Sie ist eine der wenigen, die der Reform auch heute noch die Treue halten. Ihr Plädoyer gegen die Resignation gleicht fast einem Ruf in der Wüste. All die Bildungs-Opportunisten haben ja längst das Weite gesucht, und um sie ist es wirklich nicht schade; aber die »Überzeugungstäter« unter den Reformern stehen im Augenblick vielfach mit dem Rücken zur Wand. Sie können Zuspruch, wie er in diesem Buch mit dem Gewicht der festen Überzeugung formuliert ist, wohl gebrauchen.

(DIE ZEIT Nr. 21, 14.5.76)

Nachwort

Rettet die Reform!

Ich kenne die Argumente auch, die dagegen sprechen, bereits publizierte Aufsätze noch einmal zu bündeln und als Buch herauszugeben – dagegen läßt sich manches einwenden. Trotzdem habe ich es gern gewagt, solche Artikel zu aktualisieren und hier zusammenzustellen, die über den Tag hinaus Gültigkeit besitzen: Numerus clausus und Hochschulzugang, die Angst in den Schulen, Rahmenrichtlinien, Lehrermangel und Stundenausfall, Jugendarbeitslosigkeit und Akademisches Proletariat – all das sind und bleiben zentrale innenpolitische Themen auch der nächsten Jahre, gerade wegen der Misere der öffentlichen Haushalte und gerade, weil wir im Zeichen der Tendenzwende einen neuen Klassenkampf zu erleben scheinen.

So mancher, der sich einst den Idealen der demokratischen Bildungsreform verpflichtet fühlte, hat sich zurückgezogen, ist verstummt. Andere machen unermüdlich weiter, und warnen mit Nachdruck davor, sich entmutigen zu lassen und erreichte Ziele aufzugeben:

- *Hellmut Becker,* Direktor des Max-Planck-Instituts für Bildungsforschung in Berlin: »Die Bildungsreform ist nicht gescheitert. Sie schwebt in erheblicher Gefahr . . . Und sie bedarf zu ihrer möglichen und notwendigen Weiterführung des kooperativen Zusammenwirkens aller Beteiligten.«
- *Ralf Dahrendorf,* Direktor der berühmten London School of Economics and Political Science: »Bildung bleibt Bürgerrecht, und sie dient menschlicher Kraftentfaltung innerhalb wie außerhalb der Berufswelt, gerade im Lichte einer neuen Freiheit.«
- *Andreas Flitner,* der angesehene Pädagogik-Professor in Tübingen: »Wir müssen uns unserer Haut und der Haut unserer Kinder wehren, wo sich Unmenschliches in die Schule einschleppt oder wo sie es selber erzeugt . . . Insofern kann der Ruf nach einer humaneren Schule, auch wenn bei manchen Rufern die Nebentöne gegen Reform und Demokratisierung nicht zu überhören sind, vielleicht doch etwas nützen: unsere Schule wieder daran zu messen, was wir den Kindern darin antun, wie wir sie dort tauglich oder untauglich, human oder rücksichtslos werden lassen; und wie

wir selber in den Bildungseinrichtungen ein Maß für ein menschenwürdiges Umgehen mit der jungen Generation bewahren.«

- *Helmut Rohde,* Minister für Bildung und Wissenschaft in Bonn: »Die Bildungsreform befindet sich in einer Phase, in der sie sich befreien muß aus dem Hin und Her zwischen Euphorie und Resignation. Solche Stimmungsschwankungen sind einer realistischen und konsequenten Reform wenig dienlich. Wichtiger und politischer ist es, die Bildungsreform als einen Teilprozeß gesellschaftlicher Veränderung in der Bevölkerung fest zu verankern.«
- *Professor Hartmut von Hentig,* der in Bielefeld eines der wichtigsten pädagogischen Schulmodelle betreibt: »Wir müssen noch einmal die Schule ändern . . . Es gibt für mich einstweilen keinen Grund, auch nur einen einzigen Schritt zurückzugehen, wohl aber viele Gründe, die nun folgenden Schritte anders zu setzen: gerade weil die alten Ziele der Reform weiter gelten.«
- *Hildegard Hamm-Brücher,* die Stellvertretende Bundesvorsitzende der F. D. P.: »Resignation können wir uns gar nicht leisten . . . Ich habe noch nie der Parole geglaubt, man könne über die Schule die Gesellschaft verändern. Wohl aber bin ich davon überzeugt, daß zur demokratischen Staatsform unabdingbar ein demokratisches und leistungsfähiges Bildungssystem gehört.«

Man sieht: Im Chor derjenigen, die an der Reform festhalten, sind immer noch die besten Stimmen zu vernehmen. Ihren Appellen schließe ich mich an. Dieses Buch möchte nichts sein, als ein bescheidenes Plädoyer dafür, die Bildungsreform nicht verkommen zu lassen: Ohne mehr Demokratie in den Schulen und Hochschulen – wie sie von den meisten Landesverfassungen gefordert wird – kann in diesem Staat keine demokratische Gesellschaft entstehen, wie sie das Grundgesetz vorschreibt.